図説 中世島津氏

新名一仁 編著

「耳川合戦図屏風」(京都市上京区・相国寺蔵)

戎光祥出版

序にかえて

島津《しまづ》氏は、鎌倉期から明治維新まで、九州南部の薩摩《さつま》・大隅《おおすみ》・日向《ひゅうが》三ヶ国（鹿児島県・宮崎県）を、守護・戦国大名・藩主として統治した武家の名門として知られる。特に、近世においては加賀前田《かがまえだ》家にならぶ大藩であり、幕末には雄藩《ゆうはん》として国事に奔走し、最終的に長州藩《ちょうしゅうはん》とともに幕府を倒すに至ったことから、知名度も高く、しばしば大河ドラマでも取り上げられている。その一方で、中世島津氏の知名度は必ずしも高くない。二十一世紀に入るまではほとんどなかった。大河ドラマの主人公になったことはなく、それどころか歴史小説で取り上げられることも、二十一世紀に入るまではほとんどなかった。国宝や重要文化財に指定されている「島津家文書」や『旧記雑録《きゅうきざつろく》』（いずれも東京大学史料編纂所蔵）など、豊富な中世史料が存在しながら注目されなかったのは、ひとえに九州南部が〝辺境〟に位置していたため、中世史研究のなかで等閑視され、研究者そのものが育たなかったことに起因する。しかし、日本という枠組みでは〝辺境〟に位置しても、環東シナ海という視点に立てば、九州はその東側に位置し、九州南部は琉球《りゅうきゅう》・東南アジア、そして中国大陸から日本への航路の玄関口となり、その外交・交易上の重要性は計り知れない。二十一世紀に入り、そうした視点もふまえつつようやく研究も活性化しつつある。

そうした機運と並行して、歴史小説や漫画・アニメでも戦国時代を中心に島津氏を取り上げるものが増えており、これらとのコラボによるイベントも鹿児島を中心に盛り上がりをみせている。地元住民や自治体がこうした動きに敏感であるとは必ずしも言えないが、コラボイベントに全国各地からファンの方々がはるばる集まってくる状況は、地域活性化という視点からも、〝島津氏を中心とする歴史〟のポテンシャルの高さを示している。

その一方で、中世島津氏に関する良質な通史は数が少なく、近年の研究成果をふまえた、一般の歴史好きの方にもわかりやすい本が求められていた。本書はそうした需要に応えるべく、系図や地図、関連史跡・史料の写真をふんだんに使った中世島津氏のクロニクルとして編集された。島津氏の出自、そしてどういう経緯で九州南部の島津荘と関係をもって名字としたか、南北朝内乱での数々の困難を乗り越えて薩隅日三ヶ国守護職を兼帯するに至った経緯、島津本宗家をめぐる一族間の抗争の果てに戦国島津氏が誕生し、島津四兄弟が九州を北上していく過程、そして豊臣秀吉《とよとみひでよし》に降伏してから豊臣大名として、そして関ヶ原《せきがはら》の戦いで西軍につきながら生き残っていった背景を、この一冊で掴むことができるように構成されている。

鎌倉期は、鹿児島県で長年、学芸員そして『鹿児島県史料』の編纂担当として活躍している栗林文夫氏が、南北朝期から戦国期は編者の新名が、豊臣政権期から関ヶ原の戦いは、近年この時代の島津氏について精力的に研究を続けている久下沼譲氏が執筆を担当した。いずれも、近年の研究状況を熟知した研究者であり、読みやすくかつ良質な通史になったと自負している。本書をもとにより深く中世島津氏を学んでいただくもよし、掲載された関連史跡を訪ね歩くもよし、より多くの歴史好きの方々に島津氏そして九州南部の中世史に興味を持っていただき、残された史跡やその後の時代への影響、現在へのつながりを知っていただけたら幸いである。

二〇二三年八月

新名一仁

【目次】

Ⅲ 一族・国一揆との戦いに明け暮れた室町時代

応永3年(1396)~文明6年(1474)

Ⅳ 島津氏の戦国大名化

文明6年(1474)~天文21年(1552)

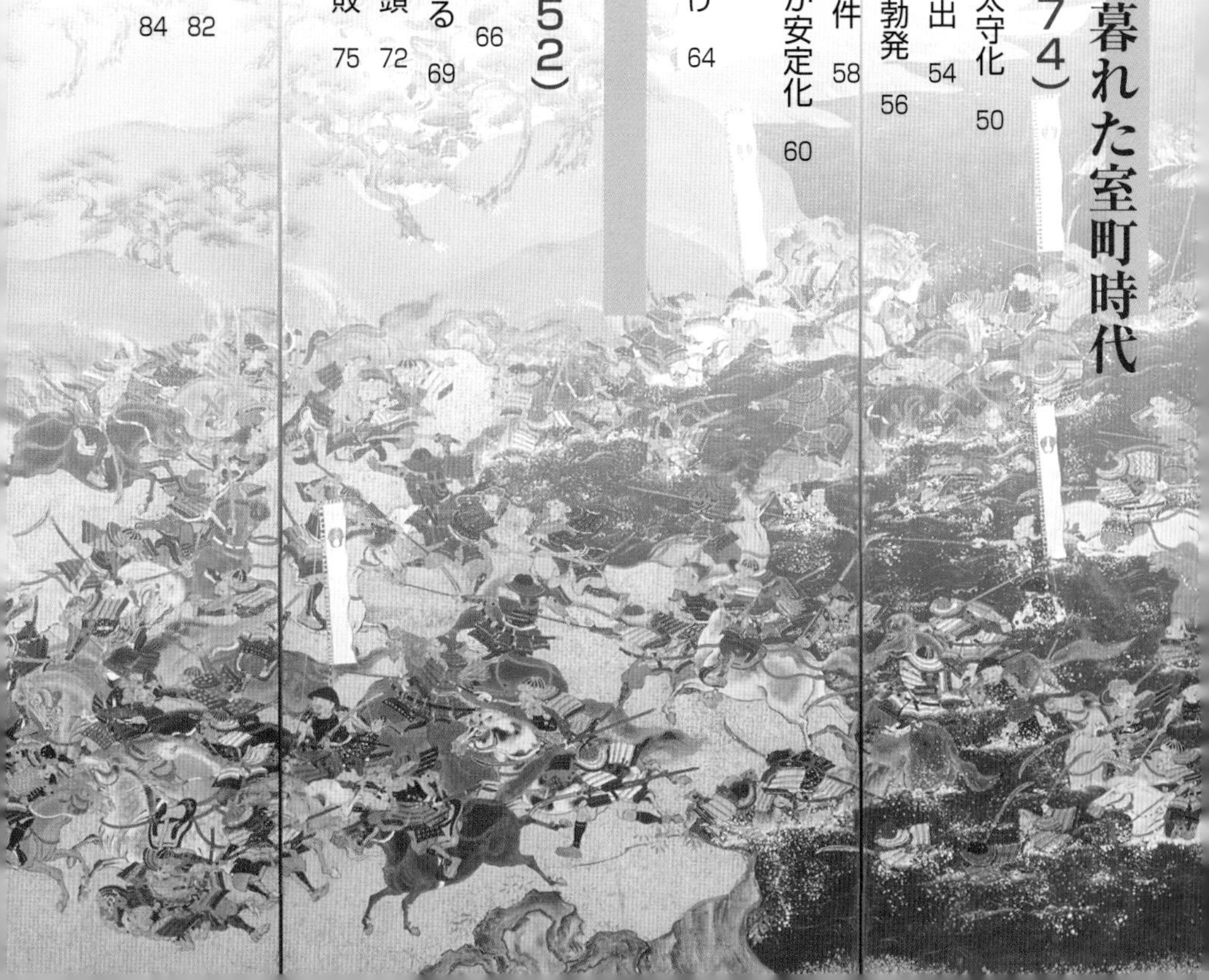

Ⅴ 島津氏の最盛期と四兄弟の活躍
天文23年(1554)～天正6年(1578)

Ⅵ 九州統一戦と豊臣政権との対決
天正6年(1578)～天正15年(1587)

Ⅶ 豊臣政権下の島津家と関ヶ原の戦い

天正15年(1587)~慶長8年(1603)

※目次の画像：耳川合戦図屏風　京都市上京区・相国寺蔵

中世島津氏略系図

※数字は「島津氏正統系図」に基づく本宗家代数

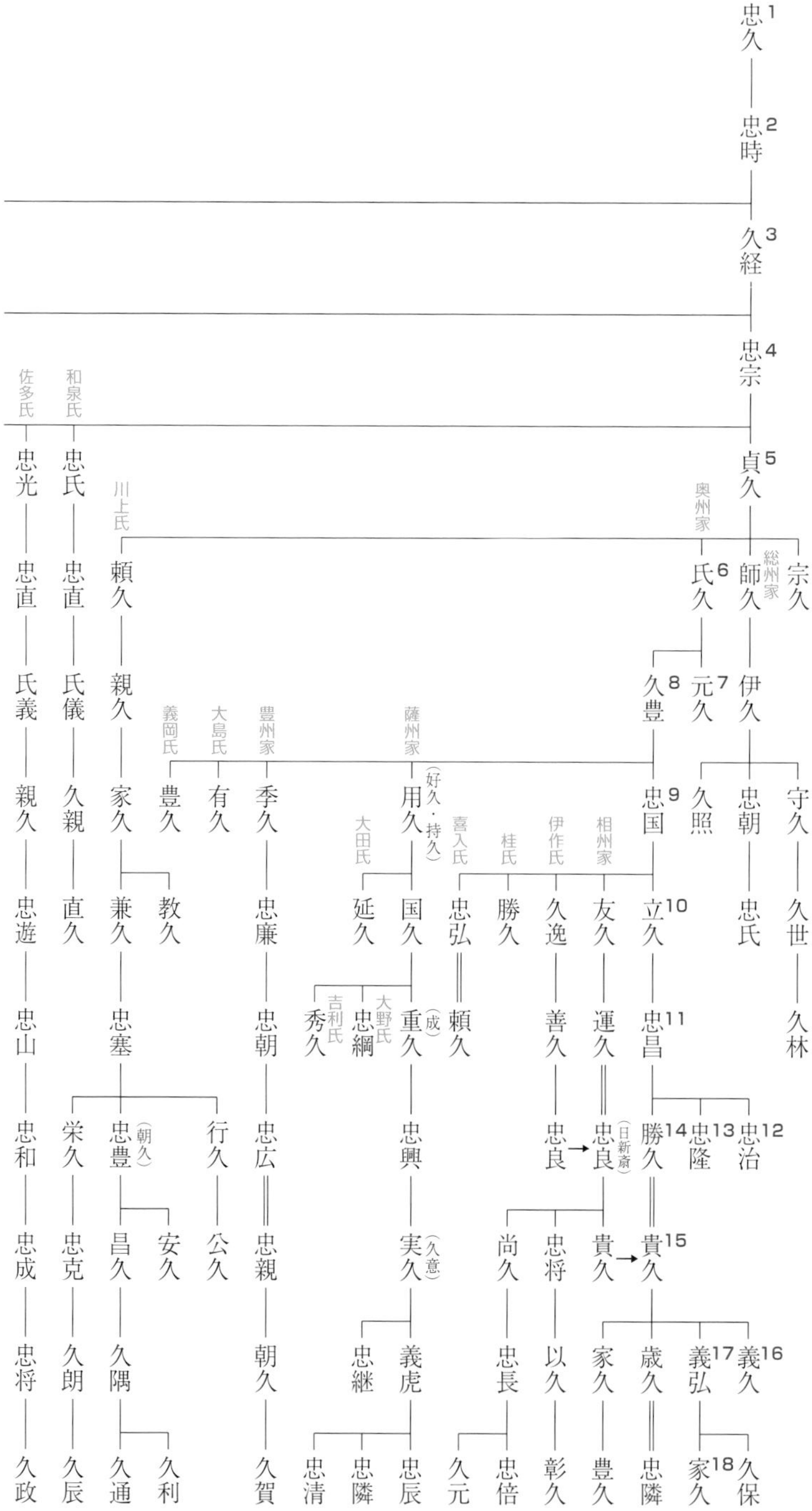

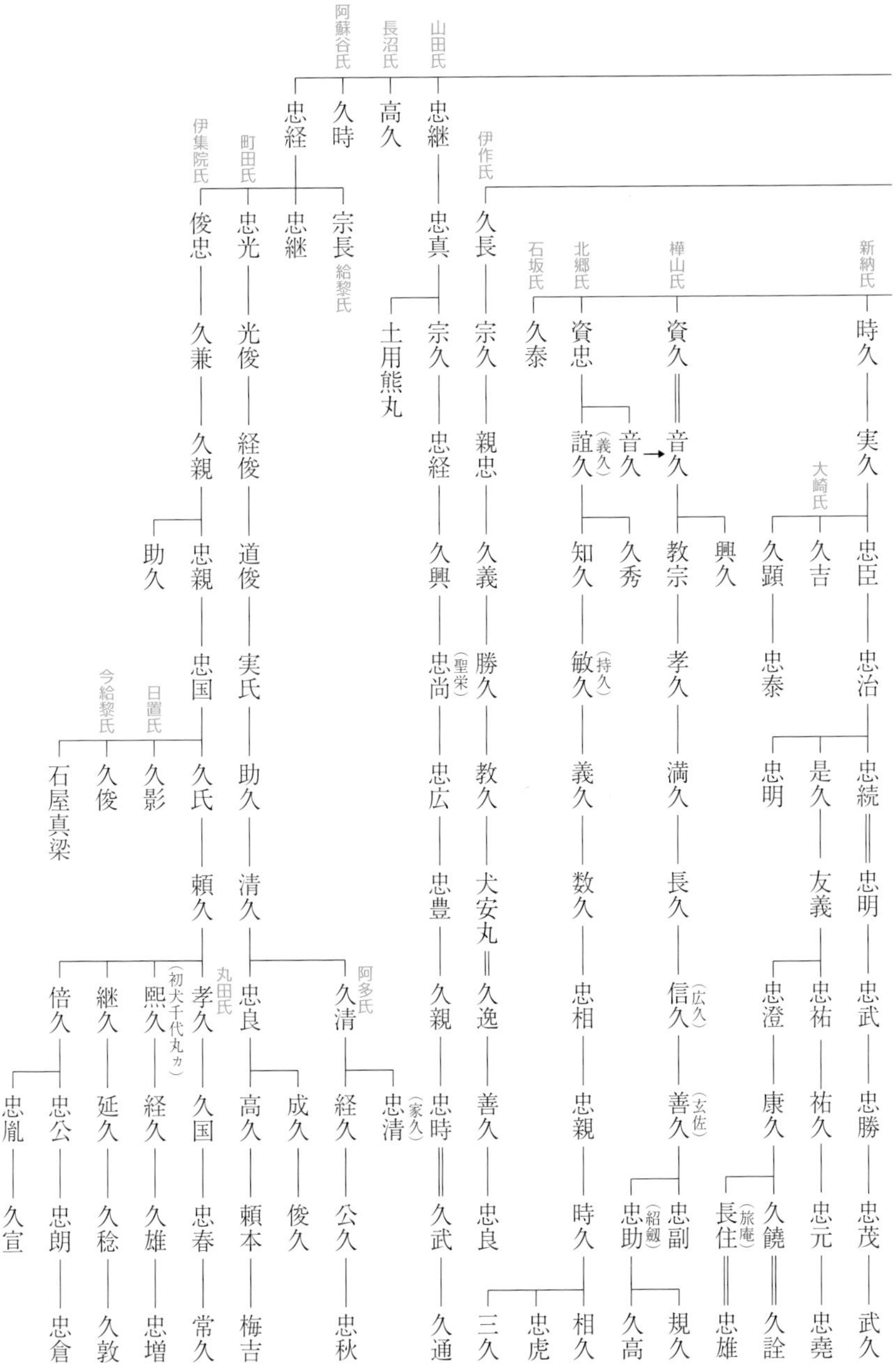
新納氏
時久—実久—忠臣—忠治—忠続‖忠明—忠武—忠勝—忠茂—武久
大崎氏
久吉
久顕—忠泰
是久—友義—忠祐—祐久—忠元—忠堯
忠明
忠澄—康久—久饒‖久詮
長住(旅庵)‖忠雄
樺山氏
資久‖音久—教宗—孝久—満久—長久—信久(広久)—善久(玄佐)—忠副—規久
興久
忠助(紹劔)—久高
北郷氏
資忠—誼久(義久)—知久—敏久(持久)—義久—数久—忠相—忠親—時久—相久
音久→
久秀
忠虎
三久
石坂氏
久泰
伊作氏
久長—宗久—親忠—久義—勝久—教久—犬安丸‖久逸—善久—忠良
山田氏
忠継—忠真—宗久—忠経—久興—忠尚(聖栄)—忠広—忠豊—久親—忠時‖久武—久通
土用熊丸
長沼氏
高久
阿蘇谷氏
久時
忠経—忠継
宗長 給黎氏
町田氏
忠光—光俊—経俊—道俊—実氏—助久—清久—忠良—高久—頼本—梅吉
成久—俊久
阿多氏
久清—経久—公久—忠秋
忠清(家久)
丸田氏
伊集院氏
俊忠—久兼—久親—忠親—忠国—久氏—頼久
助久
日置氏
久影
今給黎氏
久俊
石屋真梁
孝久(初犬千代丸カ)—久国—忠春—常久
熙久—経久—久雄—忠増
継久—延久—久稔—久敦
倍久—忠公—忠朗—忠倉
忠胤—久宣

戦国期九州関係地図（北部）
門司城
小倉城
長野城
馬ヶ岳城
春岳城
中津城
岩石城
屋山城
妙見岳城
鞍懸城
吉弘氏
豊前
秋月氏
田原氏
角牟礼城
大友城
田北城
豊後
鶴賀城
臼杵(丹生島)城
戸次氏
大友氏
隈部氏
鎧岳城
隈府城
栂牟礼城
阿蘇社
岡城
三重松尾城
志賀氏
阿蘇氏
甲斐氏
御船城
浜の館
堅志田城

対馬
宗氏
清水山城
金石城
宗像大社
蔦ヶ岳城
宗像氏
立花山城
立花氏
筑前
柑子岳城
博多
高祖城
原田氏
宝満城
高橋氏
岩屋城
名護屋城
安楽平城
古処山城
筑紫氏
勝尾城
勝尾嶽城
岸岳城
姉川城
久留米城
鍋島氏
発心城
佐賀(村中)城
龍造寺氏
山下城
塚崎城
猫尾城
筑後
柳川城
蒲池氏
肥前
鷹尾城
田中城
田尻氏
菊池氏
大村館
玖島城
大村氏
城氏
島原浜の城
釜蓋城
隈本城
名和氏
日野江城
有馬氏
矢崎城
宇土城
原城
豊福城

戦国期九州関係地図（南部）
松尾城
縣城
土持氏
肥後
日向
塩見城
石城
米良氏
新納院高城
都於郡城
飯野城
三之山城
野尻城
佐土原城
伊東氏
高原城
宮崎城
三俣院高城
樺山氏
野々三谷城
都城
本田氏
北郷氏
飫肥城
島津豊州家
新納氏
志布志城
肝付氏
高山城
内（赤尾木）城
種子島氏
種子島
上妻城

古麓城
志岐城
栖本城
佐敷城
相良氏
水俣城
人吉城
島津薩州家
大口城
出水城
栗野城
薩摩
大隅
虎居城
泰平寺
祁答院氏
正八幡宮
百次城
清色城
串木野城
入来院氏
帖佐館
富隈城
岩剣城
市来城
内城
島津氏
向島
(桜島)
南郷城
鹿児島城
伊作城
谷山本城
早崎城
加世田別府城
知覧城
頴娃城
祢寝氏

島津氏の祖・惟宗忠久の出自と源頼朝との関係

島津《しまづ》氏の祖忠久《ただひさ》は、史料上に「左兵衛尉惟宗忠久《さひょうえのじょうこれむねのただひさ》」とあることからもわかるように、その本姓は惟宗氏であった。惟宗氏はもともと讃岐国の渡来系氏族で、秦《はた》氏が元慶七年（八八三）に、惟宗朝臣《あそん》の姓を賜ったことに始まる。同氏からは明法家《みょうぼうか》（律令《りつりょう》など朝廷の定める諸法令についての専門家）を多く輩出したが、医博士を出した家もあった。

現在知られる忠久の史料上の初見は、『山槐記《さんかいき》』治承三年（一一七九）二月八日条で、京都を進発した春日祭使《かすがさいし》の行列に供奉した侍の一人に「左兵衛尉忠久」と見えるのがそれである。これにより鎌倉幕府《かまくらばくふ》の御家人《ごけにん》となる以前から左兵衛尉という朝廷の官職を有し、衛府《えふ》（近衛《このえ》府《ふ》・衛門府《えもんふ》など禁裏《きんり》の警備を司った役所に属する武人）として王朝国家の中央軍政下に編成されていた侍身分であったことが確かめられる。

その翌年、『玉葉《ぎょくよう》』治承四年五月六日条によれば、皇嘉門院《こうかもんいん》聖子（藤原忠通《ふじわらのただみち》の娘・崇徳《すとく》天皇中宮《ちゅうぐう》）らの身辺警護にあたった侍のなかにも忠久の名が見える。このことから、皇嘉門院聖子の家人として摂関家《せっかんけ》と主従関係を結んでいたことがわかる。また忠久は、皇嘉門院領であった山城国上久世荘《かみくぜのしょう》内石原《いしはら》方（京都市南区）にも権益を有していたことが知られる。

以上要するに、忠久は摂関家と主従関係を結び、侍身分として京都を中心に活動していたことが確認できる。

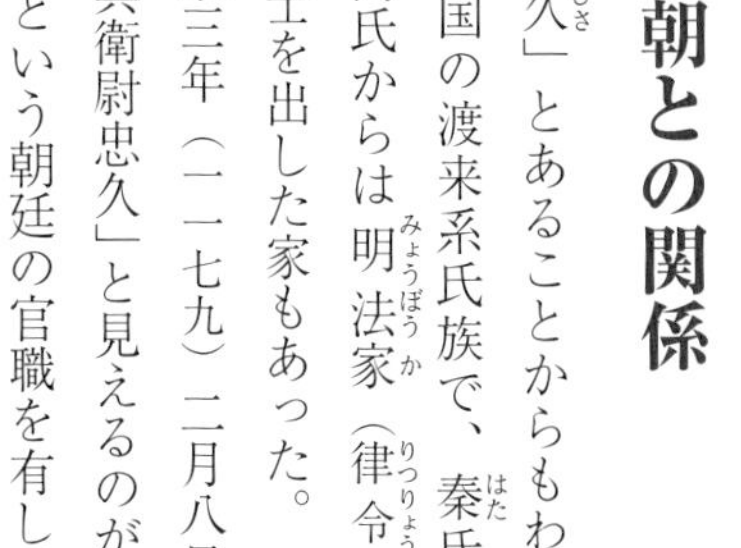

島津忠久誕生石◆丹後局が源頼朝の落胤（忠久）を住吉大社で出産したという伝説に基づき、社頭の力石が誕生石とされるようになった。落胤伝説については後述する　大阪市住吉区・住吉大社

ところで、摂関家には「忠」を通字とする下家司《しもけいし》惟宗氏が多く仕えており、忠久も通字から考えてこの一族の一人であったと推測される。この惟宗氏は平安時代末期以降、近衛《このえ》家において下家司として圧倒的多数を占めており、独占的地位を確保していた。

永享二年（一四三〇）頃に成立した「酒匂安国寺申状《さこうあんこくじもうしじょう》」によれば、忠久の孫である久時《ひさとき》（三代久経《ひさつね》の弟、阿蘇谷《あそたに》氏の祖）が薩摩国守護代として在国していたとき、あまりにわがままに国人たちに接していたことから、みかねた市来政家《いちきまさいえ》が、「あまりにも国人たちを恩顧の人のように思っておられるが、島津氏も市来氏も先祖は同じ惟宗ではないか」と言うと、久経は、「同じ惟宗であるが、島津氏は別格である」と主張した。このことから、お互いが主張する系譜を奉行所に提出しての相論となった。

ここで島津久経が提出したのは、「蘇我大臣《そがのおとど》〜広言《ひろこと》―忠久」という系図で、一方の市来政

武将像（伝惟宗忠久画像）◆製作年代は鎌倉時代末から室町時代初期と考えられる。画面左下に、忠久自筆と伝える「遺愚影守護北闕」（愚影を遺し、北闕（皇居、禁中）を守護す）という墨書がある。付属の松方正義「忠久公画像記」によれば、元治元年（1864）に上洛した島津久光が近衛忠熙の屋敷で初めてこの画像を実見し、その子で藩主の忠義がこの画像の入手を松方に依頼した。松方は所蔵先である京都の高山寺と交渉し、明治31年（1898）に島津家に譲られたとある　尚古集成館蔵

比企・島津・源・北条氏関係略系図

※江平望『改訂島津忠久とその周辺─中世史料散策─』（高城書房、2004年）掲載図をもとに作成

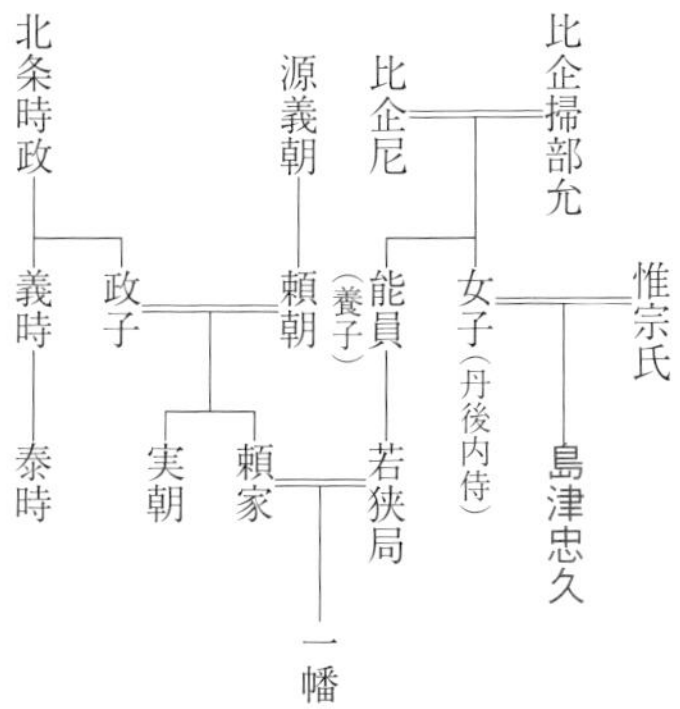

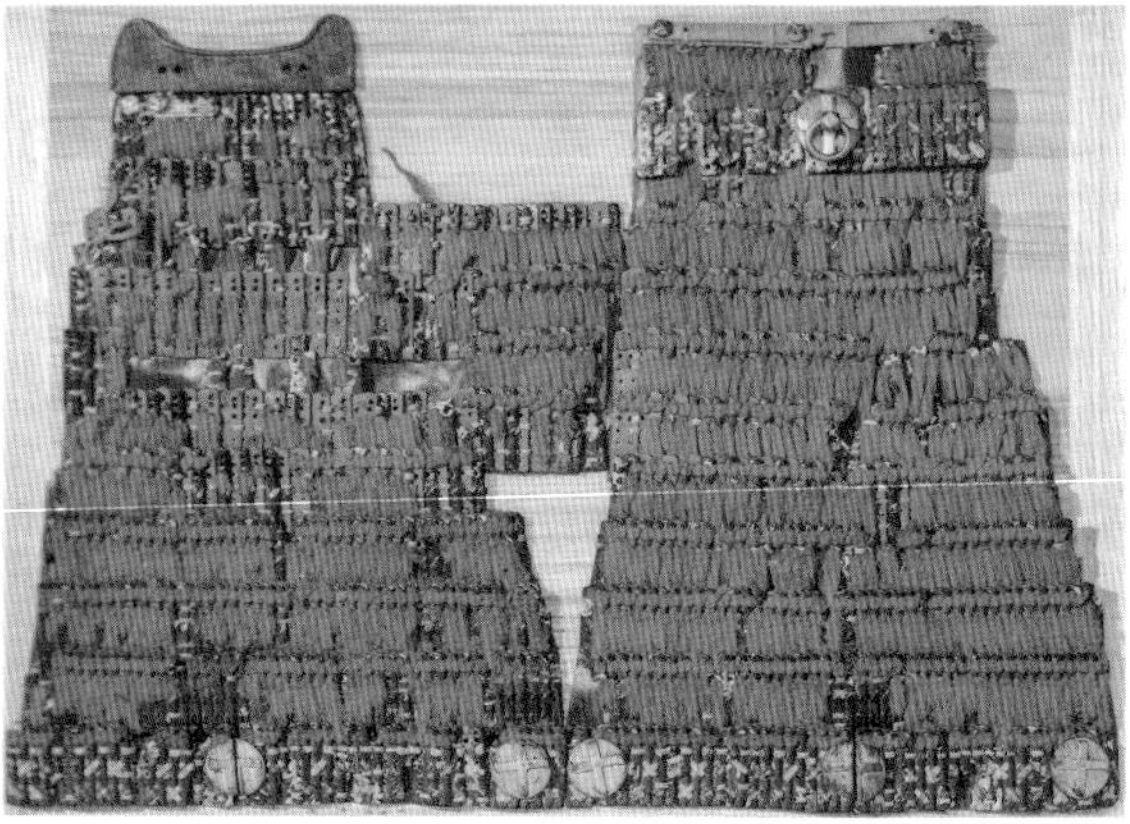

赤糸威鎧　兜・大袖・杏葉付　一領◆島津忠久が着用したと伝えられる大鎧。島津家重物として歴代当主に受け継がれてきた。全体的に鎌倉時代前期の特徴を有しており、忠久所用という所伝にふさわしい大鎧である　鹿児島市・鶴嶺神社蔵

家が提出したのは、「宗大納言《そうだいなごん》～忠康《ただやす》―忠久」という系図であった。

一般論として、「別格」であることを証明しようとする久経側の系図のほうに作為がなされる可能性が高いと推測される。さらに広言と忠久を比べてみると、広言には「忠」の通字がなく、両者の官歴も異なることから（広言は民部丞《みんぶのじょう》、忠久は左兵衛尉などの武官《ぶかん》）、父子に比定することには難がある。ただし、広言は当時惟宗氏諸流の長老的立場にあった人物であることから、忠久は広言と猶子《ゆうし》または養子関係を結んでいたのではないかと推測されている。

一方の忠康は、広言と違い通字の問題、忠久と同じ武官の官歴を有する点や生存年からみても忠久の父に適合する人物といえる。

摂関家の下家司として京都を中心に活動していた忠久が、源頼朝《みなもとのよりとも》と結び付くことになったきっかけは、彼の縁戚関係によるところが大きかった。すなわち、頼朝は比企尼《ひきのあま》を乳母とし、彼女の甥で、養子となった能員《よしかず》を重用した。頼朝に子の頼家《よりいえ》が誕生すると能員の妻を乳母とし、頼家が成人すると能員の娘（若狭局《わかさのつぼね》）を頼家の妻とした。また、忠久の母は比企尼の娘（丹後内侍《たんごのないし》）と言われる。このような比企氏を介しての頼朝との関係から、忠久は頼朝に仕えることとなった。

右：丹後局の墓　鹿児島市・花尾神社　左：花尾神社社殿◆忠久が建立し、丹後局や源頼朝を祀る

忠久が島津荘最高の支配権を獲得――島津氏の誕生

建久八年（一一九七）の薩摩国図田帳《ずでんちょう》によれば、平家没官領《へいけもっかんりょう》（平家滅亡に際し朝廷に没収された平家与党人・謀叛人等の所領）は十二の郡《ぐん》・院《いん》・郷《ごう》にわたって合計一一〇五町にのぼっている。その内訳を示せば、島津荘《しまづのしょう》一円領《いちえんりょう》が二八五町、寄郡《よりごおり》（所当は国衙《こくが》・領家《りょうけ》が二分し、公事《くじ》は領家が独占する）が六一〇町二段、阿多久吉《あたひさよし》（阿多郡久吉名。阿多忠景《ただかげ》の本領と推測される名）が二一〇町四段となる。

これらを領知していた在庁官人《ざいちょうかんじん》や郡司《ぐんじ》たちは源平交代とその前後の変動期に、平家方加担者あるいは反幕府的勢力と目されたため、幕府成立後その所職《しょしき》と領地を没収された。このことからもわかるとおり、平氏の勢力が薩摩国の島津荘にかなりの程度広がっていたことが確認できるのである。

平氏と薩摩国の関わりは、応保年間（一一六一〜一一六三）頃の阿多忠景の乱を鎮定するため、平氏の郎等《ろうどう》筑後守《ちくごのかみ》平《たいらの》家貞《いえさだ》が派遣されたことに始まる。この後、治承四年（一一八〇）には平清盛《きよもり》の弟忠度《ただのり》が薩摩守《さつまのかみ》に補任され、薩摩国の在地領主阿多宣澄《のぶずみ》を目代《もくだい》として国衙支配を推し進めていたと考えられている。

さらに、寿永二年（一一八三）の島津荘別当《べっとう》伴信明《ともののぶあき》解状《げじょう》の袖に平氏の有力家人平盛俊《もりとし》が加判《かはん》していることから、盛俊は島津荘留守職《るすしき》として荘務《しょうむ》を執行していたことが判明する。薩摩国建久図田帳における平家没官領の多さから考えると、盛俊の島津荘支配は在地領主を組織化して、地頭《じとう》の任免権以下の荘園制支配の実権をかなりの程度掌握できていたものと考えられよう。

忠久と南九州の関わりを示す最古の史料は、元暦二年（一一八五）八月十七日の源頼朝下《くだし》

島津荘政所に比定される遺跡写真◆郡元西原（こおりもとにしばる）遺跡で見つかった十一〜十二世紀の大溝（堀）。十三世紀には中ほどまで埋め立てられ、道路として利用されていたと思われる。島津荘成立から拡大期における現地の経営拠点（荘政所〈しょうまんどころ〉）の一部である可能性が指摘されている　宮崎県都城市　画像提供：都城市教育委員会

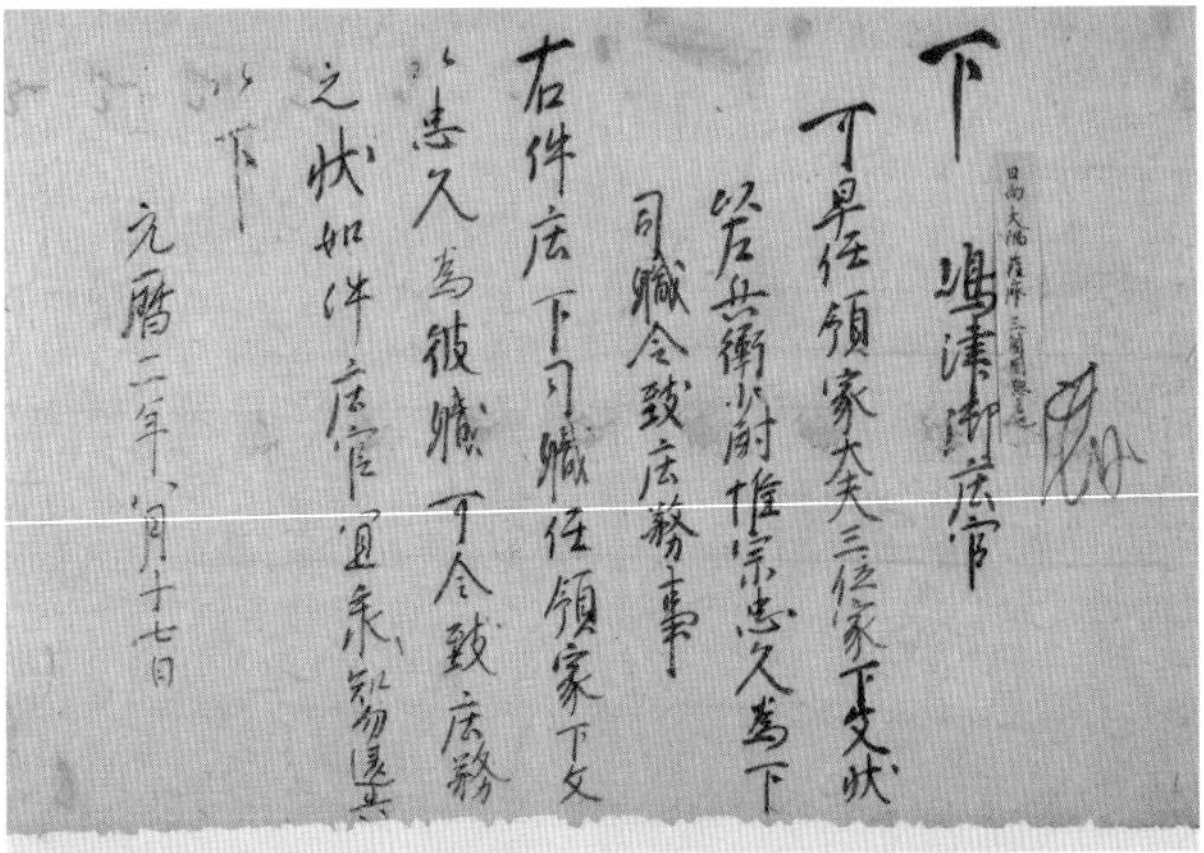
下　島津御庄官
可早任領家大夫三位家下文状
以左兵衛少尉惟宗忠久為下
司職令致庄務事
右件庄下司職任領家下文
以忠久為彼職可令致庄務
之状如件庄官宜承知勿違失
以下
元暦二年八月十七日

源頼朝下文◆源頼朝が島津荘領家の下文に任せて忠久を下司職に補任した下文。忠久が南九州と関わった最も古い文書である　「島津家文書」　東京大学史料編纂所蔵

文《ぶみ》である。この文書で頼朝は島津荘官等に対して、領家の下文に任せて忠久を島津荘下司《げし》職《しき》に補任することを伝えている。

　この他にも忠久は多くの所職を兼帯した。南九州以外では、伊勢国波出御厨《はでのみくりや》（津市）・須可荘《すかのしょう》地頭職（三重県松阪市）、信濃国塩田《しおだの》荘《しょう》（長野県上田市）・太田荘《おおたのしょう》地頭職（長野市）、甲斐国波加利新荘《はかりしんしょう》（山梨県大月市）、越前国守護・東郷荘《とうごうのしょう》地頭職（福井市）などである。

　南九州では薩摩国・大隅国・日向国守護職、島津荘の地頭・目代・押領使《おうりょうし》・留守・政所《まんどころ》奉行《ぶぎょう》などであり、下司とあわせて島津荘の最高の支配権を有した人物であった。

　続いて忠久は、奥州《おうしゅう》藤原氏の征討にも参加していることが確認できる。文治五年（一一八九）二月頃から準備が進められ、東国御家人を中心としながら中国・九州地方の武士たちにも動員命令が下される大規模なものであった。二月九日には、奥州征討のため、頼朝は島津荘地頭忠久に島津荘官等が兵仗《へいじょう》（武器）を帯して七月十日以前に関東に参着すべきことを命じた。七月十九日に頼朝の軍勢は鎌倉を出発した。史料は残っていないが、当然この軍勢の中には、忠久に率いられた島津荘の荘官たちも参加していたはずである。

　これまで見てきたように、忠久は惟宗氏を名乗っていたが、建久九年（一一九八）を初見

島津稲荷神社◆『三国名勝図会』によれば、島津忠久が摂津住吉社で誕生したとき、稲荷明神の擁護があったことから忠久が稲荷明神を崇仰するようになったとある。建久八年（一一九七）、忠久が山門院から島津院に移り祝吉（いわよし）御所にいた九月七日に創建したという。この地が島津ということから、「島津稲荷」と号したとある　宮崎県都城市

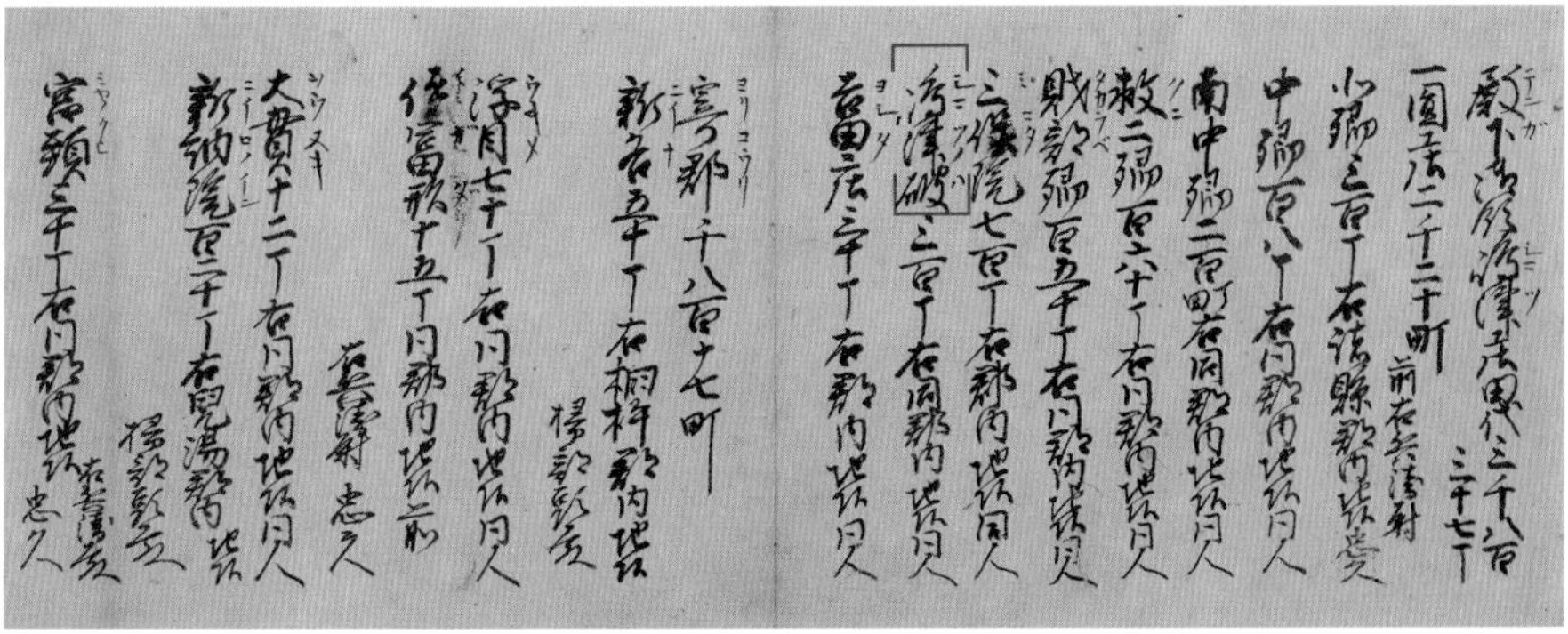

日向国図田帳写◆島津荘一円荘のなかに「島津破三百丁、右同郡（諸県郡）内地頭同人（島津忠久）」とある。「破」が「院」の誤りであることは、すでに『三国名勝図会』に見える　「島津家文書」　東京大学史料編纂所蔵

として、「島津」の名字を多く使用するようになる。これは荘園の名称を名字とすることで、薩摩・大隅・日向三ヶ国に広がる島津荘を領有していることを示す意図があったからだと推測されている。

現在、「島津」という地名は残存していないが、『延《えん》喜《ぎ》式《しき》』に見える「島《しま》津《づ》駅《えき》」は江戸時代末の『三国名《さんごくめい》勝《しょう》図《ず》会《え》』などによれば、現在の宮崎県都城市郡元付近に比定されている。また、建久八年の日向国図田帳にある「島津破《シマツハ》」（『三国名勝図会』はこれを「島津院」とする）もこの地域を指すものと推測され、ここから島津荘の荘園名が成立したと考えられている。

島津氏は承久三年（一二二一）には「藤原」姓を名乗り出すが、これは島津荘の本家である近衛家が藤原氏であったことによるかと推測されている（『島津氏正統系図』は「近衛基通公の恩許を蒙り、藤原姓と為る」とする）。

以上要すると、島津氏は鎌倉時代には惟宗氏・藤原氏を使用していた。室町時代以降は源氏と藤原氏を併用していた。江戸時代に入って寛永八年（一六三一）に、藤原氏は「固有の姓」ではないという理由で、以後は源氏に統一されることになった。

島津家発祥之地碑◆昭和四十三年（一九六八）建立。島津忠久の治所跡と言われる祝吉御所跡に建つ。江戸時代には大門柱の趾、習馬埒（うまのりばば）等が残っていたという。他に大正時代に建てられた碑もある。宮崎県の史跡に指定されている　宮崎県都城市

比企能員の乱と忠久の南九州下向説

「台明寺文書《だいみょうじもんじょ》」の中に、建仁三年（一二〇三）十月十九日付けの島津忠久願文《がんもん》が伝わっている。この文書は、忠久が大隅国曽於郡《そおぐん》台明寺（現在廃寺、鹿児島県霧島市国分台明寺）の別《べっ》所衆集院《しょしゅうしゅういん》に三間四面の本堂一宇を造立することを約したものである。その意趣は「惟宗忠久が上洛するので、無事安穏泰平のために建てる。次回下向したとき、速やかに造進する」というものであった。

この文書を根拠にして忠久が南九州に下向したとする説は、すでに江戸時代の史書『島津《しまづ》国史《こくし》』『西藩野史《せいはんやし》』等に見え、『三国名勝図会』では台明寺鐘楼を建仁二年に、日吉山王社《ひえさんのうしゃ》（現在日枝神社、鹿児島県霧島市国分台明寺）本地堂を建仁三年に忠久が造立したものであると説明している。

またこれとは別に、例えば『島津氏正統系図』では、忠久が「文治二年（一一八六）八月二日薩州山門院《やまといん》（鹿児島県出水市高尾野町・野田町、同阿久根市）に下着す」とあるように、系譜・地誌などでは忠久下向説は当然のこととして繰り返し主張されていた。おそらくこれらを受けてであろうか、北薩地方には忠久にまつわる史跡や忠久が勧請《かんじょう》したという神社などが現在も多く残されているのである。しかし近年の学界では、忠久の研究が進み、彼の主たる活動の場が鎌倉や京都であったことから、忠久下向説には否定的であった。

これに真っ向から異を唱え、島津忠久願文を改めて読み込んで、願文を南九州の歴史過程の中に位置づけなおしたのが江平望氏である。

江平説では、建仁三年十月十九日に忠久がなぜ大隅国台明寺にいたのか、この理由が考察される。実はこの前年十月・閏十月、建仁三年四月七日に蔵人所《くろうどどころ》から台明寺住僧等に下文

青葉の竹◆日枝神社境内に自生する。『三国名勝図会』によれば、天智天皇が皇太子時代に九州へ下向したとき、この地へやって来た。当山が青葉竹の名産地であることから、笛竹の貢御所に定め、これより笛竹の名が天下に広まった。また青葉竹は、世に台明竹と言い、この竹は台明寺から出ることから、寺名を取って台明竹、漢名を蕩竹と言ったとある　鹿児島県霧島市

等が出されており、どうやら供御《くご》（天皇への食物等の貢進）の笛竹をめぐって、台明寺と蔵人所との間に相論が起こっていたことがわかる。この相論に対応するため、朝廷の命に応じて大隅国守護として島津忠久が現地に下向したと解釈する。

この後、建仁三年七月三日には祢寝院《ねじめいん》南俣《みなみまた》地頭職をめぐっての祢寝郡司清重法師《きよしげほっし》と菱刈《ひしかり》重延《しげのぶ》との相論の判決が出され、同二十七日には清重法師が御下文を賜り大隅に下向することを北条時政《ほうじょうときまさ》が忠久宛てに伝えているので、おそらくこの頃まで忠久は鎌倉に居た可能性が高い。

この後の九月二日に比企能員の乱が勃発し、同四日には、能員との縁座により忠久が当時有していた薩摩・大隅・日向国守護職が没収される。このときもし忠久が鎌倉にいたならば、守護職の没収だけでは済まされず、縁戚の一人として追捕の対象になったはずであるという。

しかし、このときたまたま台明寺の笛竹相論の対応のため大隅国に来ていた忠久は乱の追求から逃れることができ

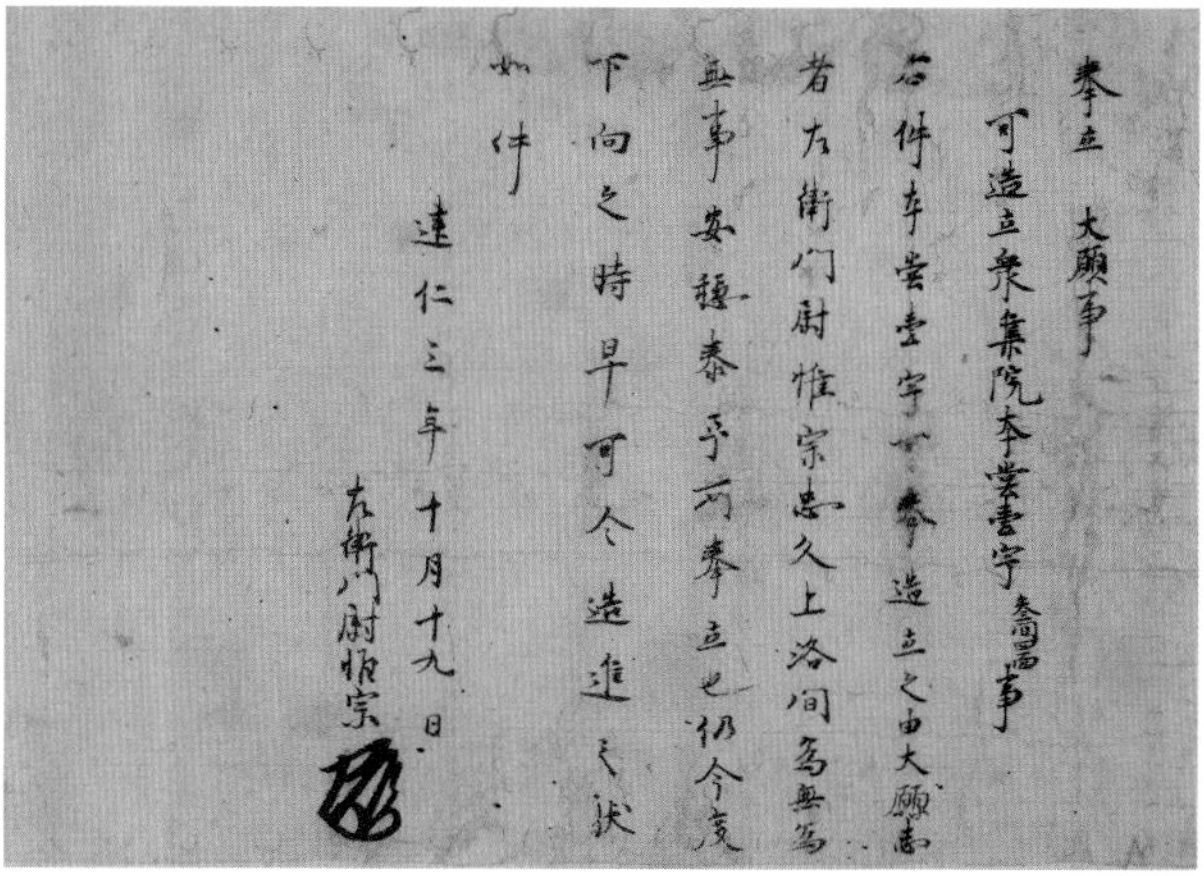

奉立　大願事
可造立衆集院本堂壱宇事
右件本堂壱宇可奉造立之由大願志
者左衛門尉惟宗忠久上洛間為無為
無事安穏泰平所奉立也仍今度
下向之時早可令造進之状
如件
建仁三年十月十九日
左衛門尉惟宗

島津忠久願文◆上洛中の無事を祈念して、忠久が衆集院本堂の造立を発願した願文。「島津家文書」中の「（黒漆塗）特第二番（旧御番所二番箱）」にある二巻の内に収載されている。忠久の花押が鮮やかに残る数少ない文書の一つである　「台明寺文書」　東京大学史料編纂所蔵

日吉山王社と台明寺◆『三国名勝図会』は薩摩・大隅と日向の一部地域の地誌と名所をまとめたもの。江戸時代後期に薩摩藩によって編纂された。名所を描いた挿絵も多い

た。忠久への出頭命令が出され、上洛するので無事であるように、十月十九日に台明寺に願文を提出した。したがって、この願文こそ忠久が大隅国に下向していた動かぬ証拠であるとする。

以上が江平説の大略である。江戸時代までの史書と違い精緻な考証を行い、歴史過程のなかに忠久の願文を位置づけ直している。また、忠久が鎌倉や京都を中心に活動していたので、「南九州に下向するはずがない」という先入観にとらわれず、改めて史料と向き合い導き出した成果であると思う。

しかし、この説に疑問がないわけでもない。その第一は、守護の職権内容は御成敗式目《ごせいばいしきもく》第三条にあるように、大犯三箇条《だいぼんさんかじょう》（京都大番役《きょうとおおばんやく》の催促、謀叛人・殺害人〈夜討・強盗・山賊・海賊〉の逮捕）に限定されており、守護がこれ以外の職務に関与することは禁止されていたことである。

ただし、これはあくまで原則論であり、鎮西守護には他の地域の守護とは異なる特殊権限が付与されていたといわれている。その一つが所務《しょむ》（所領など不動産に関する訴訟）・雑務《ざつむ》（貸借関係などの民事訴訟）・検断沙汰《けんだんざた》（謀反などの刑事訴訟）についての裁判権である。しかし、その裁許の事例も決して多くはなく、最も古いものでも貞応元年（一二二二）なのである。蔵人所と台明寺の笛竹をめぐる相論への対応が、あるいはこの鎮西守護の特殊権限に由来するものであったとしても、だからといって守護正員である忠久本人が、わざわざ現地大隅国まで下向する必要があるのか疑問である。

さらに相論の当事者にも問題がある。大隅国台明寺であれば、守護が相論の対象として取り扱うことがあるかもしれないが、蔵人所の場合はいかがであろうか。蒙古襲来《もうこしゅうらい》以降に幕府の権力が御家人以外にも浸透していた時期ならいざ知らず、守護制度ができてまだ間もな

比企氏供養塔◆日蓮宗の妙本寺は、建仁三年（一二〇三）に滅亡した比企一族の邸宅跡に、比企能本が開基となって文応元年（一二六〇）に開創された。山号は比企能員に、寺号は能員室の法名にちなむという　神奈川県鎌倉市・妙本寺

い建仁三年という早い段階で、守護が蔵人所の相論を取り扱うことがはたしてできたのであろうか。

第二は、江戸時代の史書以降、建仁三年の忠久願文を忠久本人が台明寺に実際に来て書いて出したことを暗黙の前提としていることである。忠久自身が書いた願文が台明寺に出されたことは事実としても、実際に忠久が大隅国に下向して台明寺に出したかどうかはわからない。忠久が使者にこの願文を持たせて提出することも充分可能なはずである。

江平説は今までの常識にとらわれない魅力的な説である。しかし、既述のようにいくつかの疑問点が存するのもまた事実である。これ以上は明確な史料がないことから、直ちにどちらかに断定することは難しい。今後史料がさらに読み込まれていって、この問題が新たな展開を見せることを期待したい。

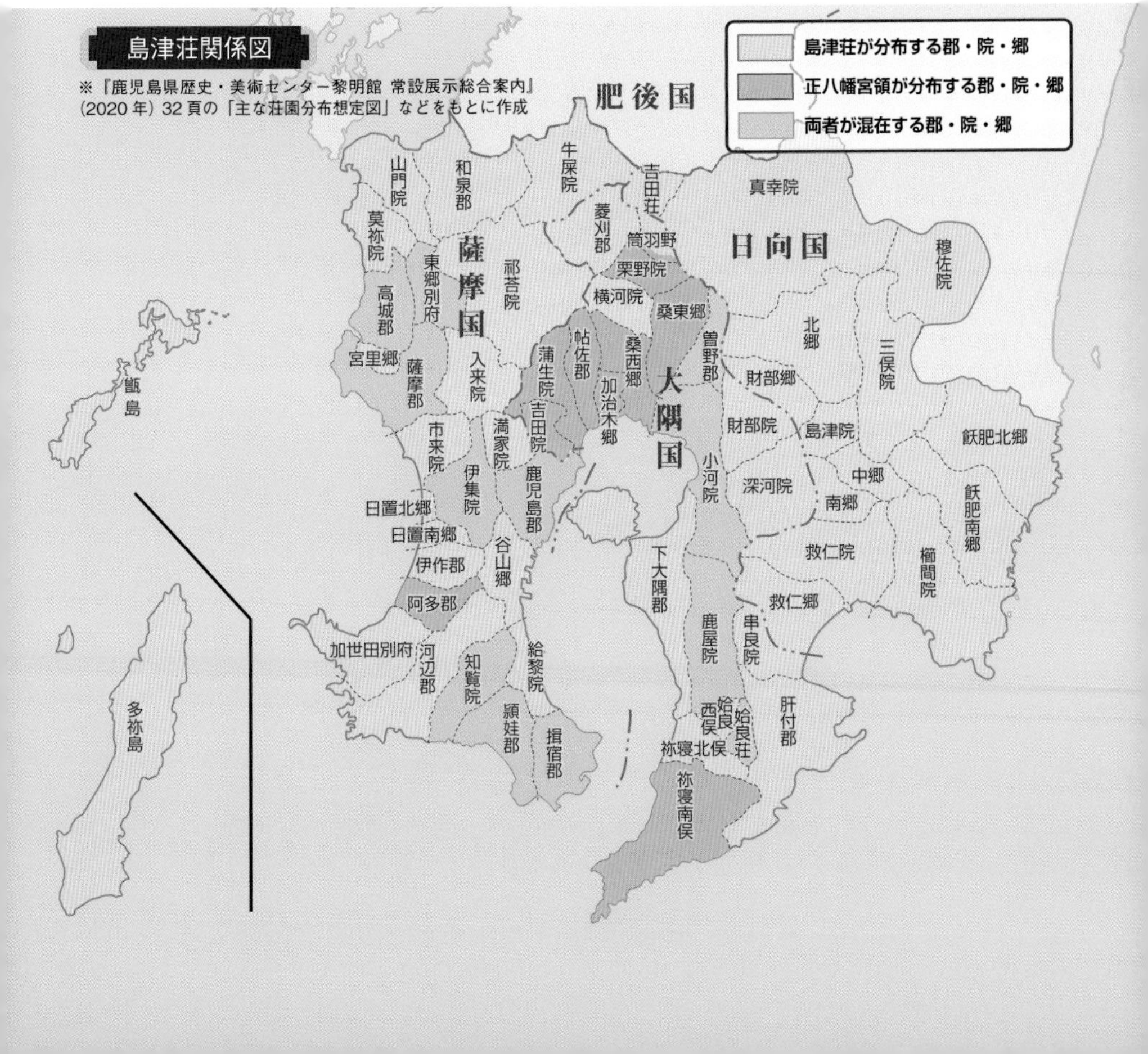

島津荘関係図

※『鹿児島県歴史・美術センター黎明館 常設展示総合案内』（2020 年）32 頁の「主な荘園分布想定図」などをもとに作成

庶子家を分出させ薩摩国支配が進展

島津忠久は比企能員の乱ですべての職を失ったが、薩摩国守護職は元久二年（一二〇五）に、島津荘薩摩方惣地頭職は建暦三年（一二一三）に還補《げんぽ》された。なお、『鹿児島県史第一巻』は建仁三年（一二〇三）九月四日に薩摩・大隅・日向三ヶ国の守護職を奪われた後、十月十日に源実朝《さねとも》が将軍職に就くと、忠久の薩摩国守護職は安堵されたと推測する。

この他、大隅・日向国守護職、島津荘大隅方と日向方の惣地頭職は北条氏に奪われることとなったので、これ以降、島津氏の領主制の展開は薩摩国を中心にして進められていくことになる。

三代久経の前期までは鎌倉に在住していたが、蒙古襲来を契機とした異国警固のため、建治元年（一二七五）に久経が博多《はかた》（福岡市）に下向する。これにともない庶子も下向するものがあり、薩摩国支配もこれ以降、本格的に展開していくことになる。

また、この頃には、庶子家の分出も多く確認できるようになる。『島津氏正統系図』によれば、二代忠時《ただとき》の子息忠継《ただつぐ》が山田《やまだ》氏、忠継の弟忠経《ただつね》の子息の代に町田《まちだ》氏・伊集院《いじゅういん》氏、三代久経の子息久長《ひさなが》が伊作《いざく》氏、四代忠宗《ただむね》の子息の代に和泉《いずみ》氏・佐多《さた》氏・新納《にいろ》氏・樺山《かばやま》氏・北郷《ほんごう》氏などが見られる。

これらの庶子家は、その支配地域の地名をとって名字としていることからもわかるとおり、支配地域の地頭職を梃子として密接な関わりを持ちながら在地支配を展開していった。しかし、年代を経て支配地域の分割相続が繰り返されていくとその細分化が進み、地頭としての

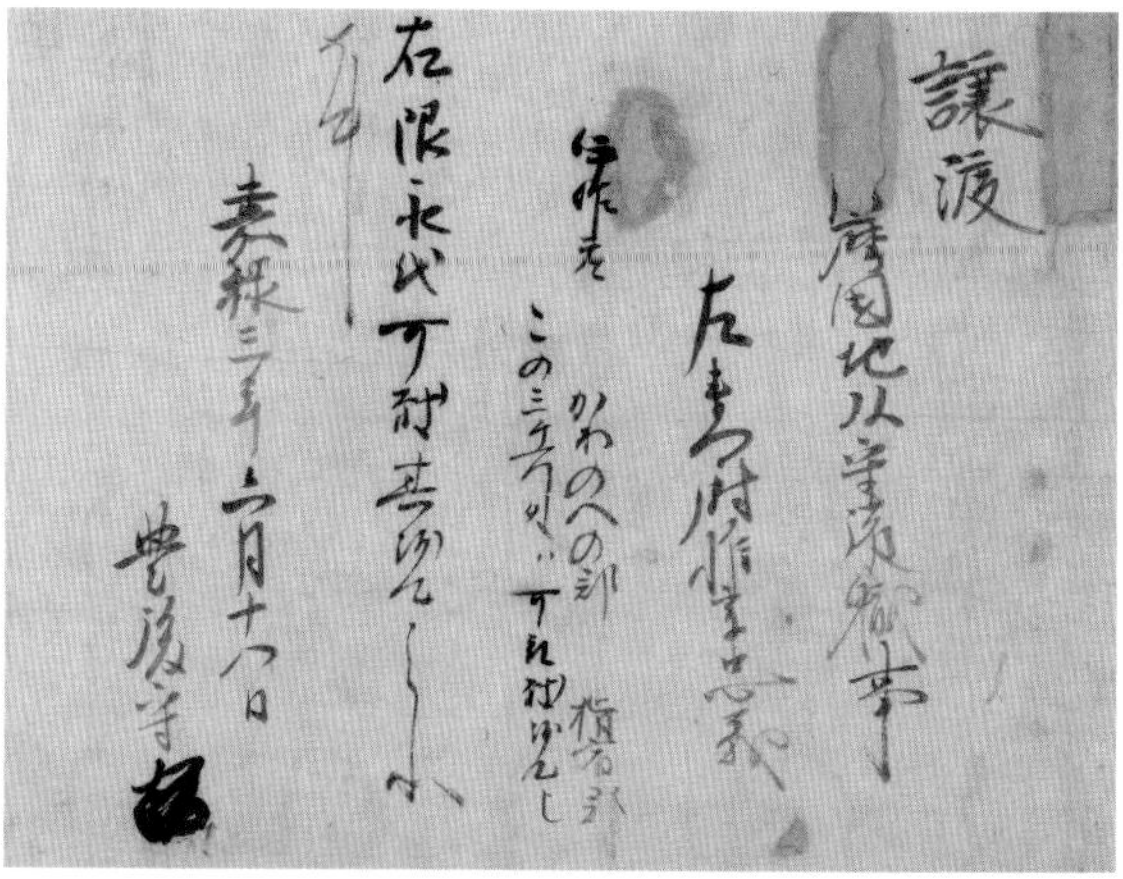

島津忠久譲状◆嫡子忠義（のち忠時）に所領を譲ったもの。忠時は承久の乱に際して軍功を挙げるなど、有力御家人として長く活躍した　「島津家文書」　東京大学史料編纂所蔵

得分《とくぶん》も減少していくことになる。

そこで、その減少を食い止める必要から、島津氏庶子家が入部するより以前から支配をしてきた在来勢力―郡司・名主《みょうしゅ》・荘官《しょうかん》・弁済使《べんさいし》等が有する下地支配権を非合法的手段を使ってでも奪い取る必要性が生ずる。そのため、島津氏庶子家と在来勢力との摩擦が絶えず起こり、相論が繰り返された。

例えば、建治三年（一二七七）以降、鎌倉時代を通じて繰り返された谷山《たにやま》郡山田村・上別府村（鹿児島市山田町・五ケ別府町）をめぐる地頭山田氏と谷山郡司との相論がある。その相論の過程で正安二年（一三〇〇）に出された鎮西下知状《ちんぜいげちじょう》は全四一ヶ条にも及ぶ長大なもので、鎌倉幕府が出した下知状のなかでは最長である。それだけこの相論が複雑な過程を経ていたことがわかる。

他に日置北郷《ひおきたごう》（鹿児島県日置市日吉町）をめぐる地頭伊作氏と領家興福寺《こうふくじ》一《いち》乗院《じょういん》・下司薩摩平氏一族の相論などがある。この相論では特に、元亨四年（一三二四）に下地中分《したじちゅうぶん》が行われ、地頭側が着実に支配地域を広げていったことが、島津家文書に残されている著名な「薩摩国伊作庄日置北郷下地中分絵図」から確かめられる。

このような相論の根本的要因は、郡司や下司など古くから在地支配を行ってきた領主たちの支配権に対して、地頭が小さな楔を打ち込み、そこから徐々に既得権益の拡大を図っていったという点にある。鎮西探題《たんだい》において複雑な法廷闘争が繰り広げられるが、鎮西探題も結局は地頭方に有利な判決を出していくことが多かったようである。

島津氏略系図（初代忠久～五代貞久）

※原口泉ほか『鹿児島県の歴史』（山川出版社、1999 年）掲載図をもとに作成

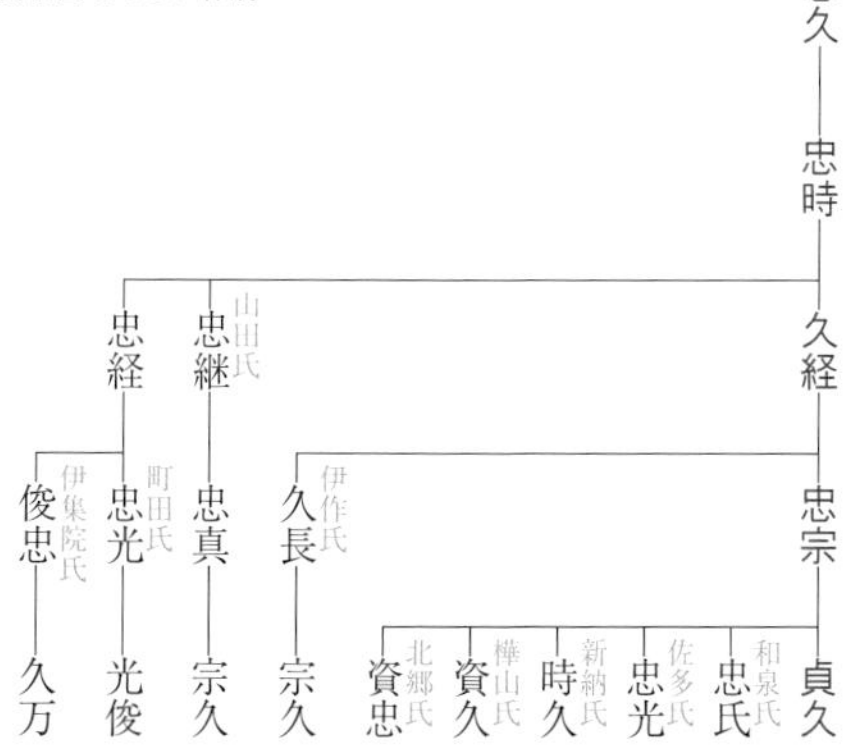

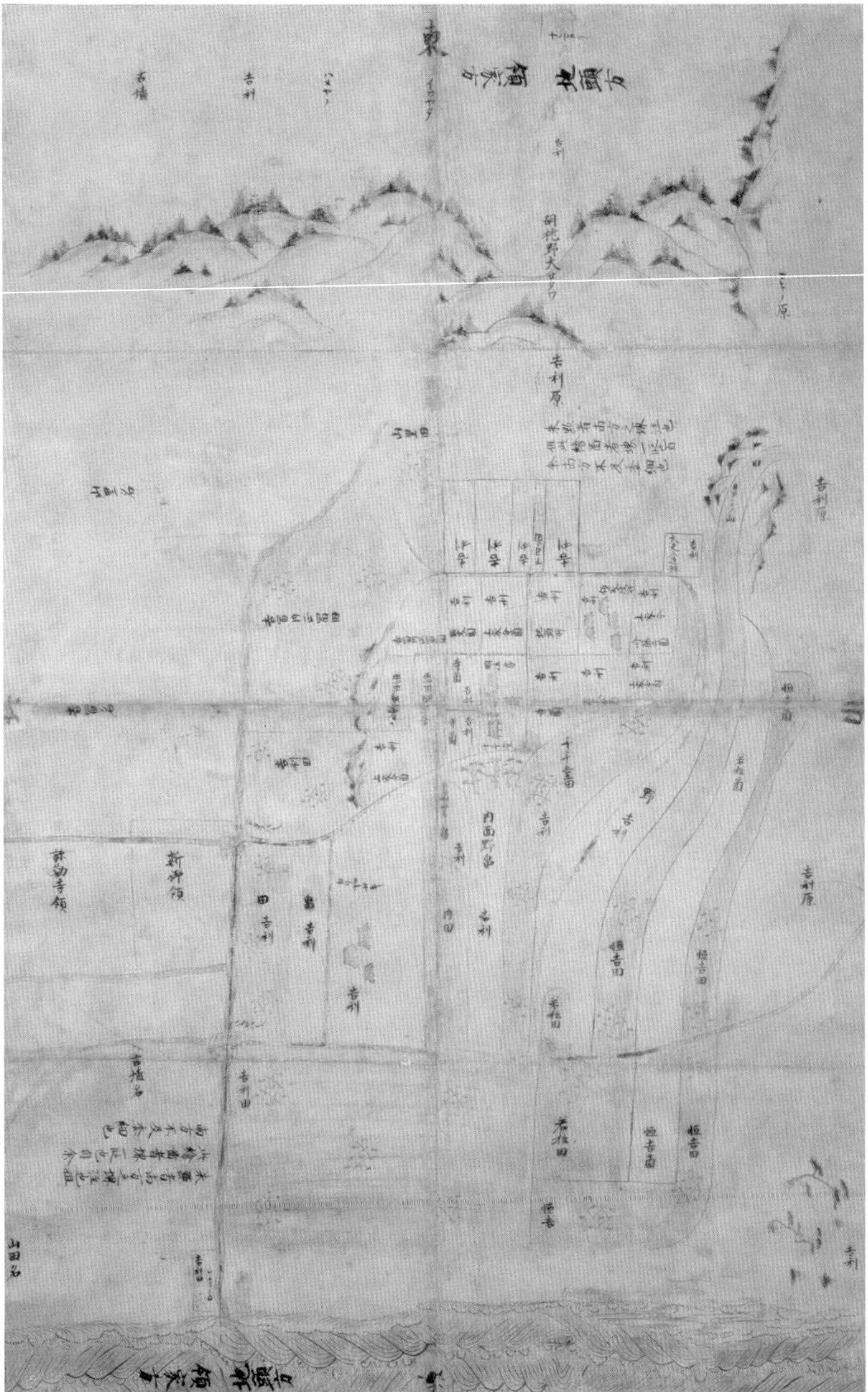

薩摩国伊作庄日置北郷下地中分絵図◆元亨４年（1324）８月21日付けの伊作荘并日置北郷領家地頭和与状と共に作成された下地中分絵図。絵図の裏には、雑掌左衛門尉憲俊と地頭代沙弥道慶の署判がある。図中朱線で下地中分の境界を描き、屋敷や稲には黄土色、河川や海には薄藍色で彩色を施している。樹木や波の描き方から大和絵風の技法による絵師の制作が想定されている　「島津家文書」　東京大学史料編纂所蔵

蒙古襲来！　上陸を防ぐため島津久経が奮戦

一二七一年、フビライ＝ハンが元《げん》を建国すると、高麗《こうらい》を介して日本にたびたび使者を派遣し朝貢《ちょうこう》を迫ってきた。鎌倉幕府はこれを拒否し、蒙古襲来の風聞があることを理由に西国の防備を固めるために、文永八年（一二七一）九月、鎮西に所領を有する御家人たちは防禦のため下向を命ぜられた。

島津氏がいつ下向したかは不明だが、『島津氏正統系図』によれば、建治元年（一二七五）に久経が筑前筥崎《はこざき》（福岡市東区）の役所に下向したという。実際、建治三年正月に、久経は比志島太郎《ひしじまたろう》宛てに異国警固番役《いこくけいごばんやく》の覆勘状《ふっかんじょう》（番役勤仕の証明書）を発給しているので、このとき下向していたのは間違いない。なお、『鹿児島県史第一巻』は建治元年に任国薩摩に下向したとする。

蒙古が襲来したとき、彼らの上陸を阻止するために、博多湾沿岸に石築地《いしついじ》（元寇防塁《げんこうぼうるい》）が築造された。薩摩国の担当は筥崎地域、大隅・日向国の担当は今津《いまづ》地域（福岡市西区）であった。大隅国の建治二年石築地役配符写によれば、築造の経費は荘園・公領、御家人・非御家人を問わず一国全域に賦課され、所領一段に付き石築地の長さ一寸が割り当てられていたことがわかる。

御家人たちは受け持ち区間で一定期間防備に従い（異国警固番役）、受け持ち区間の石築地を築造・修理したりした（石築地役）。薩摩国守護であった島津久経も薩摩国の担当地域である筥崎の役所に詰め、御家人たちを指揮・監督して防備に当たっていた。

弘安の役（一二八一年）で兵船に分乗して、壱岐にいた蒙古軍に立ち向かう武士たちを描いた『蒙古襲来絵詞《もうこしゅうらいえことば》』の一場面で、画面上段に大宰少弐《だざいのしょうに》経資《つねすけ》の手者兵船が、下段には薩

今津元寇防塁（復元）◆大隅・日向国の御家人たちが分担した。約三キロメートルにわたり石塁が残っている。石塁の底部幅三メートル、天端幅二メートル、高さ三メートルで、内部には石や砂が充填され、石材は花崗岩・玄武岩が用いられている。昭和六年（一九三一）指定　国指定史跡　福岡市西区

摩国守護下野守久親《ひさちか》（久経）・同舎弟久長《ひさなが》（『島津氏正統系図』によれば、久長は久経の次男）の手者等が乗る兵船が見える。島津氏の兵船には鎧兜を身にまとった武将四人と郎等や水主《かこ》たちが描かれ、船首には十文字紋の旗指物が描かれているが、これは十文字紋に丸が付く以前の古い段階の家紋である。

一方、博多湾での戦闘に参加した肥後国御家人竹崎季長《たけざきすえなが》は自らの戦功の証人として、「島津久長の手の者信濃国御家人有坂弥二郎吉長《ありさかやじろうよしなが》」「久長の甥守護代式部三郎忠光《しきぶさぶろうただみつ》の手の者岩屋《いわや》四郎久近《しろうひさちか》」「畠山覚阿弥陀仏《はたけやまかくあみだぶつ》」「本田四郎左衛門兼房《ほんだしろうさえもんかねふさ》」の四名を申請した。

島津氏は当時、信濃国太田荘（長野市）に地頭職を有していたので、同国御家人有坂氏が久長の配下に入ったものであろうか。岩屋氏は守護祗候人、畠山覚阿弥陀仏は島津氏の縁戚、本田氏は島津氏の根本被官であった。つまり、守護島津久経は舎弟・祗候人・縁戚筋・根本被官などを引き連れて蒙古合戦に参戦していたことが『蒙古襲来絵詞』からわかる。

その後も久経は、一貫して筥崎役所で警固に当たり、弘安七年（一二八四）閏四月二十一日、同地で亡くなった。享年六十歳であった。

久経の子息忠宗《ただむね》も筥崎の役所で異国警固番役に対応したと思われる。忠宗が出した覆勘状が多く残されており、久経の亡くなった翌年弘安八年から正安元年（一二九九）まで二十八通が確認できる。

蒙古襲来は武士たちだけではなく、神仏同士の戦いでもあった。そのため、鎮西探題や守護たちは管内の寺社に対して、異国降伏の祈禱を繰り返し命じた。正応四年（一二九一）二月、幕府は薩摩国分寺《こくぶんじ》・一宮《いちのみや》・宗たる寺社において異国降伏の祈禱を実施し、毎月巻数《かんず》を執進すべきことを命じた。これを翌月、忠宗は八幡新田宮《はちまんにったぐう》執印《しゅういん》に対して施行している。

なお巻数とは、祈禱の完了証明書のことをいう。寺社が祈禱を行ったという証明書（巻数）

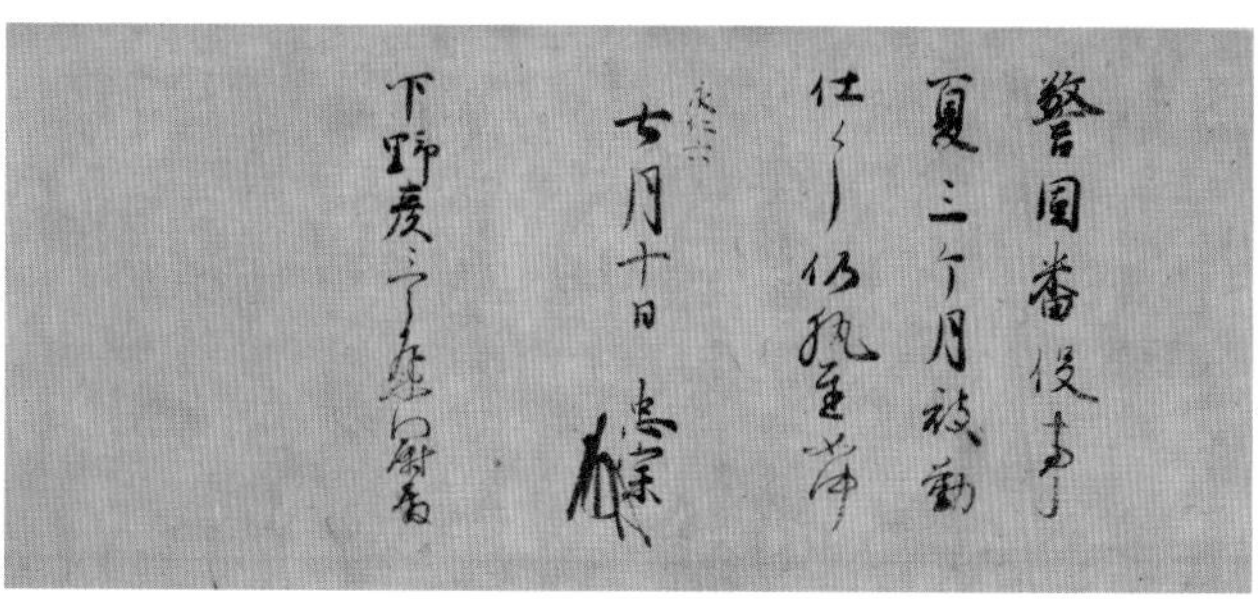

島津忠宗異国警固番役覆勘状（折紙）◆島津久経の嫡男忠宗が弟の久長宛てに出した異国警固番役の覆勘状。永仁六年（一二九八）夏の三箇月間を勤仕したことを証したもの　「島津家文書」　東京大学史料編纂所蔵

を、祈禱の依頼主（施主）に渡す。それによって施主は、その証明書を受け取ったという返礼文書（巻数返事）を出した。

「蒙古襲来絵詞」（後巻　絵十五）◆上段に少弐氏の兵船、下段に島津氏の兵船が描かれる。その舟に島津久経・久長が乗船している。兜を付けて顔が見える二人が久経・久長であろうか　宮内庁三の丸尚蔵館蔵

同六年には、鎮西探題は鎮西諸国の守護に対して、管内の一宮へ異国降伏のため宝剣一腰・神馬一疋を寄進させた。このとき薩摩国では、八幡新田宮と開聞社《ひらききしゃ》が一宮の地位をめぐって相論をしていた。そのため忠宗は、先年の鎮西談《だん》義《ぎ》所《しょ》の裁許に基づき、仮に八幡新田宮に神宝を納めて祈請を行ったが、八幡新田宮を一宮に決定したものではないと断っている。

異国降伏や天下泰平の祈禱などを管内の寺社に取り次ぐのは、守護の重要な役目の一つであった。その後も、正安二年・同三年・嘉元元年（一三〇三）・延慶三年（一三一〇）などに忠宗が関わった史料が残っている。

忠宗の弟・久長が弘安の役に参戦していたことを述べたが、『島津氏正統系図』によれば、弘安七年より嘉元三年に至り、二十余年筑前筥崎の警固番役を勤仕するとある。久経が亡くなった後、兄忠宗に代わって薩摩国御家人たちの警固番役を統率していたものであろうか。

筥崎宮◆久経は異国警固番役勤仕中の弘安七年（一二八四）四月二十一日に筥崎で死去した。筑前一宮で、蒙古襲来時には亀山上皇が「敵国降伏」を祈願したことで知られる　福岡市東区

鎌倉幕府滅亡、島津貞久は鎮西探題を襲撃

後醍醐《ごだいご》天皇は鎌倉幕府を討伐するため、正中《しょうちゅう》の変（一三二四年）に続き二回目のクーデター（元弘《げんこう》の変・一三三一年）を企てたが、未然に発覚。元弘元年（一三三一）八月、後醍醐は京都を逃れ笠置《かさぎ》城（京都府笠置町）に立て籠もり、楠木正成《くすのきまさしげ》も赤坂《あかさか》城（大阪府千早赤阪村）に挙兵した。

幕府は承久《じょうきゅう》の乱の先例に任せて、直ちに大将軍以下諸将二十万余騎を進発させた。このときの合戦の模様を記した「光明寺残篇《こうみょうじざんぺん》」の十月十四日条に、楠木正成が拠る河内国下赤坂城に向けて、幕府軍が四手に分かれて進軍したことが見える。その内の一手は、大将が大《おさ》仏貞直《らぎさだなお》で、宇治《うじ》から大和国に至る道を進軍したが、この中に「島津上総入道《かずさにゅうどう》」（貞久《さだひさ》）の名が挙げられている。

またこの前月五日に、後醍醐が比叡山《ひえいざん》に遷幸したと思い、凶徒《きょうと》等を退治するため下した幕府御教書《みぎょうしょ》を受け取った武将の中にも「島津上総入道」が見える。

同年八月九日に貞久は嫡子宗久《むねひさ》に対して、薩摩国薩摩郡・山門院・市来院《いちきいん》地頭職、鹿児島郡永吉《ながよし》・十二島地頭職等を譲与している。時期的に考えて、畿内での合戦に参戦していた貞久は、万一のことを考えてこのような譲状《ゆずりじょう》を認めたものであろう。

元弘の乱の恩賞として、正慶元年（一三三二）十二月一日、貞久は周防国楊井荘《やないのしょう》（山口県柳井市）領家職（妙法院宮跡）を将軍より宛て行われている。

元弘三年（一三三三）閏二月下旬、隠岐にあった後醍醐は密かに脱出して出雲に上陸し、名和長年《なわながとし》に奉じられて船上山《せんじょうさん》（鳥取県琴浦町）から諸国に兵を募った。

これにともない中国・四国の反幕府勢力も活発化し、九州にも鎮西探題北条英時《ひでとき》や桜田《さくらだ》

後醍醐天皇画像◆「島津家文書」中には後醍醐天皇綸旨が多数残されている　東京大学史料編纂所蔵模写

足利尊氏木像◆大分県国東市・安国寺蔵

師頼《もろより》を討てという大塔宮《おおとうのみや》の令旨《りょうじ》が届けられた。この動きを察知した探題英時は三月、九州の地頭御家人等を博多に召集した。このとき英時討伐に立ち上がったのが菊池武時《きくちたけとき》であったが、少弐・大友《おおとも》氏等の救援が得られず、あえなく失敗に終わった。この合戦に島津貞久が参加していたのかどうかわからないが、「博多日記《はかたにっき》」三月二十六日条に薩摩国大隅式部小三郎《こさぶろう》（山田氏一族）・野辺《のべ》八郎《はちろう》・渋谷《しぶや》太郎左衛門尉《たろうさえもんのじょう》らが博多から逐電《ちくでん》したという記事があるので、薩摩国御家人等も博多にいたことは間違いない。

四月二十八日には、島津貞久を大隅国守護職に補任する後醍醐の綸旨《りんじ》が出され、翌二十九日付けで足利高氏《あしかがたかうじ》は、伯耆国の後醍醐から勅命を蒙ったので合力するよう貞久に書状を送った。同時に大友貞宗《さだむね》・阿蘇惟時《あそこれとき》らにも討幕軍への参加が呼び掛けられ、九州の武士たちも討幕陣営に馳せ参じることとなった。五月七日には、足利高氏等に攻められ六波羅探題《ろくはらたんだい》北条仲時《なかとき》らが自刃、二十一日には新田義貞《にったよしさだ》等に鎌倉が攻略され、北条高時《たかとき》以下数百人が自刃した。

二十五日には鎮西探題北条英時の博多の宿所が九州全域から参戦した武士たちから襲撃され、ここに鎮西探題は滅びた。島津貞久が率いた薩摩の御家人たちも英時の宿所北門に押し寄せて合戦に参加している。

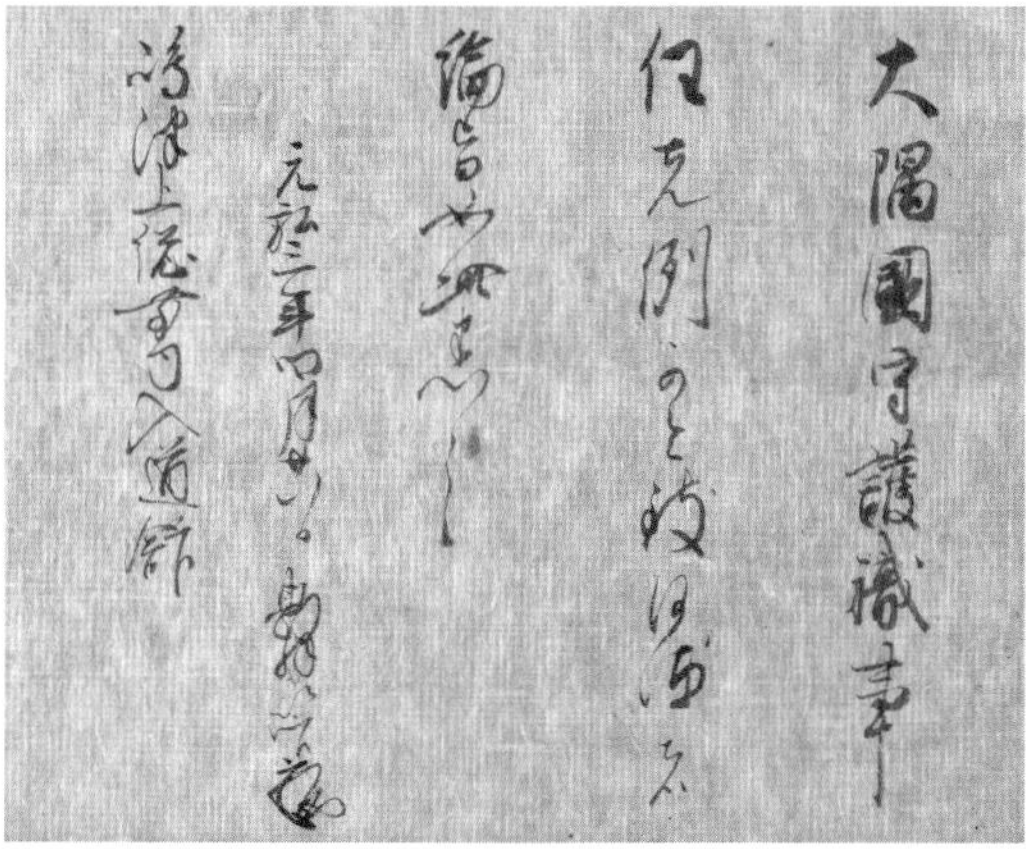

後醍醐天皇綸旨◆島津貞久を大隅国守護職に補任したもの。元弘３年６月には日向国守護職にも還補されているので、島津忠久が建仁３年（1203）に薩摩・大隅・日向三ヶ国の守護職を没収されて以来、実に130年ぶりの三ヶ国守護職への補任であった　「島津家文書」　東京大学史料編纂所蔵

櫛田神社◆博多の総鎮守。境内東側に鎮西探題館が存在したとされている　福岡市博多区

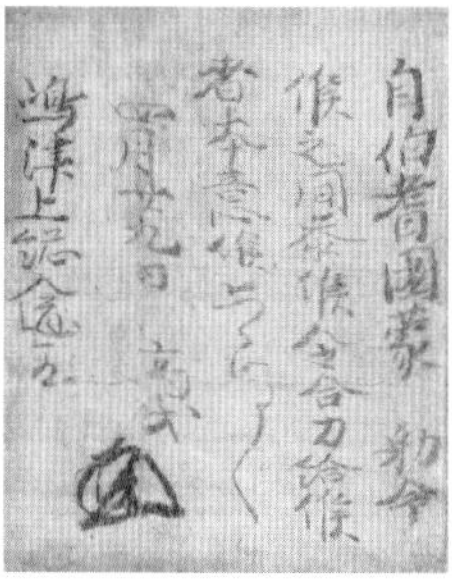

足利高氏書状◆法量七・九×六・八㎝。小切紙に書かれた足利高氏の軍勢催促状。他に、阿蘇前大宮司宛ての同日付文書が残っている　「島津家文書」　東京大学史料編纂所蔵

島津忠久源頼朝落胤説の変遷をたどる

『島津氏正統系図』によれば、島津忠久の源頼朝落胤説とは、「源頼朝と結ばれ忠久を身籠もった比企能員の妹丹後局《たんごのつぼね》が、頼朝の妻北条政子《まさこ》の嫉妬を恐れて西国へ逃げる途中、摂津国住吉《すみよし》社（大阪市住吉区）の境内で、雨の中狐火に守られて忠久を産んだ。後に丹後局は惟宗広言《ひろこと》に嫁いだ。」というものである。また、『寛政重修諸家譜』では、忠久誕生の翌日に近衛基通《もとみち》が住吉社に参詣し、母子を憐れんで京都に連れ帰ったと記されている。このようなことから、島津氏では「稲荷信仰」が盛んとなり、「島津雨」と言って雨を吉祥とすることが始まったといわれている。

この頼朝落胤説に関して現在知られる最古の史料は、永享二年（一四三〇）頃の成立と言われる「酒匂安国寺申状」である。落胤説の骨子はほぼ同じであるが、ここには近衛基通は登場していない。つづく文明二年～十四年（一四七〇～八二）頃成立したと言われる「山田聖栄自記」では、懐妊した丹後局を八文字民部太輔に賜り、そこで忠久は誕生したことになっていて、住吉社の記述は見えない。「山田聖栄自記」の落胤説は『島津氏正統系図』の落胤説に比べて未完成の印象を受ける。一族内や島津家家臣においてもさまざまな落胤説があったことが推察され、これらが時代を経るに従って次第に整えられて江戸時代に見られる落胤説に変化を遂げていったのであろう。

寛永十八年（一六四一）、江戸幕府は諸大名家・旗本諸士に対して系図の提出を命じ、それを編纂して『寛永諸家系図伝』を作成した。頼朝落胤説を記した島津家の系図も収録されているが、これは編纂主任の林《はやし》羅山《らざん》が認めたことを意味し、島津家の祖忠久が頼朝の落胤であるという「落胤説」が公的に成立したと評価できる。

元禄十年（一六九七）には日向国絵図作成をめぐる相論で、飫肥《おび》藩主伊東《いとう》氏に対抗する必要から、島津氏は伊東氏よりも高い家格と出自を有することを強調するため、「落胤説」をさらに潤色していく。相論の結果、薩摩藩が日向国絵図単独提出を拝命することとなった。これは島津家が作成した「落胤説」が、幕府内で揺るぎない地位を得た証しであり、林信篤《のぶあつ》によって公的に認定され確定していくこととなった。

やがてこの「落胤説」は『西藩野史』（宝暦八年〈一七五八〉成立）・『島津世家』（明和六年〈一七六九〉成立）・『島津国史』（享和二年〈一八〇二〉成立）などに繰り返し記され、藩内においても確実に定着を見せていった。さらに享和二年、島津重豪《しげひで》は『大日本史』に「落胤説」を補入するよう働きかけ、文化六年（一八〇九）にそれを実現させている。

「落胤説」の定着と併せて、関係する場所やさまざまなモノの整備も次第に進められるようになる。具体的には鎌倉にある頼朝と忠久の墓所の整備が島津重豪により進められ、藩主や家臣たちの墓参が定期的になされた（明治まで継続）。また忠久が誕生したという住吉社では、島津重豪により誕生石やそれを取り囲む井垣などの補修がなされた。

頼朝から忠久に授与されたといわれる五指量愛染明王一体、文覚《もんがく》上人筆になる八幡大菩薩の旗、頼朝の守刀であった脇差などが藩主の代替わりの際に譲与された。さらに頼朝・忠久の遠忌《おんき》も実施され、伊地知季安《いじちすえやす》による忠久出自の考証なども盛んになされた。

右：伝島津忠久墓所◆左隣には大江広元と毛利季光と伝えられる墓所もある。忠久の墓所は安永八年（一七七九）二月、島津重豪により改造再建され、玉石垣などが寄進された。同じとき、近くにある源頼朝の墓も重豪により整備されている　左：源頼朝の墓◆神奈川県鎌倉市

島津忠久誕生之図◆住吉神社における島津忠久誕生の様子が描かれる　尚古集成館蔵

建武政権・室町幕府の成立と貞久の去就

後醍醐《ごだいご》天皇・足利尊氏《あしかがたかうじ》挙兵の時点で、大隅国守護職に補任されていた島津貞《さだ》久《ひさ》は、元弘三年（一三三三）六月十五日に日向国守護職、建武《けんむ》政権成立後の建武元年（一三三四）四月二十八日、改めて後醍醐から大隅国守護職に任じられている。同年七月、日向・大隅両国で北条氏残党が蜂起すると、九月一日、後醍醐は貞久に対して、鎮西警固のうち日向・薩摩両国の「沙汰《さた》」を命じている。さらに翌建武二年七月三日、建武政権は太政官符《だいじょうかんぷ》により、貞久を中宮職《ちゅうぐうしき》領であった島津荘大隅方寄郡の預所職《あずかりどころしき》に任じる。「預所職」は下級荘官の補任権（任命権）をもっており、北条氏残党鎮圧後の荘官クラスの掌握を期待されたのだろう。これが島津氏にとって、大隅国支配＝同国国人掌握の根拠・梃子となっていく。

しかし、同年八月、関東に下向して中先代《なかせんだい》の乱を鎮圧した足利尊氏は、後醍醐の帰京命令に従わず、そのまま鎌倉に残り続けた。後醍醐は同年十一月、足利尊氏・直義《ただよし》兄弟の追討を命じる。

十一月十一日、在京していた島津貞久は、尊氏追討東山道《とうさんどう》軍の侍大将として出陣している。一方、貞久の弟四郎時久《しろうときひさ》は、尊氏とともに鎌倉にあった。同年

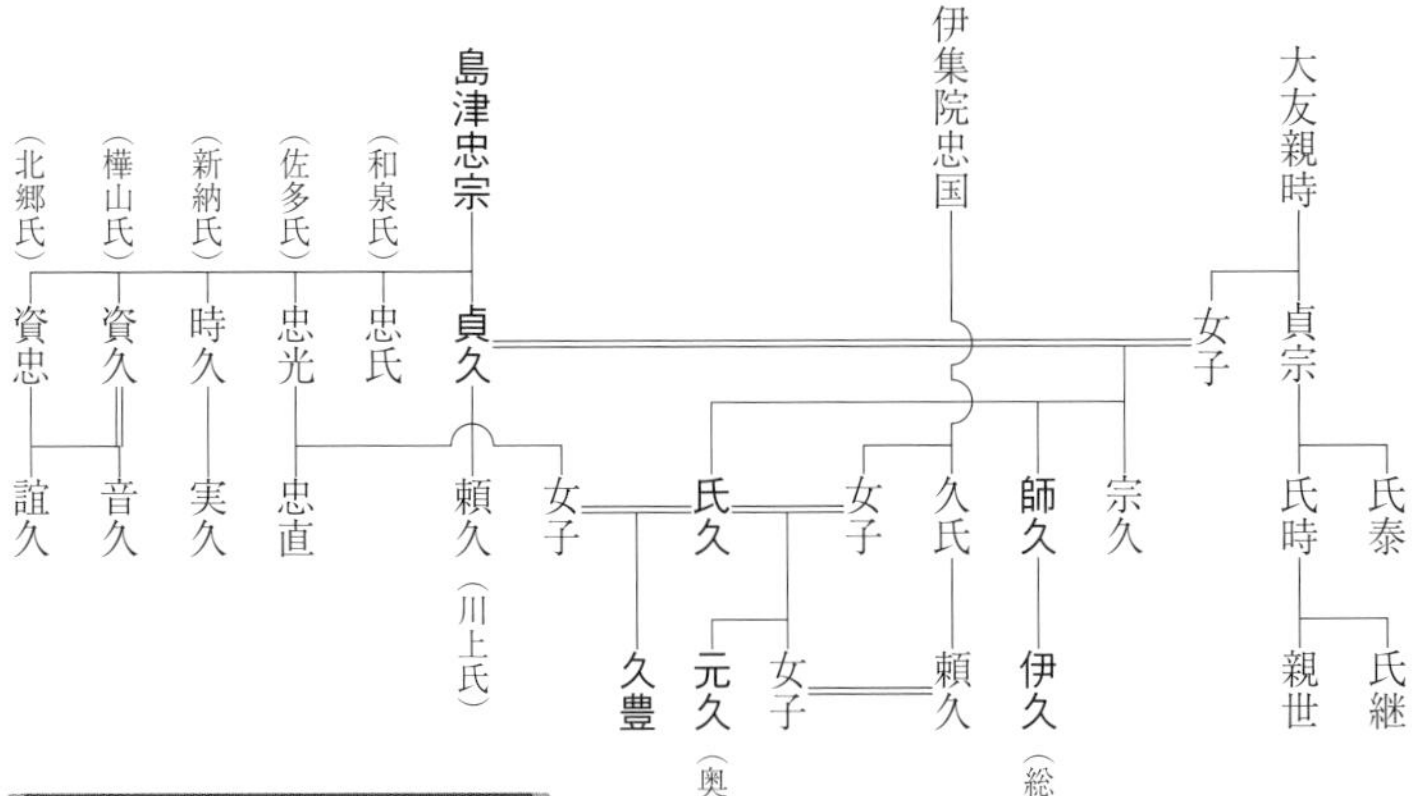

南北朝期島津氏略系図

十二月十一日、尊氏が箱根《はこね》・竹ノ下《たけのした》合戦で新《にっ》田《た》義貞《よしさだ》勢を撃破した際、時久は足利方として軍功を挙げ、同日、尊氏から下文《くだしぶみ》によって名字の地となる「日向国新納院《にいろいん》」を宛行われている。この頃、貞久はまだ東山道を行軍中であり、同月、日向国守護職は尊氏によって、

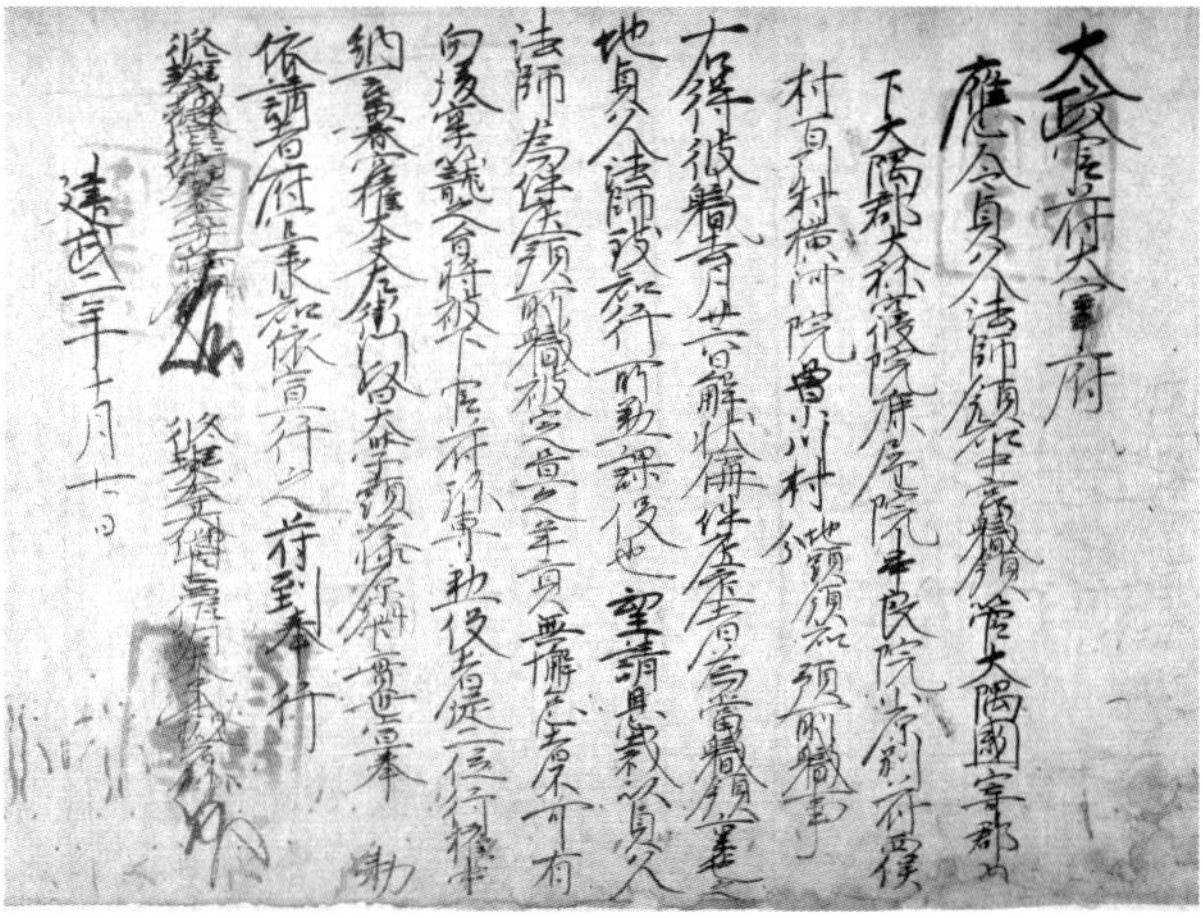

建武２年（1335）10月７日付太政官符◆「島津家文書」 東京大学史料編纂所蔵

貞久から大友氏泰《おおともうじやす》に改替される。

ただ、翌建武三年正月、尊氏が京都を占拠した際、貞久は足利方として参戦している。その後、尊氏は北畠顕家《きたばたけあきいえ》勢に敗れて九州に下るが、貞久ら島津氏一族もこれに従い、同年三月二日の多々良浜《たたらはま》の戦いでの勝利に貢献している。この軍功に対し、尊氏は三月十七日、貞久に薩摩国川辺《かわなべ》郡（鹿児島県南九州市川辺町・南さつま市）・大隅国本庄（島津庄大隅方一円庄）を宛行っている。

尊氏らは翌月、京都奪回を目指して九州から出陣していったが、肝付兼重《きもつきかねしげ》らの追討のため、貞久に分国への下向を命じる。この時点で、薩摩・大隅両国守護であることは確認されていたのであろう。肝付兼重は、大隅国肝付郡（鹿児島県肝付町）・日向国三俣院《みまたいん》（宮崎県都城市高城町周辺）を本拠とする島津荘荘官系の国人であり、後醍醐の尊氏追討令が出た直後から周辺国人を糾合し、足利家領となった島津荘日向方の制圧を図っていた。

同年五月以降、貞久は分国内の国人に軍勢催促をおこない、肝付方の拠点である大隅国加《か》瀬田《せだ》城（鹿児島県鹿屋市輝北町）を攻略し、日向国三俣院王子《おうじ》城（宮崎県都城市山之口町）を死守している。これらの軍事行動では、貞久と同時に日向下向を命じられた、同国大将畠《はたけ》山直顕《やまただあき》（初名義顕《よしあき》）と連携している。

同年十二月から翌建武四年正月にかけて、畠山直顕によって日向国内の肝付兼重の拠点は次々と落ち、ひとまず肝付方の抵抗は終息する。この間、島津氏は畿内への軍勢派遣を命じられたようであり、貞久の庶長子頼久《よりひさ》（川上《かわかみ》氏祖）・伊作宗久《いさくむねひさ》らが上洛しており、新田義貞が籠もる越前金ケ崎《かねがさき》城（福井県敦賀市）攻めに参戦している。

しかし建武四年三月、後醍醐が派遣した三条泰季《さんじょうやすすえ》が薩摩に下向する。これにより、伊集《いじゅう》院忠国《いんただくに》や谷山隆信《たにやまたかのぶ》ら薩摩国南方＝薩摩半島の国人の多くが南朝方として結集し、同月二十二

碇山城跡◆川内川下流左岸、標高十二メートルの丘陵上にある。薩摩国衙は当城から川内川を挟んで西側にあった。南北二五〇メートル、東西三〇〇メートルに及ぶ守護所にふさわしい大きさだったが、そのほとんどは、採石により破壊されている　鹿児島市薩摩川内市天辰町

（左ページ）一宇治城跡空撮◆神之川中流域左岸、標高一四四メートルの城山にある。伊集院氏の居城だったが、宝徳二年（一四五〇）の伊集院惣領家の没落後は、守護島津氏の直轄となった。後年、島津日新斎・貴久の居城となり、天文十八年（一五四九）、フランシスコ・ザビエルは当城で貴久に面会している　鹿児島県日置市伊集院町　画像提供：日置市教育委員会

日には「守護町」（鹿児島県薩摩川内市の碇山《いかりやま》城周辺カ）を襲撃するなど、武家方を圧倒していく。尊氏は同年四月二十六日、島津頼久・伊作宗久に対して南朝方討伐を命じている。

その一方で、同年八月には足利直義が吉野《よしの》の南朝方退治のため貞久らに出陣を命じており、島津貞久は嫡男宗久《むねひさ》（一三二一〜四〇）と共に上洛し、宗久や貞久側近の本田《ほんだ》久兼《ひさかね》は、翌暦応元年（一三三八）にかけて、石橋和《いしばしかず》義《よし》や高師直《こうのもろなお》の指揮下で畿内各地を転戦する。貞久上洛中の薩摩・大隅では、貞久庶長子頼久や薩摩守護代酒匂《さこう》久景《ひさかげ》、大隅守護代森三郎行重《もりさぶろうゆきしげ》らが指揮をとって奮戦したが、薩摩半島の南朝方は、再蜂起した肝付兼重らと連携し、武家方を圧倒していく。

暦応二年六月には、薩摩国薩摩郡の有力国人渋谷《しぶや》氏の一部が、薩摩半島の南朝方とともに島津貞久の居城碇山城を包囲するに至る。貞久が上洛中、島津氏は守護所すら確保するのに汲々としており、逆に三条泰季率いる南朝方は薩摩・大隅両国全域に勢力を拡大しつつあった。

暦応三年正月二十四日、畿内を転戦していた貞久嫡男宗久が、十九歳の若さで没する。同年三月三日、足利直義は貞久に対し、薩摩国の南朝方退治を命じており、帰国したようである。同年八月、貞久は南朝方の市来《いちき》城（鹿児島県日置市東市来町）、伊集院一宇治《いちうじ》城（同日置市伊集院町）を攻撃し、さらに、翌暦応四年閏四月までに、肝付兼重らの籠もる東福寺《とうふくじ》城（鹿児島市）、矢上高純《やがみたかずみ》の籠もる催馬楽《せばる》城（鹿児島市）を攻略する。これ以降、鹿児島は島津氏の拠点のひとつとなり、後年守護所となっていく。

懐良親王・足利直冬の下向と観応の擾乱

暦応四年（一三四一）八月、島津貞久は、阿多《あた》郡鮫島《さめじま》城・加世田《かせだ》別符《べっぷ》垣本《かきもと》城（鹿児島県南さつま市）の攻撃を開始し、いよいよ南朝方の牙城である薩摩半島の制圧に乗りだす。しかし、思わぬ人物の登場により、九州南部の抗争はさらに泥沼化していく。

興国三年（一三四二）五月一日、後醍醐天皇が九州支配のために派遣した征《せい》西将軍宮懐良《せいしょうぐんのみやかねよし》親王が薩摩に上陸し、谷山隆信のもとに迎えられる。これにより島津氏に押されていた南朝方は息を吹き返し、またたく間に薩摩半島を制圧し、島津貞久の守護所「千台《せんだい》」（鹿児島県薩摩川内市）に迫った。

京都では貞和四年（一三四八）八月、高師直によるクーデターが起こる。尊氏の弟直義は失脚して、その養子であった足利直冬《ただふゆ》は九州に逃れ、肥後国人川《かわ》尻《じり》氏に迎えられる。翌年直冬は、九州各地の武家方国人に「両殿」（尊氏・直義）の意向と称して軍勢催促をおこない、南朝方に押されていた武士たちの多くが直冬方となる。薩摩でも入来院《いりきいん》氏や伊作宗久が直冬方となっており、日向国守護となっていた畠山直顕も直冬方となる。観応元年（一三五〇）十月、足利尊氏・高師直は直冬討伐のため京都を出陣するが、弟直義は南朝に降り、尊氏に対抗する。「観応《かんのう》の擾乱《じょうらん》」の勃発である。これにより九州では、尊氏方・直冬方・征西将軍宮方の三つ巴の抗争に突入していく。島津貞久は、鎮西管領一色範氏《ちんぜいかんれいいっしきのりうじ》とともに尊氏方を標榜し、直冬方の畠山直顕と対立する。

観応二年十一月、尊氏は南朝と講和し（正平一統《しょうへいいっとう》）、関東に下向することを

島津貞久にも通達している。これにより貞久も宮方に帰順する。これが大きな転機となった。

翌観応三年四月、西国支配を担った足利義詮《よしあきら》は、島津一族に対して、将軍家御台所《みだいどころ》領を押領する畠山直顕らの討伐を命じている。同年七月、貞久は「肥後宮令旨《ひごのみやりょうじ》」（懐良親王の令旨）を受けて、大隅国府周辺に出陣しており、それは薩摩半島の伊集院氏ら宮方国人と連携したものであった。

この頃、すでに貞久は八十歳を超えており、同年九月には二男師久《もろひさ》（一三二五〜七六）に薩摩国の、三男氏久《うじひさ》（一三二八〜八七）に大隅国の軍事指揮権を譲り、自身は木牟礼《きのむれ》城（鹿児島県出水市）に隠居する。三男氏久は鹿児島東福寺城を拠点として、大隅国人を掌握しつつあった畠山直顕に対抗していく。その過程で氏久は、宮方の中心人物伊集院忠国の娘を室に迎え、貞治二年（一三六三）五月には嫡男元久《もとひさ》が誕生している。氏久による畠山直顕方との抗争と大隅国支配の進展は、伊集院氏ら宮方との連携によって初めて可能となったのである。

（右ページ）島津氏久最初の居城・東福寺城◆鹿児島市清水町

伝島津氏久真影持国天像◆もとは大隅正興寺山門にあった持国天像。貞治５年（1366）11 月に氏久が自らの真影に擬して造らせた　鹿児島市・鶴嶺神社蔵

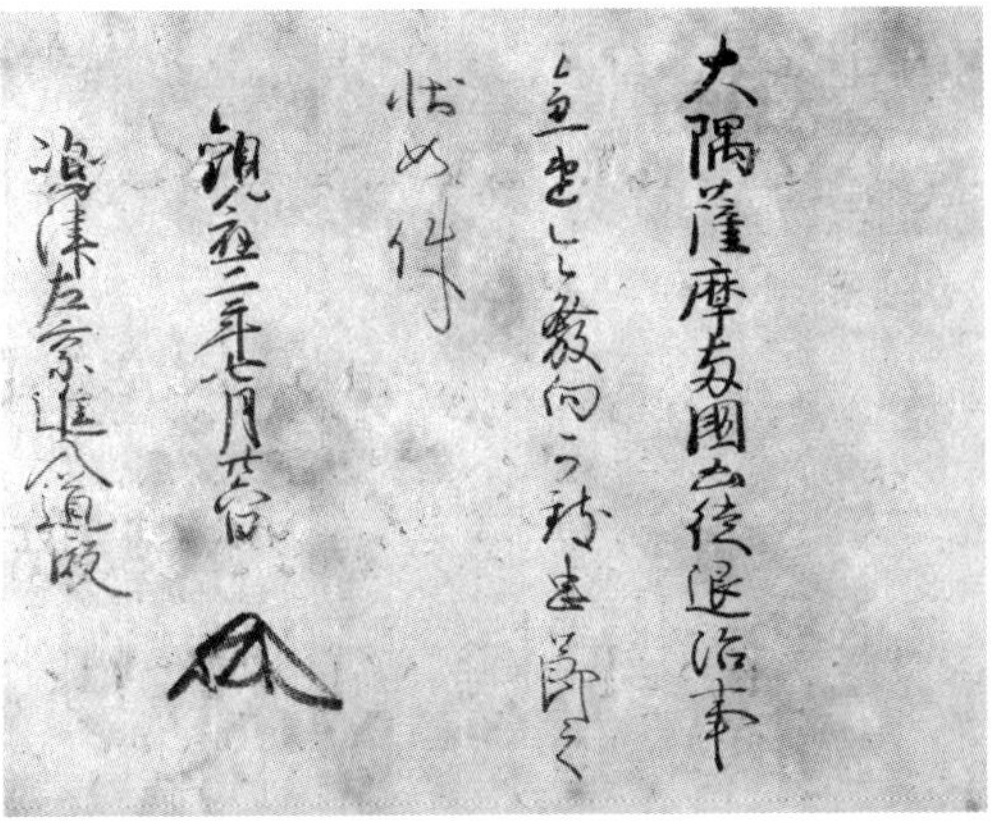

観応二年七月二十六日付足利直冬御教書◆肥後川尻に下向した足利直冬が、伊作宗久に宛てた軍勢催促。大隅・薩摩両国凶徒の退治を命じている。同月四日、直冬は薩摩国伊作日置荘領家職を兵粮料所として宗久に預け置いており、伊作氏は島津氏一族ながら、いち早くこれに応じたようである　「島津家文書」　東京大学史料編纂所蔵

文和元年（一三五二）七月、畠山直顕の子息が大隅国に出陣すると、大隅国衙在庁系の国人らの多くが畠山方となり、島津勢は苦戦を強いられるが、九州北部では懐良親王と連携した鎮西管領一色氏が直冬勢を破り、文和二年末頃、直冬は九州から長門へと逃れている。その後、一色氏も征西将軍府勢力との抗争に敗れ、同四年には九州から撤退しており、懐良率いる征西将軍府は全盛期を迎えた。これ以降、島津氏の大隅進出も本格化し、文和四年四月に錦江《きんこう》湾を渡って対岸の下大隅（鹿児島県垂水市）に進攻する。正平十一年（一三五六）十月には、三条泰季と共に鹿児島に隣接する大隅国始羅《しら》郡（同始良市）に進攻し、同十三年頃までに大隅国府付近（同霧島市）まで制圧したとみられる。

さらに氏久は、錦江湾を渡り本拠を大姶良《おおあいら》城（鹿児島県鹿屋市）に移し、大隅中南部の制圧を図る。これにより、ようやく父貞久が宛行われた島津荘大隅方寄郡・本庄を実効支配するようになった。なお、既述のように貞治二年には、大姶良城にて嫡男元久が誕生している。氏久が制圧した大隅国肝付郡は、日向国救仁《くに》郷（同大崎町）・柏原《かしわばら》別府（同東串良町）に隣接しており、同国救仁院志布志《しぶし》（同志布志市）と共に、畠山直顕方であった。氏久はこの地域に何らの所職も持っていなかったが、折しも日向国内に進攻していた宮方の主将菊池《きくち》武光《たけみつ》と連携し、正平十四

志布志城ジオラマ◆志布志埋蔵文化財センター蔵

年末までに志布志を制圧している。

菊池武光に、本拠穆佐《むかさ》城（宮崎市高岡町）と三俣《みまた》城（宮崎県都城市高城町）を制圧された畠山直顕は、逼塞を余儀なくされて武家方に復帰し、延文五年（一三六〇）六月、同じく武家方に復帰した島津氏久に同心を求めており、島津氏と和睦したとみられる。これにより氏久は大隅国支配を盤石なものとした。

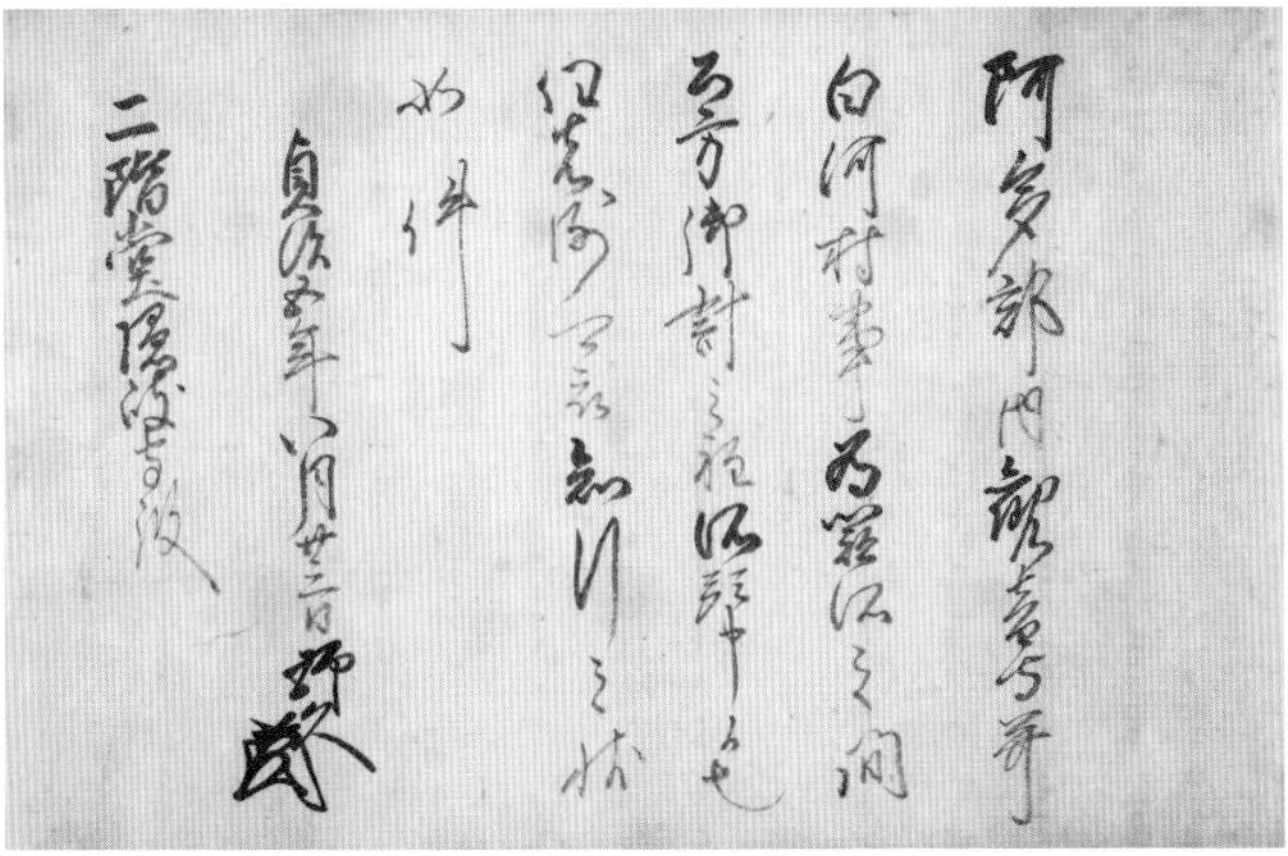

貞治５年８月23日付島津師久書下◆薩摩国守護島津師久が武家方の二階堂直行に対し、南朝方の観音寺（南さつま市金峰町）と白河村（同上）を闕所地化し、預けたもの。「公方御計」として、闕所地預置権を行使している　「島津家文書」　東京大学史料編纂所蔵

まもなく氏久は、居城を志布志城に移したようである。大隅国守護職を譲られた氏久が、日向国内を守護所とするのは違和感があるが、これは志布志津が国内外流通拠点として重要だったからだろう。氏久はこの湊の支配に関わっていた宝満寺《ほうまんじ》・大慈寺《だいじじ》の両寺を庇護し、中国大陸との交易に乗り出す。応安五年（一三七二）、明《みん》の洪武帝《こうぶてい》は懐良親王を「日本国王」に冊封《さくほう》しており、これ以降の懐良（良懐）名義の朝貢《ちょうこう》は氏久による偽使《ぎし》と見られている。応安七年、氏久は大慈寺の僧を明に派遣し、宋《そう》版大蔵《だいぞう》経《きょう》一セットの獲得に成功している。この大蔵経は、一セットが大慈寺に残り、もう一セットは京都東福寺に収められ、後者は国宝に指定されている。

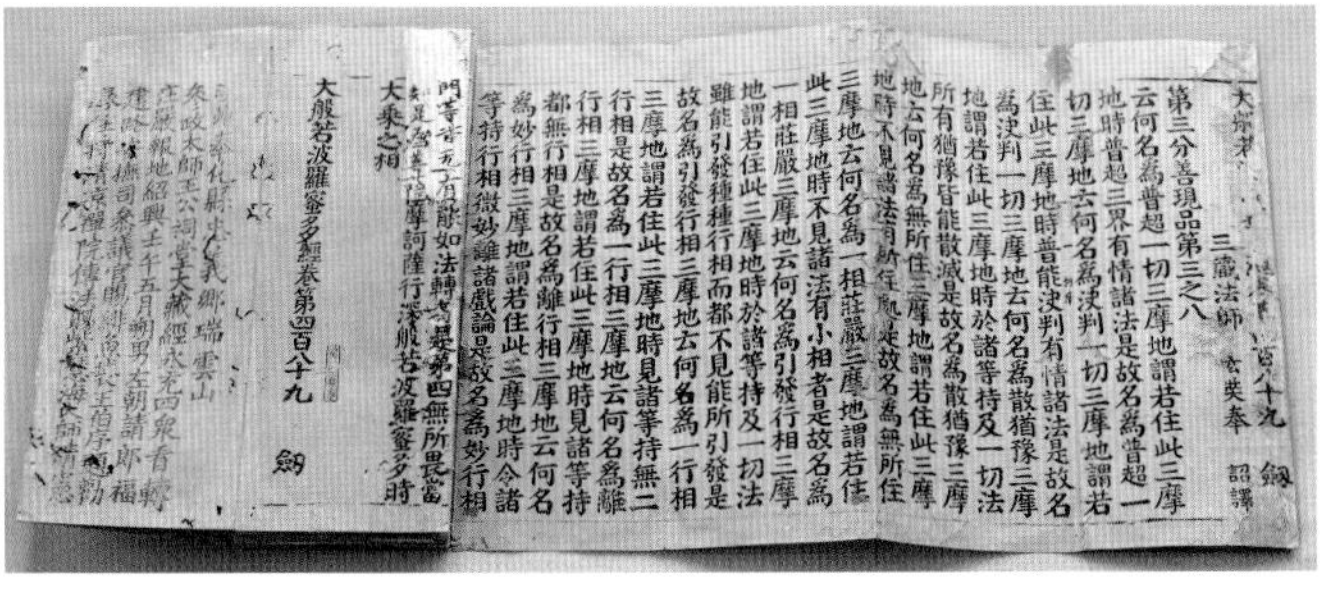

大慈寺所蔵の宋版大般若経◆鹿児島県志布志市　画像提供：志布志市教育委員会

斯波氏経の鎮西管領就任と島津氏の分国領有観

　延文五年（一三六〇）三月頃、将軍足利義詮は足利一門の有力者である斯波《しば》高《たか》経《つね》の子氏経《うじつね》を鎮西管領に抜擢し、征西将軍府勢力が全盛期を迎えていた九州へのテコ入れを図る。氏経は康安元年（一三六一）六月に豊後に上陸し九州経営に乗り出すが、これ以前に幕府は、九州の寺社本所領《じしゃほんじょりょう》半済《はんぜい》給付権（年貢の半分を配下の武士に給与する権限）と闕所地《けっしょち》預置権（敵方所領を没収して配下の武士に預ける権限）を氏経に与え、武家方国人の掌握に当たらせた。その際、武家方と認定された少弐頼尚《よりひさ》（豊前・筑前）・大友氏時《うじとき》（豊後・肥後）・畠山直顕（日向）の分国は除外され、島津氏の分国であった薩摩・大隅と肥前・筑後・壱岐・対馬の四ヶ国二島が適応国とされた。

　これで大いにプライドを傷つけられた島津貞久は、康安元年四月十日と、同二年六月の二度にわたって幕府への申状《もうしじょう》を作成し、おそらく後者を実際に提出して島津氏分国の除外を訴えたとみられる。

　貞久は源頼朝下文などを証拠書類として添付し、鎌倉幕府草創期以来の由緒から説き起こす。少弐・大友・島津の三家は、共に源頼朝から守護職を三ヶ国ずつ宛行われた対等の家であり、その後北条氏によって二ヶ国ずつ召し上げられた。貞久は一貫して武家方として忠誠を尽くしており、少弐・大友両氏の分国が除外され、島津氏の分国のみが除外されなかったのは「用捨之御沙汰《ようしゃのごさた》」（差別的処置）であり、面目を失ったと抗議する。ましてや直冬方として貞久と戦った畠山直顕の分国日向も除外されたのは我慢ならなかったであろう。

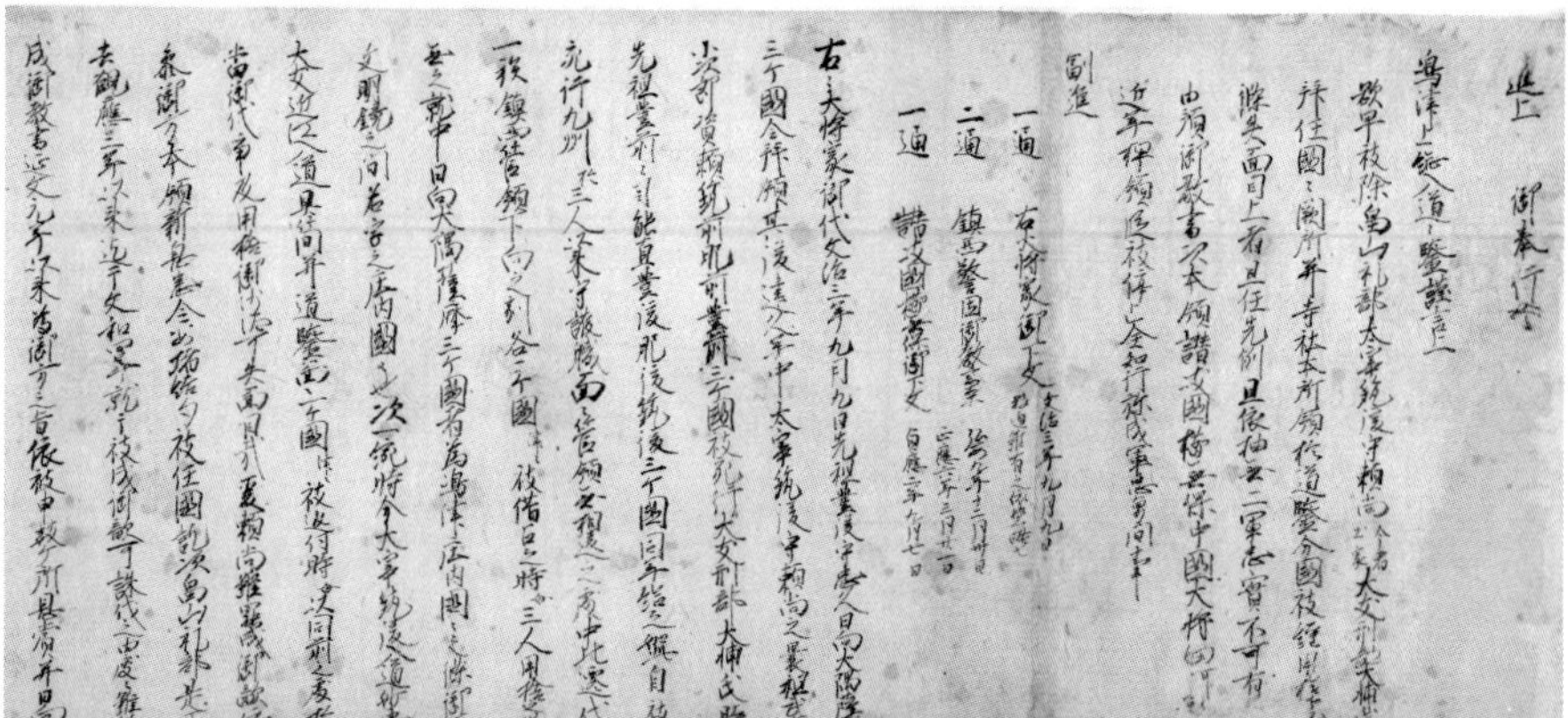

さらに貞久は、薩摩・大隅・日向三ヶ国は、島津荘内に含まれる「名字之庄《みょうじのしょう》内国々《ないくにぐに》」であると主張する。康安元年四月の申状案では「譜(普)通守護職」ではないとまで強調している。つまり、三ヶ国全域が島津氏の〝名字の地〟＝本領であり、当然安堵されるべきとの主張である。

島津貞久が晩年を過ごしたとみられる木牟礼城跡◆鹿児島県出水市高尾野町

島津荘が薩隅日三ヶ国全域に及ぶというのは歴史的事実ではないが、少なくとも島津貞久はそう主張したのである。

これに対し足利義詮は、貞久と鎮西管領斯波氏経に回答し、京都では判断できないとして対応を斯波氏に一任する。氏経がどのように対応したのかは不明だが、島津氏の不信感は消えず、貞治二年（一三六三）七月頃、氏経は九州からの退去を余儀なくされている。

注目すべきはこのときの島津氏独特の領有観である。実際、貞久の三男氏久は、これ以前から何の所職も持っていない島津荘日向方各地の知行宛行・安堵状を発給しており、薩隅日三ヶ国全域が島津氏の本領であるとの認識のもと、幕府から与えられた権限とは関係なく、独自の分国経営に乗りだしていく。

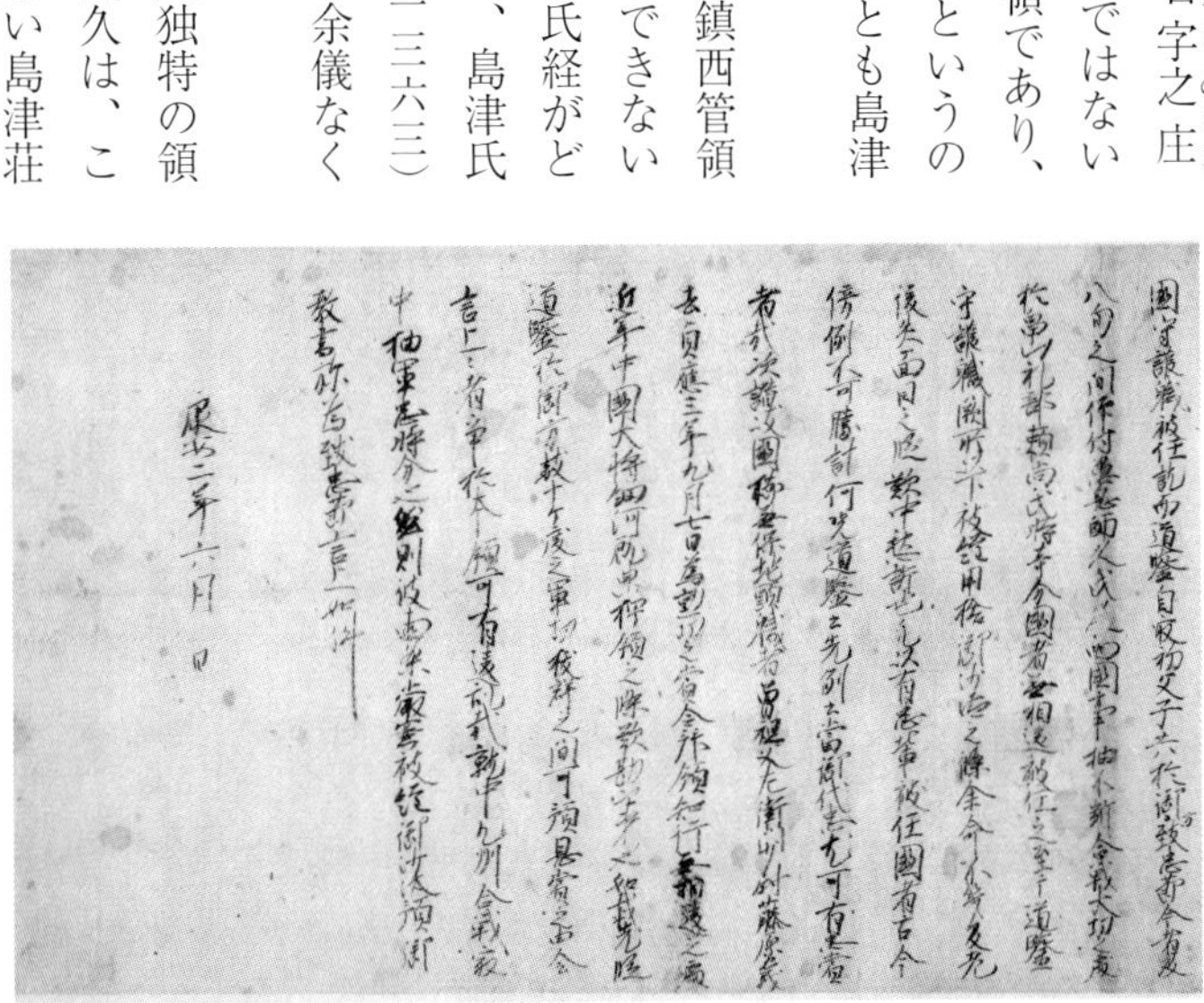
康安二年六月　日

康安二年（一三六二）六月島津道鑑（貞久）申状案◆九十歳を超えた島津貞久が、自らのアイデンティティーを主張した貴重な文書。前年、貞久の側近酒匂貴得（久景）が起草し、これに加筆修正したものを幕府に送った　「島津家文書」　東京大学史料編纂所蔵

島津総州家・奥州家の成立と九州探題今川了俊の下向

貞治二年（一三六三）五月二日、島津貞久は、二男師久に薩摩国守護職と付随所領を、三男氏久に大隅国守護職と付随所領を譲与し、同年七月三日に没した（享年九十五）。師久は惣領《そうりょう》に指名され、この系統を「総州家《そうしゅうけ》」（代々「上総介《かずさのすけ》」を名乗る）、氏久の系統を「奥州家《おうしゅうけ》」（氏久の子元久《もとひさ》以降「陸奥守《むつのかみ》」を名乗る）と呼んでいる。

貞治四年八月頃、幕府は将軍足利義詮の正室幸子の甥で、足利一門の渋川義行《しぶかわよしゆき》を鎮西管領とするも、征西将軍府全盛期の九州には下向することすらできなかった。義詮は貞治六年十二月に没し、十歳で嫡男義満《よしみつ》が将軍を継ぐ。この幼い将軍を支えたのが、管領細川頼之《ほそかわよりゆき》であった。頼之は九州情勢を憂慮し、応安三年（一三七〇）六月、文武両道に秀で侍所頭人《さむらいどころとうにん》・山城国守護を務めた今川了俊《いまがわりょうしゅん》（貞世《さだよ》）を九州探題に抜擢する。了俊は、守護職を兼務する備後・安芸（広島県）に下向して武家方国人の動員に成功すると、子息義範《よしのり》（貞臣《さだおみ》）や弟仲秋《なかあき》を豊後や肥前に派遣し、自らも応安四年末に九州に上陸する。

了俊はその後、九州南部の国人たちにも軍勢催促をおこない、応安五年正月には、薩摩の伊作親忠《ちかただ》や大隅の祢寝久清《ねじめひさきよ》に対して、守護である島津氏久と共に忠節を尽くすよう求めている。当初了俊は、守護島津氏を通じて国人の掌握・動員を図ろうとしていたようである。島津氏もこれに応じ、配下の国人の軍忠を了俊に注進し、所領安堵や恩賞申請をおこなう挙状《きょじょう》も、国人→守護島津氏→探題了俊→幕府という手順を踏んでいる。当初、両者の関係は極めて良好であった。

九州に上陸した了俊は、着実に筑前の諸城を攻略し、八月十二日、征西府が置かれていた大宰府《だざいふ》（福岡県太宰府市）を攻略する。懐良親王・菊池武光は、筑後国高良山《こうらさん》（同久留米市）

五廟社◆島津氏初代の忠久から忠時、久経、忠宗、貞久五代の墓がある。右端が貞久の墓　鹿児島県出水市野田町・感応寺境内

に籠もり頑強に抵抗したが、文中二年（一三七三）十一月に武光が、翌年五月には武光の子武政《たけまさ》も没し、懐良は同年十月に肥後国隈府《わいふ》（熊本県菊池市）へと撤退している。応安八年（一三七五）三月、了俊はみずから肥後に出陣し、同年七月には隈府を攻略すべく、九州の三守護家である少弐冬資《ふゆすけ》、大友親世《ちかよ》、島津氏久・伊久《これひさ》に出陣を命じる。

同年八月、大友親世、島津氏久・伊久は肥後水島《みずしま》陣（熊本県菊池市）に出陣するが、少弐冬資はなかなか来陣せず、氏久の説得により八月二十六日にようやく来陣した。しかし同日、了俊は宴席にて少弐冬資を弟仲秋に殺害させてしまう。これがいわゆる〝水島の変〟である。島津氏久は「九州三人面目を失う」と激怒し、分国に撤退してしまう。慌てた了俊は、二日後の八月二十八日、氏久を筑後国守護職に推挙すると約束して懐柔を図るが、氏久はこれに応じず、まもなく宮方に寝返ってしまう。

以後、了俊が京都に召還される応永二年（一三九五）まで、二十年にわたり、両島津家と今川了俊の抗争が続いていく。

大宰府政庁跡空撮◆福岡県太宰府市　画像提供：九州歴史資料館

二十年に及ぶ今川了俊と島津氏久・元久の苛烈な抗争

永和元年（一三七五）九月十三日、九州探題今川了俊は薩摩国人入来院重頼《しげより》に対し、島津氏久が宮方に転じたことを伝え、武家方として忠節を尽くすよう求めている。これ以降、了俊は九州南部の武家方国人の組織化に力を入れる。翌永和二年五月、了俊は大隅国人に対して、島津氏久・伊久が京都に直接帰順を求めたものの却下され、薩摩・大隅両国守護職を罷免されたことを伝えている。同年八月、幕府は両国守護職に了俊を補任し、島津氏久・伊久退治を了俊に命じている。

同年六月、了俊から九州南部制圧を命じられた子息今川（入野《いりの》）満範《みつのり》は肥後人吉《ひとよし》（熊本県人吉市）の相良前頼《さがらさきより》に迎えられる。この相良氏を中心に、肥後・薩摩・大隅・日向四ヶ国に反島津方・親探題派の国人一揆が結成されたとみられる（南九州国人一揆《みなみきゅうしゅうこくじんいっき》）。今川満範はこの一揆勢を率い、庄内《しょうない》（都城盆地）の三俣院に出陣する。庄内には相良一族の所領が点在し、同じくこの地域に進出していた島津氏一族の樺山資久《かばやますけひさ》・音久《おとひさ》、北郷誼久《ほんごうよしひさ》らと競合していた。

この直後、島津氏久・伊久は了俊の使僧の仲介により帰順してしまう。永和三年九月、今川了俊は一揆方に対してこれを伝えて慰撫している。一揆方国人は島津氏の守護支配に対抗するために今川方に与したのであり、島津氏の帰順を受け入れられなかった。彼ら九州南部四ヶ国六十一名の今川方国人は、同年十月二十八日、一揆契状《けいじょう》を作成する。彼らは氏久・伊久の武家方復帰を警戒し、一揆側に圧力をかけてきた場合、共同で防戦することを誓っている。

今川了俊は島津氏の武家方復帰の条件として、肥後への出陣を命じていたが、島津氏はこれに応じず、永和四年三月、再び島津氏追討を命じる。三俣院に出陣していた今川満範率い

島津氏久夫妻の墓◆志布志大慈寺の塔頭即心院跡にたつ。即心院は氏久の法名「即心院殿齢岳玄久大禅定門」にちなみ、氏久が帰依した剛中玄柔が開山。隣には、正室の伊集院忠国娘の墓が立つ。なお、剛中玄柔は氏久の協力により明に遣使し、宋版大蔵経を入手している。至徳四年（一三八七）に、玄柔は東福寺五四世として帰京し、翌年、氏久を開基として塔頭即宗院を創建している

る一揆勢は、同年十二月、北郷誼久・樺山音久らが籠もる都城《みやこのじょう》（宮崎県都城市）を包囲する。後詰めのため本拠志布志から出陣した島津氏久勢は、永和五年三月一日、都城城下の本の原（同都城市）付近で一揆勢と合戦となり、これを撃破する（都城合戦、蓑原《みのばる》合戦）。さらに氏久は、大隅国府方面に出陣し、今川方の税所介祐義《さいしょのすけよし》を攻撃している。今川満範は救援に赴くが、島津勢は姫木《ひめき》城（鹿児島県霧島市）を攻略する。今川方は島津氏包囲網を築きながら、

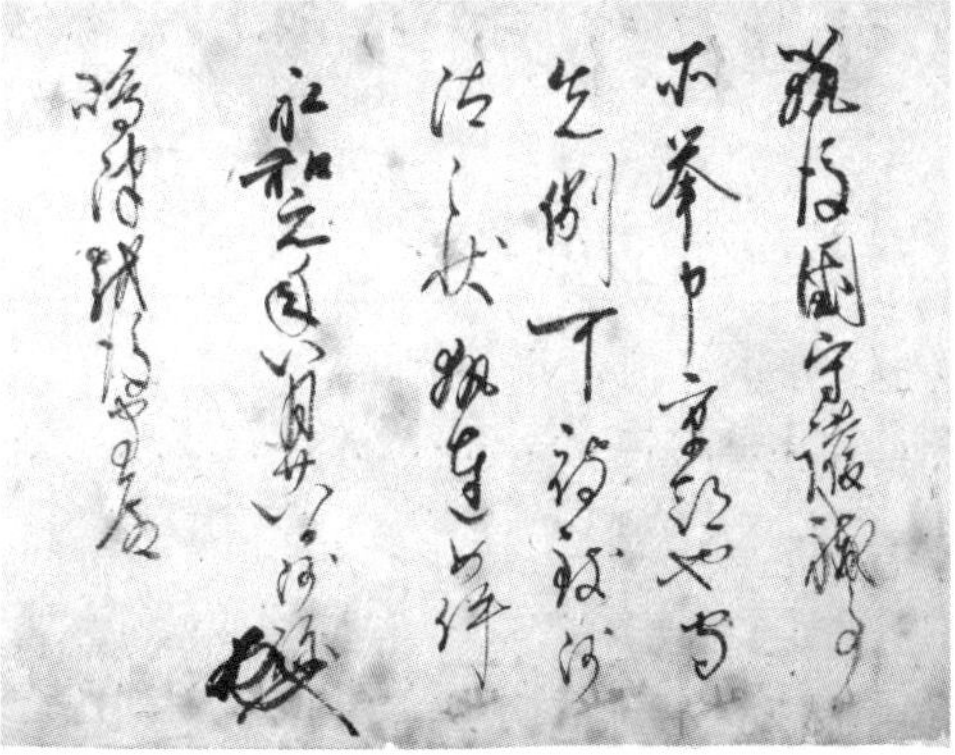

永和元年８月28日付今川了俊書下◆〝水島の変〟で激怒した氏久を懐柔するため、筑後国守護職に推挙することを約束している。だが、氏久は了俊を許さず、二度と了俊のもとに見参することはなかった　「島津家文書」　東京大学史料編纂所蔵

都城跡空撮◆写真中央の丘陵が都城、その右側の住宅地が本の原　画像提供：都城市教育委員会

軍事的には敗北を重ねた。

島津奥州家氏久が頑強に抵抗を続ける一方、島津総州家伊久は今川了俊の懐柔を受けていた。了俊は奥州家氏久の追討を決めた永和四年三月、総州家伊久には軍勢催促をおこない、伊久はこれに応じて肥後に出陣したようである。その際伊久は、元暦二年（一一八五）八月十七日付源頼朝下文をはじめとする島津本宗家相伝の重要文書六十三通の写を作成し、紙継目《かみつぎめ》に了俊の裏花押を求めている（島津家文書「御文書六十三通」）。氏久と異なり、総州家は探題との妥協による守護家としての地位承認を模索していたようである。

今川了俊は、永徳元年（一三八一）六月には菊池氏の本拠肥後隈府を攻略し、征西将軍府勢力は肥後八代《やつしろ》（熊本県八代市）付近に逼塞《ひっそく》した。残る拠点と島津氏攻略のため、了俊は今川満範に加え、各和《かくわ》慈冬《これふゆ》・今川義範・同三雄・同氏兼《うじかね》らを代官として派遣し、反島津方国人一揆の動員を試みるが、戦線は膠着していく。島津氏久は父貞久が主張した独自な領有観に基づく自己完結型の知行制を確立しており、守護職剥奪後も国人の被官化を推し進め、一揆方を切り崩していった。その一方で、九州探題の頭越しに独自に京都の幕府と交渉を進め、永徳元年十月、同二年十月、至徳三年（一三八六）正月の三度にわたり、武家方に復帰を果たしている。ただ、その都度今川了俊の出頭要請は拒否して、追討令の発布を招いている。こうしたいたちごっこの末、氏久は至徳四年（一三八七）閏五月四日、本拠志布志にて没している（享年六十）。

氏久の反九州探題のスタンスは嫡男元久（一三六三～一四一一）に引き継がれ、武家方復帰→了俊の出頭命令無視→追討令発布を繰り返している。嘉慶元年（一三八七）九月、幕府は元久追討令を出すが、翌嘉慶二年四月十一日、元久は大隅正八幡宮《しょうはちまんぐう》（鹿

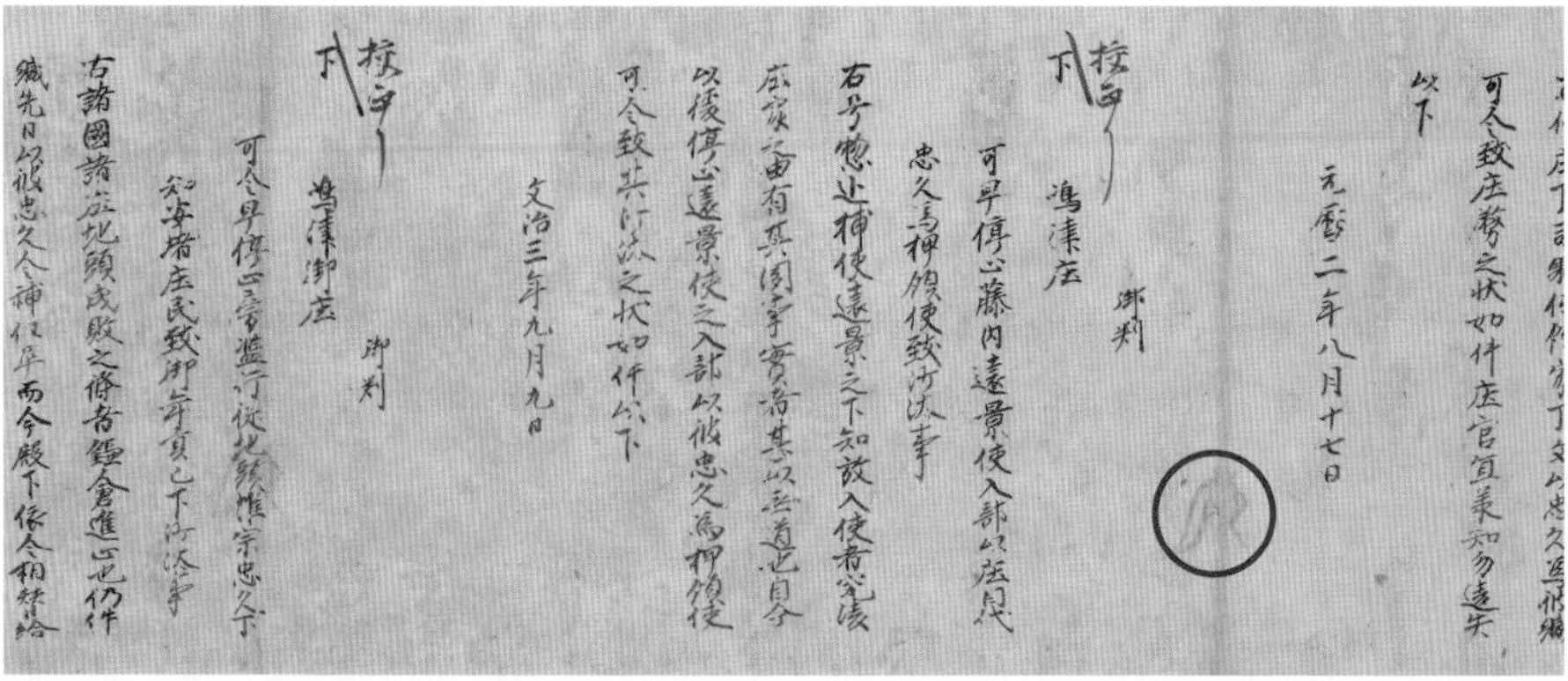

児島神宮、鹿児島県霧島市隼人町）に対して「当国守護人」として願文を呈している。元久は幕府の意向とは無関係にみずからを「大隅国守護」と認識していた。

京都では明徳三年（一三九二）閏十月、南朝の後亀山《ごかめやま》天皇から北朝の後小松《ごこまつ》天皇に三種の神器が譲られ、南北朝合一が実現する。九州でも、明徳二年九月に宮方の拠点八代が陥落し、明徳四年までに宮方だった菊池武朝《たけとも》・阿蘇《あそ》惟武《これたけ》が武家方に帰順している。今川了俊の九州制圧も間もないかに思われたが、応永二年（一三九五）、了俊は豊後国守護大友親世と庶子家の内紛に介入し、親世との武力衝突を招いてしまう。大友氏は反探題の大内義弘《おおうちよしひろ》や島津伊久・元久と連携し、了俊の九州支配は崩壊していく。同年閏正月、了俊は京都に召還され、翌応永三年二月までに九州探題を解任される。こうして島津氏は、今川了俊との二十年におよぶ抗争に勝利したのである。

（右ページ）紙継目に記された今川了俊の裏花押◆○で囲った部分が裏花押。紙継目ごとに記されている　「島津家文書」　東京大学史料編纂所蔵

「英雄百首」に描かれた今川了俊◆「英雄百首」は神代から室町期までの武人の和歌とイメージ図をまとめたもので、天保15年（1844）に刊行された。緑亭川柳撰　個人蔵

今川了俊の墓◆了俊は九州探題を解任された後、遠江と駿河の半国守護に任じられた　静岡県袋井市・海蔵寺

北郷久秀・忠通兄弟の墓◆北郷義久の子。応永元年（1394）3月1日に今川貞兼との抗争で討ち死にした。墓の傍には久秀が座ったとされる腰掛石がある　宮崎県三股町・大昌寺跡

両島津家の対立を乗り越え奥州家元久が三州太守化

今川了俊が九州探題を解任される前から、総州・奥州両島津家は、薩摩・大隅・日向三ヶ国の実効支配を幕府から認められていた。明徳元年（一三九〇）七月には総州家伊久が帰参を認められ、翌明徳二年八月、幕府は奥州家元久に対して相国寺《しょうこくじ》が日向国内にもつ所領を、同寺雑掌《ざっしょう》に打ち渡すよう命じている。

了俊が九州を去ると、応永三年（一三九六）、両島津家は共同して反島津方の中心人物入来院氏の本拠清色城《きよしき》（鹿児島県薩摩川内市入来町）を制圧している。翌年、両島津家を代表して奥州家元久の異母弟久豊《ひさとよ》と総州家伊久の二男忠朝《ただとも》が肥前に赴き、九州下向を果たした新探題渋川満頼《しぶかわみつより》への見参を果たしている。

この頃から両島津家を統合しようとの気運が高まったようであり、奥州家元久は総州家から室を迎え、伊久の三男久照《ひさてる》を養嗣子とした。元久には嫡男がいたが、明徳四年（一三九三）に出家している（福昌寺《ふくしょうじ》三世住持仲翁守邦《ちゅうおうしゅほう》）。これにより総州・奥州両島津家は久照によって統合されるはずであったが、応永六年に元久と養嗣子久照の関係が悪化し、総州家出身の室と久照は鹿児島から退去するに至ったという。応永八年には、総州家伊久がそれまで敵対していた渋谷四氏（入来院・祁答院《けどういん》・東郷《とうごう》・高城《たき》）と連繫し、奥州家元久と交戦するに至っている。

清色城跡◆入来院氏の居城で、南北朝期の築城とされる。シラス台地上に築かれ、深い空堀が特徴的である　鹿児島県薩摩川内市入来町　画像提供：公益社団法人　鹿児島県観光連盟

「倭寇図巻」に描かれた倭寇◆東京大学史料編纂所蔵

応永七年（一四〇〇）七月九日、九州探題渋川満頼は奥州家元久に対し、総州家との確執を足利義満が憂慮していることを伝え、同月六日には、義満が日向国を幕府「料国《りょうごく》」＝直轄国とする旨の御判御教書《ごはんみぎょうしょ》を発している。義満は九州南部情勢に積極的に介入しようとした。さらに、応永九年八月十六日、義満は総州家伊久に対し、九州海賊の明に対する狼藉行為（いわゆる倭寇《わこう》）を問題視し、そうした者たちの追討を命じている。義満は倭寇鎮圧のため、両島津家の対立を収めたかった事情があった。

　義満は応安七年（一三七四）以降、明との国交樹立を目指しており、そのためには倭寇禁圧が不可欠であった。奥州家氏久は同年、そして康暦元年（一三七九）にも独自に明への朝貢を試みており、義満としては島津氏の独自外交も封じる必要があった。そして応永八年八月、義満は「日本准三后《じゅさんごう》道義《どうぎ》」の名で明に使者を派遣し、翌年、義満を「日本国王」とする国書が日本にもたらされ正式な外交関係が成立する。さらに、明の永楽帝《えいらくてい》は応永十年に明使を日本に派

足利義満木像◆絶大な権立を誇った義満は、明との外交権をめぐって島津氏とさまざまな駆け引きをおこなった　京都市北区・鹿苑院旧蔵

遺し、義満を正式に「日本国王」として冊封し、永楽勘合《えいらくかんごう》をもたらす。日明勘合貿易の開始である。日明貿易において、島津元久は義満から遣明船《けんみんせん》舶載用硫黄《いおう》の調進を命じられ、これに応じた。硫黄最大の産地硫黄島（鹿児島県三島村）とその積出基地である坊津《ぼうのつ》（同南さつま市）を実効支配していたのは伊集院氏である。元久の母は同氏の出身であり、元久の妹は伊集院頼久に嫁いでいた。伊集院氏の協力もあって、島津奥州家が遣明船用硫黄の調達を担ったのだろう。

　こうして足利義満の信頼を得た奥州家元久は、応永十一年六月二十九日、義満から「日向・大隅両国守護職」を安堵される。明との外交権を幕府に認め、これに協力することへの見返りとも考えられる。

　同十四年四月六日、薩摩国守護島津総州家伊久が没すると、元久は守護所である薩摩国千台《せんだい》（鹿児島県薩摩川内市）を制圧し、総州家を没落させる。足利義満は元久に上洛を求めるが、応永十五年五月六日に没している。

　応永十六年九月十日、四代将軍足利義持《よしもち》は元久を薩摩国守護職に補任し、祖父貞久以来の宿願であった薩隅日三ヶ国守護職の兼帯が実現する。翌応永十七年六月、元久は有力御一家・国衆らを率い、大量の麝香《じゃこう》など貴重な唐物《からもの》を携え上洛を果たし、将軍義持《よしもち》への見参を果たしている。このとき元久は、「屋形《やかた》」号の使用を幕府から認められ、薩隅日三州太守としての地位を確立した（『山田聖栄自記』）。

硫黄島◆鹿児島県三島村　画像提供：公益社団法人　鹿児島県観光連盟

なお、応永元年頃（一説には至徳年間〈一三八四～八七〉とも）、元久は居城を志布志城から鹿児島の清水《しみず》城（鹿児島市）に移したという。また同年、石屋真梁《せきおくしんりょう》（伊集院忠国の子、元久の叔父）を開山として招き、清水城西方長谷場村に菩提寺玉龍山福昌寺（同鹿児島市）を創建している。同寺は近世末まで島津奥州家の菩提寺として続いており、歴代当主の墓所が現存している（国指定史跡）。

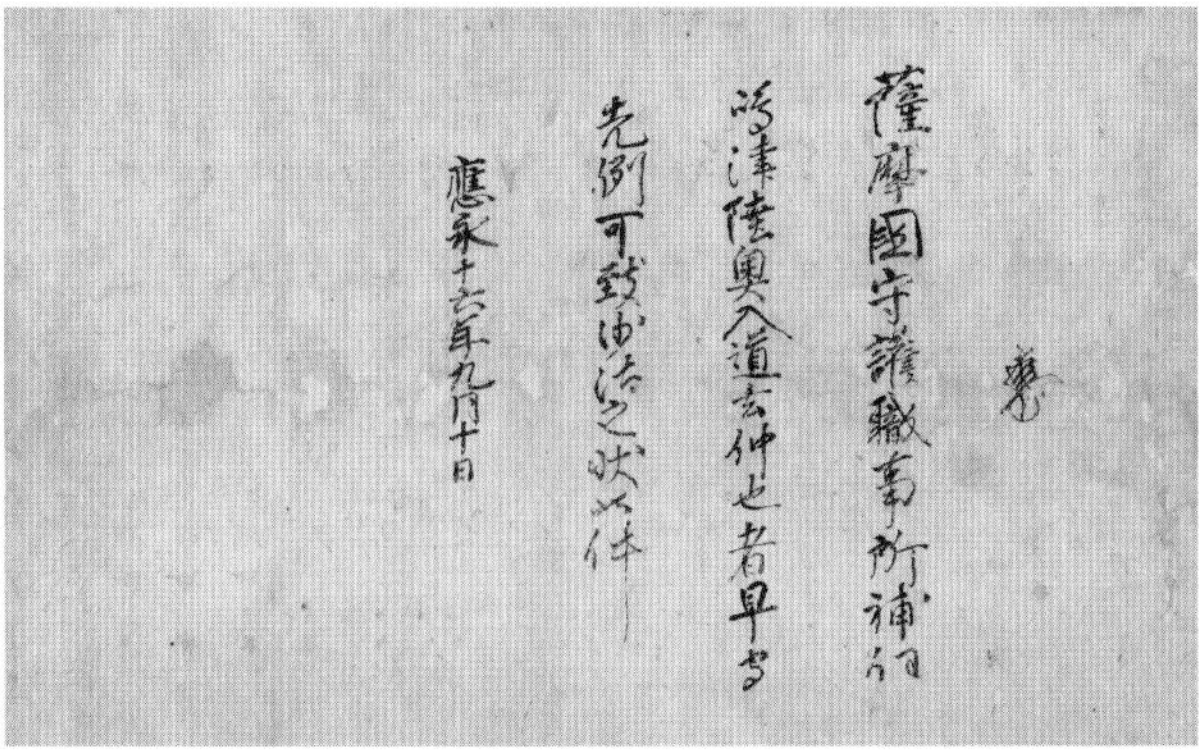

応永16年9月10日付足利義持御判御教書◆将軍足利義持が島津玄仲（元久）を薩摩国守護職に補任したもの。同国守護職は島津総州家が相伝していたが、同家と争っていた奥州家元久をあえて補任している。これ以後、薩摩・大隅・日向三ヶ国守護職は、島津奥州家によって一括相伝される　「島津家文書」　東京大学史料編纂所蔵

島津氏・伊集院氏関係図

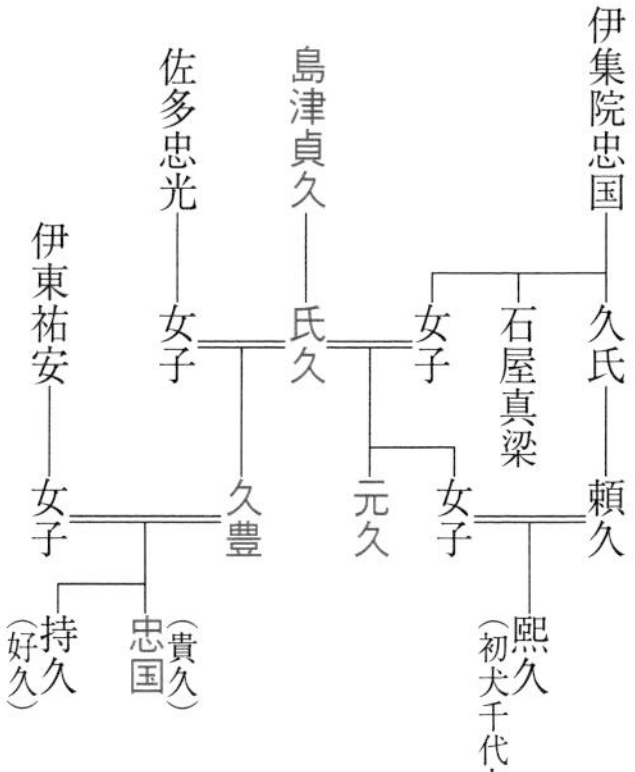

島津元久木像◆法名は恕翁玄忠大禅定門　鹿児島市・鶴嶺神社蔵

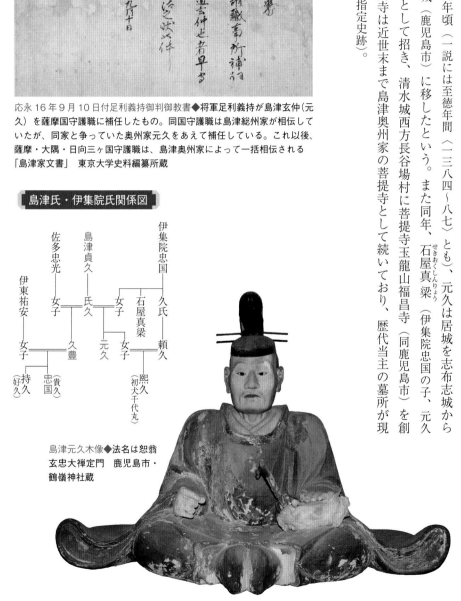

大義名分を得て元久・久豊兄弟が日向山東に進出

氏久の代から日向国南部・庄内（都城盆地）進出を果たしていた島津奥州家は、応永六年（一三九九）頃から、「山東《さんとう》」（宮崎平野、鰐塚山《わにつかやま》より東の意）進出を図り、穆佐《むかさ》（宮崎市高岡町）・池尻《いけじり》・白糸《しらいと》・細江《ほそえ》（いずれも宮崎市）を守護領として知行するに至ったという（『山田聖栄自記』）。

島津荘日向方穆佐院は将軍家御台所領となっており、観応の擾乱期以降、なんども幕府から島津氏に対して遵行《じゅんぎょう》命令が出ている。さらに、大淀川《おおよどがわ》の北岸・南岸に分布する国富荘《くどみのしょう》は京都五山の天竜寺《てんりゅうじ》領となっており、南北朝末には幕府から島津氏に遵行命令が出ている。こうしたことを大義名分とした山東進出であった。

応永七年八月には、御一家樺山音久に対し「島津庄日向方大田郷」内の所領を宛行っている。大田（宮崎市太田・淀川・中村付近）は国富荘であって、島津荘ではない。応永年間に、こうした非島津荘域を島津荘として宛行う形式が散見される。元久は、非島津荘域を島津荘と称して御一家らに宛行い、実効支配を正当化していった。

当初元久は、叔父の伊集院久氏《ひさうじ》を配置して山東支配を任せていたが、島津総州家との抗争が激化した応永八年頃、伊集院久氏は薩摩に戻り、元久の異母弟修理亮久豊を穆佐に派遣する。久豊は母の実家である佐多氏の一族、山東に多く所領を持つ樺山教宗《のりむね》の弟伊賀守与久、御内の伊地知氏らを率いて穆佐城を本拠とした。

久豊は山東支配をめぐって競合する有力国衆伊東祐安《いとうすけやす》の娘を室に迎え、応永十年五月二日には長男忠国（貴久《たかひさ》）、応永十八年には二男持久《もちひさ》（好久《よしひさ》）が誕生している。これにより山東支配は安定したが、兄元久との関係は悪化し、元久方で加江田《かえだ》城（宮崎市）在番の阿多加賀守時成と抗争が勃発している。山東は元久方と、久豊とその妻の実家伊東祐安方に分裂し、元

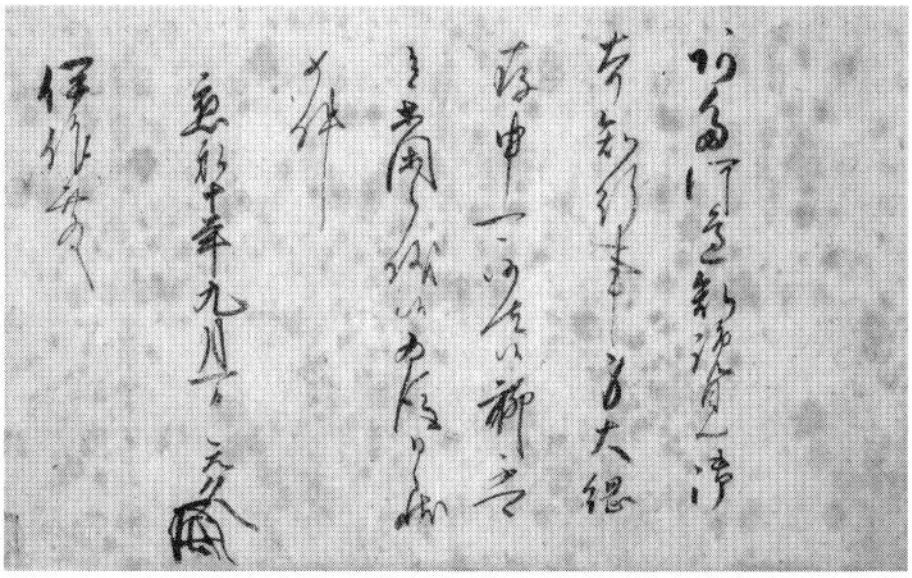

応永十年九月一日付島津元久書下
◆元久が伊作久義の当知行地とみられる阿多・河辺・知覧を安堵したもの。伊作氏は薩摩国伊作荘（日置市吹上町）を本領とする御一家であるが、大隅守護家である奥州家に接近し、これを支持した　「島津家文書」　東京大学史料編纂所蔵

久はみずから出陣して有峯《ありみね》（宮崎県西都市）に布陣し、対峙した。最終的に久豊が嫡男を元久に見参させ和睦したという（『山田聖栄自記』）。

応永十一年六月には、元久が足利義満から日向国守護職を安堵され、山東支配も公認される。同十七年六月、元久は足利義持の招きに応じて上洛するが、その前年三月二日、留守を任された御一家樺山・北郷・新納・佐多・山田、御内の平田・上井、伊集院氏庶流今給黎《いまきいれ》の八氏は、起請文《きしょうもん》に連署し、元久への忠誠を誓うとともに、「不忠」がはっきりした山東の久豊を退治することを誓っている。久豊自身も同年五月十五日、霧島六所大権現《きりしまろくしょだいごんげん》に対し「国《こく》務《む》を拝領すれば所領を寄進する」旨の願文を捧げており、両者の対立は明白であった。結局、上洛途上、兄弟の対面が実現し交戦は回避されている。

島津忠国「御誕生杉」◆穆佐城内にあった　『三国名勝図会』巻五十六

久豊の家督奪取で伊集院氏・島津総州家と抗争勃発

島津元久の上洛中、入来院重長《しげなが》が反旗を翻す。帰国した元久は早速入来院に出陣するが、病となり、応永十八年（一四一一）八月六日、鹿児島で没する（享年四十九）。

元久は生前、後継に妹と伊集院頼久の間に生まれた初犬千代丸《はついぬちよまる》（のちの熙久《ひろひさ》）を指名していた。有力御一家・御内もこれを承認していたが、同年九月から十月頃、日向国穆佐城にいた島津久豊は急遽鹿児島に入り、初犬千代丸から兄元久の位牌を奪い、守護所鹿児島を占拠する。

この強引な家督継承を御一家・御内は支持したが、初犬千代丸の父伊集院頼久や、大隅国衆の肝付氏らは反久豊方となり、旧薩摩国守護家の島津総州家忠朝・久世《ひさよ》（守久《もりひさ》の嫡男）も、入来院氏・伊集院氏らと連携して再起を図った。

同年十月、久豊は大隅半島に遠征して守護領が集中する鹿屋《かのや》（鹿児島県鹿屋市）周辺を安定化させると鹿児島に戻り、閏十月二十二日、兄が創建した菩提寺福昌寺の寺領を安堵し、家督継承をアピールしている。しかし、久豊の居城だった穆佐城をはじめとする山東の諸城は、応永十九年九月に甥の伊東祐立《すけはる》によって攻略され、伊集院・島津総州家連合の抵抗もあって、久豊は苦境に立たされる。

応永二十年には、久豊が鹿児島を空けた隙に伊集院頼久に鹿児島を奪還され、小野《おの》・原良《はらら》の戦い（鹿児島市）でようやく伊集院勢を撃破している。同二十一年、伊集院方の給黎院《きいれ》（鹿児島市）を攻略すると、伊作勝久《かつひさ》の仲介により、薩摩国川辺《かわなべ》（鹿児島県南九州市川辺町）を拠点とする総州家久世と和睦し、同二十三年十二月に久世を鹿児島に迎える。しかし久豊は、久世の宿舎千手堂坊《せんじゅどうぼう》を包囲し、川辺割譲を迫った。翌応永二十四年正月十三日、久世は切腹

祢寝清平の墓◆久清の子で、祢寝院南俣の領主　鹿児島県南九州市川辺町

和泉直久の墓◆直久の死によって和泉家は断絶するが、江戸時代に薩摩藩一門家臣として再興された　鹿児島県南九州市川辺町

し、側近等は討ち死にする（「応永記」は応永二十三年の自害とする）。惣領家嫡子を自害に追い込んだことを悔いて、久豊はまもなく出家し、「存忠《ぞんちゅう》」と名乗っている。

応永二十四年九月、久豊は御一家・国衆らを率いて川辺に進攻するが、伊集院頼久・今給黎久俊《ひさとし》らの軍勢に大敗を喫し、祢寝清平《きよひら》、和泉直久《いずみなおひさ》・忠次《ただつぐ》、蒲生清寛《かもうきよひろ》ら多くの有力武将が討ち死にしている。やむなく久豊は鹿児島・谷山の割譲を条件に和睦するものの、九月二十日、久豊方は谷山で伊集院方に決戦を挑んで勝利し、翌年までに伊集院頼久は帰順する。

折しも応永二十三年から同二十六年にかけて、万之瀬川《まのせがわ》河口付近（鹿児島県南さつま市金峰町・加世田）には南蛮船《なんばんせん》がたびたび来航していた。総州家は、九州探題からの廻航要請に応じるとともに薩摩国の守護職安堵を求めた。応永二十五年頃には、久豊は伊作勝久と連携して海陸両面からこの地域に進攻し、応永二十七年までに薩摩半島南部を制圧している。

さらに、応永二十六年と同二十八年の二度にわたり、総州家の拠点千台に進攻し、総州家忠朝を降伏させている。これによりようやく組織的抵抗は終結し、応永二十八年もしくは同二十九年、久豊は足利義持から三ヶ国守護職と官途（陸奥守《むつのかみ》カ）を許されている。

島津久豊画像◆尚古集成館蔵

島津久豊の墓◆穆佐にある悟性寺跡にたつ墓所。久豊は穆佐に葬られたとの伝承があったが、はっきりしなかった。安永三年（一七七四）、この地を掘り起こした際、遺骨などを納めた大甕が発見され、薩摩藩はこの地を久豊墓所と認定し整備した。安政四年（一八五七）には、この墓所の裏に「瘞骨塔」（えいこつとう）が立てられている。悟性寺は慶応三年（一八六七）、廃仏毀釈により廃寺となった　宮崎市高岡町・悟性寺

島津忠国・持久兄弟の抗争と大覚寺義昭潜伏事件

薩隅日三ヶ国守護職を継承した島津久豊は、応永三十・三十一年（一四二三・二四）、山東の奪回に成功するが、同三十二年に没する（享年五十一）。家督を継承した嫡男忠国（初名貴久）は、父の遺志を引き継ぎ永享四年（一四三二）、伊東祐立討伐のため大軍を山東に派遣する。しかし、この山東重視の政策に異議を唱えた伊集院煕久は、薩摩国山北（鹿児島県いちき串木野市の薩摩山より北の意）の反島津方国衆らと結託して蜂起する。後年、この反乱は「国一《くにいっ》揆《き》」と呼ばれている。

しかし、忠国は山東進攻を継続し、国一揆の鎮圧に手間取ってしまう。折しも永享四年度遣明船の出発が近づいており、島津氏に命じられていた船載用硫黄の調達が滞ってしまい、忠国苦戦の報は幕府にも伝わっている。硫黄の産出地である硫黄島とその積出基地である坊津を押さえる伊集院煕久は、当時幕府が派遣していた硫黄奉行瑞書記《ずいしょき》や幕府宿老山名時煕《やまなときひろ》と結託し、幕府にこうした薩摩南部の実効支配を認めさせようとしていた。

国一揆鎮圧に手間取る忠国を見限った一部の御一家は、忠国を隠居させ、弟持久（初名好久）を擁立し、国一揆鎮圧を図る。持久の軍事討伐の結果、国一揆は瓦解し、永享八年六月にようやく伊集院煕久は帰順している。

このまま持久は家督を継承しようとしたようであり、永享十一年二月には、奥州家の菩提寺福昌寺から「大檀那《おおだんな》」と認められている。しかし、謀叛を起こして畿内から逃走していた将軍足利義教《よしのり》の異母弟大覚寺門跡義昭《だいかくじもんぜきぎしょう》が島津氏分国内に潜伏していることが発覚する。御一家樺山教久《のりひさ》の通報を受けた義教は、義昭追討を命じる御内書《ごないしょ》を発する。しかし、義昭の追討は持久ではなく、隠居していたはずの兄忠国の主導で実施され、嘉吉元年（一四四一）三

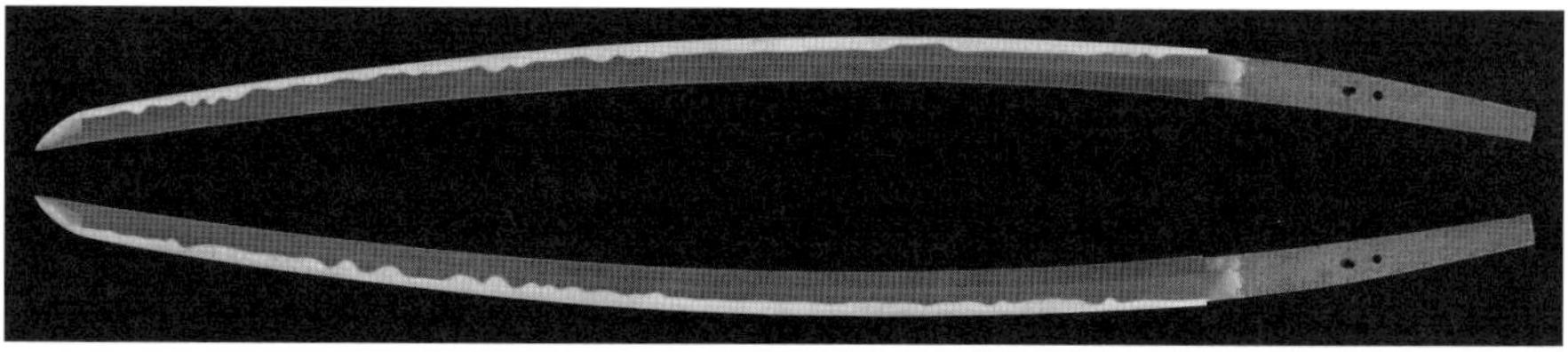

樺山教久が足利義教から拝領した太刀「国宗」◆鹿児島市・照国神社蔵　鹿児島県歴史・美術センター黎明館保管

月十三日、忠国派の新納・北郷・肝付・本田・樺山の五氏は日向国櫛間《くしま》院永徳寺《いんえいとくじ》（宮崎県串間市）で義昭を打ち取り、その首は京都に送られた。

義教は義昭追討を実行した島津忠国を支持し、嘉吉元年十二月十二日、島津持久とその与党の追討を命じる管領奉書が島津氏分国内国人に出される。しかし、国一揆鎮圧により薩摩半島を中心にしっかりとした権力基盤を確立していた持久との抗争は激化する。嘉吉の変で義教が横死した後の嘉吉二年十月二十五日、再び島津持久討伐を命じた管領奉書には、「陸奥守忠国難儀に及ぶと云々」とあり、幕府の支持は忠国有利に寄与していない。

この兄弟の抗争の最中、文安年間（一四四四〜四九）の初頭頃、薩摩国山北の反島津方国人らが島津総州家の残党を擁立して蜂起するに至る。危機感を覚えた有力御一家らの調停により、文安五年、忠国と持久の和睦が成立し、忠国が奥州家家督に復帰し、兄弟が連携して山北国人の軍事討伐が実施される。これにより闕所地となった薩摩国和泉（鹿児島県出水市）などが島津持久に与えられ、島津薩州家《さっしゅうけ》が成立している。

島津忠国木像◆高さ 26 センチの木像。底部に「三ヶ国之大将大権現忠国 明応五年［ひのえたつ］閏二月吉日 於鹿児島座守御坊ニテ被奉作」との墨書がある　尚古集成館蔵

島津持久夫妻の墓◆龍光寺は、薩州家の居城出水城の西南、上高城にあった。長禄三年（一四五九）、持久の嫡男国久が父の菩提を弔うために創建。薩州家の菩提寺となった。隣には、正室の島津忠国二女の墓がたつ　鹿児島県出水市・龍光寺跡

父忠国を隠居させた立久が家督を奪取し領国が安定化

国一揆、そして弟持久との抗争を乗り切った島津忠国は、多くの敵対国衆・御一家を滅ぼしていったが、それはさまざまな軋轢を生んでいった。こうした忠国への不満を背景に、忠国の嫡男立久《たつひさ》は、長禄三年（一四五九）頃、父忠国を加世田（鹿児島県南さつま市）に隠居させ、実権を掌握する。

立久の母は有力御一家新納忠臣《ただおみ》の娘であり、御一家の支持に基づくものであろう。立久存命中に記された『山田聖栄自記』文明二年（一四七〇）執筆分には、「立久当御代三ヶ国悉く以て御静謐、御一家・御内・国方一味し、同前に仰ぐべく候所也」とあり、立久の家督継承は島津氏分国内の支持を集めたようである。立久は彼らの支持を背景に、川内川《せんだいがわ》下流域から市来《いちき》（鹿児島県日置市東市来町）にかけて、そして日向・大隅国境の庄内財部《たからべ》（同曽於市財部町）を軍事制圧し、「御料所《ごりょうしょ》」＝直轄領とする。

こうして権力基盤を確立した立久は、これまで敵対してきた国衆との和解を図る。寛正三年（一四六二）三月二十四日、立久は応永年間からたびたび島津氏と敵対し、国一揆でも中心的立場にあった入来院重豊《しげとよ》と契状《けいじょう》を交わしている。さらに寛正五年四月には、日向国山東の伊東祐堯《すけたか》と和睦したようであり、翌年二月には伊東祐堯の娘が立久の室に迎えられている。こうしたアメとムチにより、立久は島津氏分国に暫時の安定をもたらしたのである。

畿内では応仁元年（一四六七）から十年に及ぶ争乱「応仁・文明の乱」が勃発し、文明元年（一四六九）九月には、東軍の細川勝元《かつもと》・畠山政長《まさなが》から上洛や西軍の菊池《きくち》重朝《しげとも》攻撃を求める書状が到来するが、立久は関与していない。

立久の分国支配が安定したのは、父忠国の代に没落した国衆領の直轄化に成功したためで

島津立久墓所跡◆寛正三年（一四六二）に立久が市来城を攻略後、この地に龍雲寺を建立した。文明六年（一四七四）に立久が没すると、遺命によりこの寺に葬られた。立久の長男忠昌は、この寺の喝食となっていた。昭和三年（一九二八）、立久夫妻の宝篋印塔は、福昌寺墓地に改葬されている　鹿児島県日置市東市来町・龍雲寺跡

ある。立久没後の文明六年八月頃に成立した「行脚僧雑録《あんぎゃそうざつろく》」により、当時の諸勢力の分布と守護直轄地の配置がうかがえる。旧国衆領の一部は新たな御一家創出に使われたが、肥後・薩摩境の牛山《うしやま》（鹿児島県伊佐市）、入来院氏ら渋谷一族との境に位置する串木《くしき》野《の》（同いちき串木野市）、日向伊東氏との境に位置する三俣院高城（宮崎県都城市高城町）、日向・大隅境の末吉《すえよし》（鹿児島県曽於市末吉町）の四ヶ所に、譜代被官を「御手持御城柱」として配置し、その配下に中小譜代被官を「衆《しゅう》」として配置している。こうした要地の直轄化と譜代被官の配置により、前代までの紛争勃発を抑止しようとしたのであろう。こうした方針は、戦国期における「地頭衆中制《じとうしゅじゅうせい》」へと繋がっていく。

これにより守護家被官の「御内」による分国支配強化が立久の狙いであったとみられ、この頃から御内トップの老中連署による所領宛行・寺社への寄進状（坪付打渡《つぼつけうちわたし》状《じょう》）発給が進むようになる。

在地名を冠しない島津名字庶子家の成立

島津氏は鎌倉期に誕生して以来、多くの庶子家を分出してきた。伊集院・山田・伊作といった鎌倉前期に分出した庶子家は、南北朝期までに本拠地名を名字とするようになり、鎌倉末から南北朝期に分出した、和泉・佐多・新納・樺山・北郷・川上も、十五世紀には在地名を名字とするようになる。

一方、十五世紀中期、島津忠国の子弟からは在地名を名字としない島津名字の庶子家が登場する。忠国の同母弟持久（好久）を祖とする薩州家（代々薩摩守を名乗る）、忠国の異母弟季久《すえひさ》を祖とする豊州家《ほうしゅうけ》（代々豊後守《ぶんごのかみ》を名乗る）、忠国の庶長子友久《ともひさ》を祖とする相州家《そうしゅうけ》（代々相模守《さがみのかみ》を名乗る）である。薩州家は薩摩国和泉・加世田別府・川辺郡、豊州家は大隅国姶羅《しら》郡（のちに日向国飫肥院・櫛間院に移封）、相州家は薩摩国田布施《たぶせ》（鹿児島県南さつま市）を与えられており、分出当所から一郡～数郡規模を領する有力御一家であった。

伊作氏は鎌倉初頭の分出であるが、犬安丸《いぬやすまる》のときに嫡流が断絶し、忠国の二男久逸《ひさやす》が養子として継承している。久逸は伊作氏継承後も島津を称しており、本宗家に近い御一家となったと見ることもできよう。

これらの島津名字庶子家は、本宗家家督を継承可能な御一家であったとする説もあるが、それは後年、島津奥州家勝久の後継をめぐって、島津名字庶子家が争ったことを遡及させたものにすぎない。立久・久逸の同母弟勝久は桂《かつら》氏祖、忠弘《ただひろ》・頼久は喜入《きいれ》氏祖とされるが、この二氏が名字を名乗るのは、永禄年間（一五五八～七〇）になってからである。

一方、相州家は「奥州家が断絶した場合、相州家が本宗家を継承すべし」との契約があったと称し（「日我上人自記」）、「脇之惣領《わきのそうりょう》」とも呼ばれている。実際、戦国初頭の儀礼におい

豊州家季久の墓◆享徳三年（一四五四）、居城瓜生野城（建昌城）を築いた豊州家季久は、総禅寺を建立しようとしたが、文明九年（一四七七）に没した。季久は一時、雲門寺に埋葬されたが、その後完成した総禅寺に改葬されたと伝えられる　鹿児島県姶良市・総禅寺跡

ては、御一家筆頭の地位にあった。相州家運久《ゆきひさ》の養嗣子となった伊作忠良《ただよし》が、嫡男貴久《たかひさ》を奥州家勝久の養子に送り込もうとした大義名分もここに求められよう。

貴久が奥州家を継ぐと、「脇之惣領」である相州家は、貴久の次弟忠将《ただまさ》が継ぐ。貴久の長男義久《よしひさ》には男子が生まれず、後継問題が生じたとき、忠将の子以久《もちひさ》（征久《ゆきひさ》）の系統もその候補となったようであり、以久の嫡男で義久の娘聟であった彰久《てるひさ》やその子忠仍《ただより》（信久《のぶひさ》、久信《ひさのぶ》）は、島津義弘《よしひろ》の子忠恒《ただつね》（のちの家久《いえひさ》）と後継をめぐって争うことになる。

島津名字御一家分出図

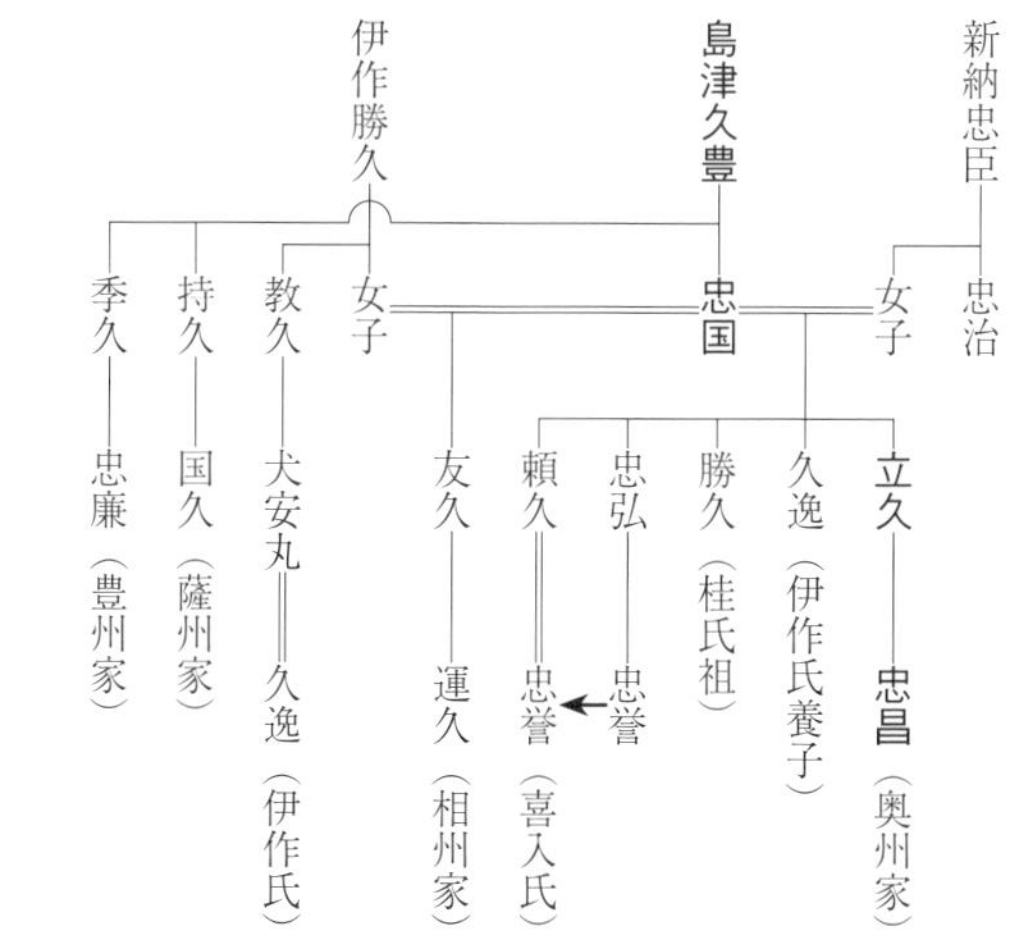

薩州家歴代の墓所◆初代用久から七代忠辰のほか、夫人や家臣の墓が並ぶ　鹿児島県出水市・龍光寺跡

相州家歴代の墓所◆鹿児島県南さつま市金峰町・常珠寺跡

三つに区分された島津氏分国内国人の位置付け

十五世紀中期から後期にかけて、島津氏の由緒や歴史を記した「酒匂《さこう》安国寺申状」・「山田聖栄《しょうえい》自記」には、島津氏分国内の国人を三つに区分している。それが「御一家」、「御内」、「国衆」（国方、国之面々）である。

御一家とは、島津氏一族・庶子家のうち、ある程度の所領と城を持つものである。具体的には鎌倉期に分出した伊作・伊集院・山田の各氏、鎌倉末に分出した新納《にいろ》・佐多・樺山・北《ほん》郷《ごう》の各氏らである。「酒匂安国寺申状」によると、本来は後述の御内とは明確な身分差があったというが、十五世紀に入ると徐々にそのボーダレス化が進んでいる。

御内は、守護島津氏の譜代被官・直臣のことである。本田・酒匂・伊地知《いじち》・鎌田《かまた》のように、初代島津忠久以来の譜代のほか、村田・平田・大寺・五代《ごだい》・比志島のように、鎌倉期から南北朝期にかけて被官化された九州南部の中小領主、大隅溝辺の肝付兼固《かねかた》、川上氏のような御一家・国衆の庶子家など多様であった。

守護家発給の所領宛行状・寺社への寄進状として使用される「坪付打渡状」の署判者となる「老名《おとな》」（文明年間以降「老中」とよばれる）は、御内のなかから選ばれた守護家官僚機構のトップである。「酒匂安国寺申状」によると、応永三年（一三九六）とみられる牛屎花北《うしくそはなきた》合戦での戦勝後、大隅正八幡宮の神前にて島津元久が御内のなかから選抜したという。

国衆とは、島津氏一族ではない、鎌倉期以来の郡司・弁済使《べんざいし》・国衙在庁・地頭の系譜を引く国人のことである。郡司・弁済使系では、大隅の肝付氏とその一族頴娃《えい》氏、祢寝《ねじめ》氏、菱刈《ひしかり》氏、薩摩の牛屎氏・和泉氏などが代表的である。地頭系では、薩摩国川内川流域の渋谷一族（祁答院《けどういん》・入来院・東郷・高城《たき》・鶴田《つるた》）、二階堂《にかいどう》氏、日向の北原《きたはら》氏、野辺《のべ》氏、土持《つちもち》氏、伊東氏な

菱刈氏歴代の墓所◆菱刈氏の居城太良城（本城）の東方瓜之峰にある。近世の記録によると、瓜峯山無量寿院阿弥陀堂近くの雞頭庵に菱刈氏廟所が所在したとある。これらの寺院の詳細は不明である　鹿児島県伊佐市

どが代表的である。

御一家の一部と国衆は、南北朝期までは鎌倉将軍家や足利将軍家に直属しており、本領安堵も幕府に申請していたものが多い。十五世紀に入ると、幕府との関係が希薄化し、将軍に代わって守護島津氏＝島津本宗家当主に安堵を申請するようになり従属度を強めていった。

しかし、依然自立性も高く、本宗家に家督をめぐる内紛が起きると、御一家・国衆が特定の後継を擁立して抗争となることがままみられた。逆に本宗家当主となろうとする者にとっては、御一家・国衆の支持獲得が不可欠となったのである。

イレギュラーな家督継承となった島津久豊や島津貴久は、御一家・国衆の支持獲得で苦労している。

島津氏分国内の国人概念図

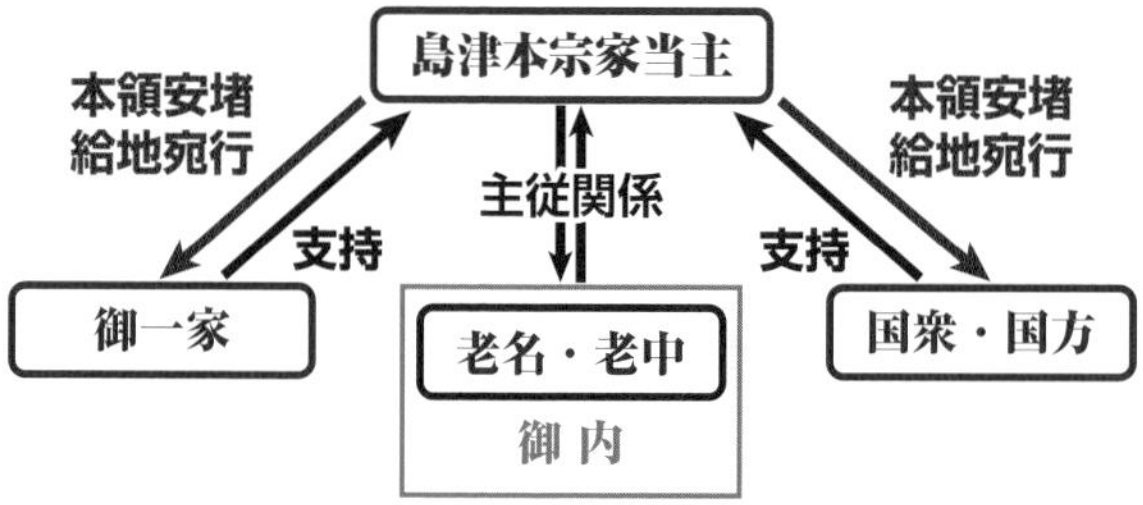

一宇治城から伊集院中心部を望む◆鹿児島県日置市伊集院町

文明の大争乱――島津領国が戦国時代に突入

室町期でもっとも安定した分国支配を実現した島津立久が、文明六年（一四七四）四月一日に亡くなる。永正年間（一五〇四～二一）までの成立とみられる「御当家始書」によると、立久は正室の島津薩州家持久の娘との間に男子が生まれなかったため、立久の姉と持久との間に生まれた嫡男国久《くにひさ》を養子とし、次期当主に決めていた。寛正四年（一四六三）、側室梶《かじ》原《わら》弘純《ひろずみ》の娘との間に忠昌《ただまさ》（初名武久《たけひさ》）が誕生する。立久は忠昌が五歳になると、市来龍雲《りゅううん》寺《じ》に喝食《かっしき》として入れるが、立久が亡くなる直前、国久の申し入れで忠昌が還俗して家督を継ぐことになったという。

島津薩州家は守護家に匹敵する勢力を誇っており、奥州家と薩州家が一体化することで守護家の安定を図ろうとしたのであろうが、それは実現しなかった。さらに、立久の生前、文明三年から同八年にかけて、桜島の大噴火が起こる。このときの火山灰は北東方向に降り注ぎ、大隅北中部から日向国にかけて「文明ボラ（軽石）」と呼ばれる火山灰層を形成するに至る。この大噴火は大隅国府から庄内（都城盆地）の農地に大きな被害を与え、生産力低下と政情不安をもたらした。この天災は、本来家督になるはずではなかった島津忠昌への不満・反発につながっていく。

文明八年正月ごろから謀叛の噂が広がり、二月には御一家を中心に大規模な反乱が勃発す

清水城跡◆稲荷川下流右岸、標高一三五メートルの丘陵上にあり、その南麓に館が築かれた。鹿児島に守護所を移した島津元久が、東福寺城が手狭なため、この地に築城したという。以後、島津奥州家の居城となった。天文十九年（一五五〇）に島津貴久が居城を御内（内城）に移し、廃城になったとみられる。麓の館跡には、貴久が伊集院の荘厳寺を移して大乗院を創建した　鹿児島市稲荷町

噴火する桜島◆鹿児島のシンボルの一つ。中世には「向島」といった。頻繁に噴火し、鹿児島の歴史・生業等に大きな影響を与え続けている　鹿児島市

る。反乱を起こしたのは島津薩州家国久・豊州家季久、庄内の島津豊久、肥後人吉の相良為続《ためつぐ》、大隅北端の菱刈道秀《どうしゅう》（氏《うじ》重《しげ》）らであり、火山灰の影響を受けた大隅国府や庄内、そして肥薩国境の守護直轄地の奪取を目指した。彼らはこの混乱に乗じて、亡き島津立久が確立した守護支配の拠点を切り崩そうとしたようである。

島津忠昌木像◆像高一〇三・五センチ、座高六七・五センチの寄木造。忠昌の像と伝えられているが、鎌倉時代末から南北朝期頃の制作と考えられている　尚古集成館所蔵

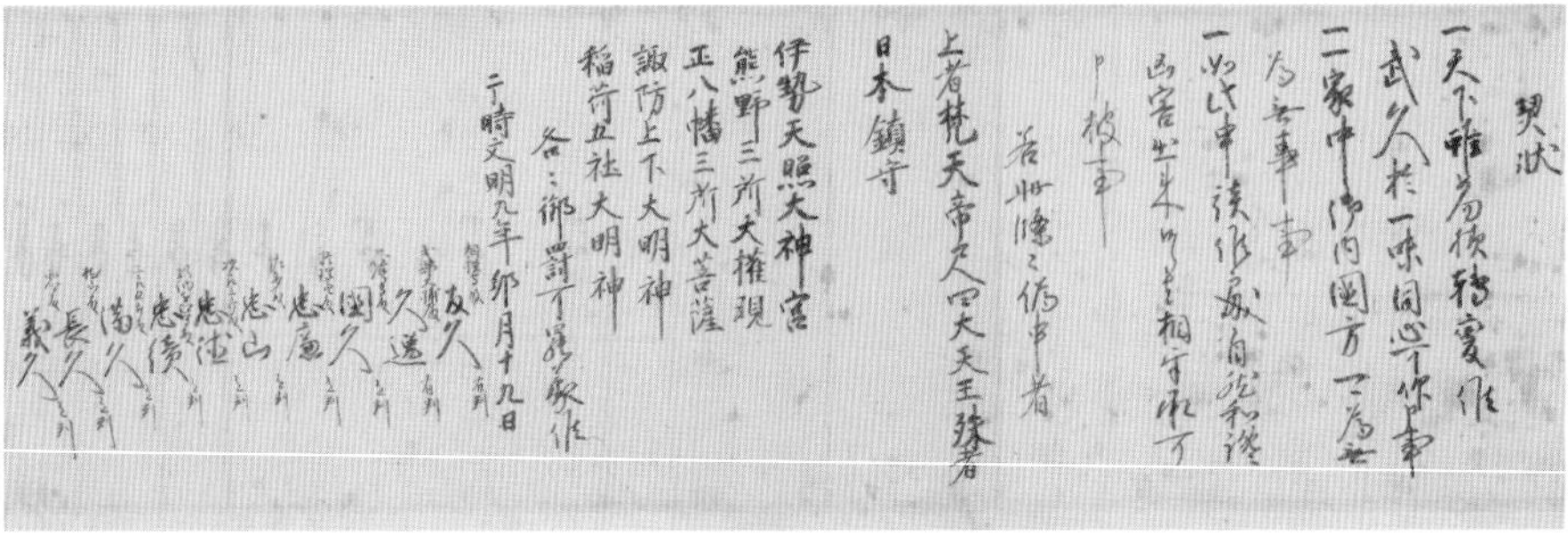
契状
上者梵天帝釈四大天王殊者
日本鎮守
伊勢天照大神宮
熊野三所大権現
正八幡三所大菩薩
諏防上下大明神
稲荷五社大明神
于時文明九年卯月十九日

文明９年４月21日付島津氏一家中契状◆相州家友久、伊作久逸、薩州家国久、樺山長久、北郷義久らの名が見える。伊勢や熊野のほか、正八幡三所大菩薩や諏訪上下大明神、稲荷五社大明神に誓っており、地域性がうかがえる　「島津家文書」　東京大学史料編纂所蔵

翌文明九年四月に、反乱に加わった御一家を中心とする島津氏「一家中」が忠昌と契状（起請文）を交わし、和睦が成立する。かれら「一家中」は、文明十二年十月にも忠昌と契状を取り交わし、一家中が談合による多数決で政策決定することを規定し、守護忠昌の強権発動を制限している。立久期に確立された守護権を弱め、一家中による集団指導体制に移行しようとするものであった。

しかし、文明十六年十月、日向国南部沿岸部に配置された新納忠続《ただつぐ》と伊作久逸の対立に、日向山東の伊東祐国《すけくに》が介入したことで再び争乱が勃発し、島津豊州家忠廉《ただかど》が菱刈氏らと連携して守護に反旗を翻す。翌文明十七年五月に豊州家との和睦が成立すると、忠昌は御一家らを率いて日向国に出陣し、新納氏の居城飫肥城近郊で伊東祐国を敗死に追い込み、争乱は終結する。

その後も島津忠昌は、守護権威の回復を目指してたびたび出陣するが、御一家の多くはこれに非協力的であり、徐々に追いつめられていった。永正五年（一五〇八）二月十五日、忠昌は居城清水城で自害して果て、九州南部は「三州大乱《さんしゅうたいらん》」と呼ばれる争乱状態に突入していく。

伊東祐国の墓◆宮崎県西都市・光照寺

島津伯耆守忠豊供養塔◆宮崎県日南市

島津忠昌花押

遣明船が飫肥に寄港、豊州家が警固を命じられる

日向国南部東海岸は、琉球方面との交易により古くから唐物が流入していた。応永十六年（一四〇九）に島津元久が上洛した際は、大量の唐物を持参しており、一時守護所が置かれた日向国志布志には、唐物保管用の蔵が置かれている。

遣明船は従来、博多と寧波《ニンポー》を結ぶ〝大洋路《たいようろ》〟が使用されていたが、永享四年遣明船以降、九州から南西諸島を経由して福建《ふっけん》へと至る〝南島路《なんとうろ》〟が使用された可能性があり、以後、島津氏分国内を遣明船が経由する回数が増えていく。折しも、十五世紀後半以降、堺商人ら畿内商人の商業活動が活発化し、堺から紀伊水道・土佐国を経て、豊後水道を横断して日向国南部に至る〝南海路《なんかいろ》〟や、瀬戸内海から豊後水道を経由して日向国南部に至るルートの利用が活発化する。その結果、日向国飫肥院《おび》内の油津《あぶらつ》・外之浦《とのうら》（宮崎県日南市）といった港が、遣明船寄港地・建造地、琉球通交の拠点として重要性を増していったのである。

飫肥・櫛間《くしま》（宮崎県串間市）は十五世紀中期まで国衆野辺氏の支配下にあったが、守護島津忠国は飫肥の支配強化を目指して野辺氏を討ち、忠国正室の甥新納忠続が飫肥領主として入部し、櫛間には忠国二男伊作久逸が移封されている。飫肥には日向国山東の伊東祐堯・祐国父子も進出を目指しており、文明十六年（一四八四）には伊東氏と伊作氏が連携して飫肥に進攻する事態となっている（前項参照）。

この争乱後の文明十八年十月十九日、島津忠昌は島津豊州家忠廉を、大隅国始羅《しら》郡から飫肥・櫛間に移封し、伊東氏の侵攻に備えさせた。これ以降、飫肥領有をめぐって永禄十一年（一五六八）に豊州家が退去するまで、伊東氏との抗争が続く。

現在の油津港◆古くから日本と中国・琉球をつなぐ中継地であり、その重要性から戦国時代には領有をめぐって島津氏と伊東氏が争った。「油之津」とも呼ばれた　宮崎県日南市

島津豊州家と北郷氏関係図

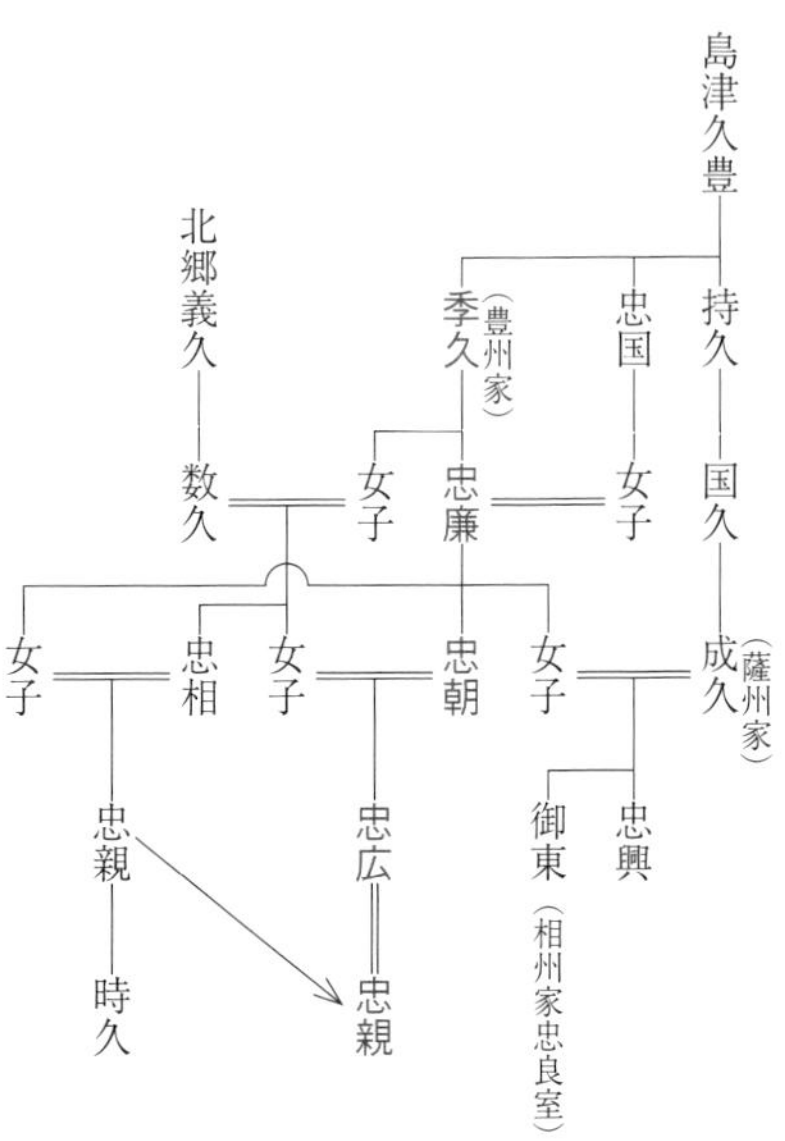

忠廉は、飫肥の後背地で共に伊東氏と対峙していた北郷氏と重縁を結んで連携を強めると同時に、幕府との独自外交を始める。延徳二年（一四九〇）閏八月以降、忠廉は上洛を果たして連歌師《れんがし》宗祇《そうぎ》らと交流を深めている。同年七月に足利義材《よしき》が将軍に就任しており、そのタイミングを狙ってのものであろう。そして同年十二月三十日、幕府奉行人飯尾元連《いのおもとつら》は忠廉に対して、明応度遣明船の警固を命じている。遣明船警固は従来、守護である島津奥州家に対して出されていたが、忠廉のアピールにより、豊州家が直接幕府から命じられたのである。

なお、忠廉は長享元年（一四八七）、桂庵玄樹《けいあんげんじゅ》を市木の龍源寺《りゅうげんじ》（宮崎県串間市）の住持に招き、安国寺《あんこくじ》再建に尽力している。桂庵玄樹は薩南学派《さつなんがくは》（朱子学の一派。朱子の新注を研究し、新たな訓点「桂庵点」を考案した）の祖として知られるが、応仁度遣明船に大内船の土官《とかん》（遣明船経営者が選定した貿易活動を支える事務官）として乗船した「第一級の外交僧」でもあった。豊州家と大内氏の関係強化には、彼の果たした役割が大きいとみられる。彼は遣明船に関する情報を島津豊州家にもたらすとともに、人材育成にも努め、安国寺の弟子月渚英乗《げっしょえいじょう》はのちに遣明船に乗船している。この地域は「外交を担う人的資源の供給地」とされている。

忠廉の子忠朝は、豊州家の全盛期を築く。永正十年（一五一三）に帰国した永正度遣明船

遣明船復元模型◆広島県立歴史博物館蔵

桂庵玄樹画像◆鹿児島県立図書館蔵

二号船（細川政元《まさもと》船）は、船頭と豊後守護大友義長《よしなが》配下の警固衆との間でトラブルが起こり、豊州家領の外之浦に逃れている。忠朝は警固を命じられていた大友氏の面目を保ちつつ、二号船「客衆」を堺に帰国させることに成功する。同十七年頃から、山東の伊東尹祐《ただすけ》は庄内（都城盆地）への攻勢を強めていた。忠朝は永正十年に大友氏を助けたことを持ち出して、伊東氏との和睦仲介を依頼している。豊州家の遣明船への関与は、地域の紛争解決・安定化にも寄与していた。

この頃、対立していた細川高国《たかくに》・大内義興《よしおき》両氏は、大永度遣明船の派遣準備を進めており、細川高国の正使鸞岡瑞佐《らんこうずいさ》は飫肥に下向している。一方、大内義興も豊州家に大内船の建造と細川船への妨害を依頼しており、忠朝は両氏の関係に気を遣いつつ、細川船・大内船両方の渡明に協力している。しかし、大永度遣明船は寧波《ニンポー》で紛争を起こし（寧波の乱）、一時、日明貿易は途絶してしまう。

忠朝は、配下の外交僧明星院頼脉を大内義興・琉球天界寺《てんかいじ》に派遣して、日明関係復活交渉を取り次いでいる。こうした交渉が功を奏したのか、天文八年（一五三九）には大内氏主導による遣明船派遣が実現する。

この頃になると、石見銀山の開発を契機として中国（明）の民間船が多数日本に来航するようになり、天文十一年（一五四二）もしくは同十二年には、倭寇の頭目王直《おうちょく》の船にのったポルトガル人によって鉄砲が種子島《たねがしま》にもたらされる。『日向記』巻第五によると、鉄砲伝来からまもない天文十二年、「日向ノ津々に唐船十七艘入り来たる故、異国ノ珍物数を知らず。浦々大いににぎわいけり」とある。中国船は九州東海岸を北上しており、こうした民間商船の交易拠点としても飫肥の重要性は増していったのであり、飫肥奪取を目指す伊東氏と島津豊州家との抗争が激化していく。

島津豊州家忠朝供養塔◆安国寺は、長享元年（一四八七）に豊州家忠朝の父忠廉が、桂庵玄樹を招いてこの地に再興した。忠朝供養塔は、大正七年（一九一八）八月、忠朝の子孫海軍中将黒岡帯刀によって建立された。安国寺は明治六年（一八七三）に廃寺となっている　宮崎県日南市・安国寺跡

不安定な奥州家を横目に薩州家と相州家が台頭

永正五年（一五〇八）に守護島津忠昌が自害すると、長男忠治《ただはる》が家督を継承するが、同十二年八月二十五日、二十七歳で没する。その跡は弟忠隆《ただたか》が継承するが、これも同十六年四月十四日、二十三歳の若さで病没する。やむなく、国衆頴娃兼心の養嗣子となっていた末弟忠兼《ただかね》（のちの勝久《かつひさ》、一五〇三～七三）が急遽家督を継承する。このように守護家たる島津奥州家の家督が安定しないなか、守護の分国支配権は大きく後退し、「三州大乱」と称される争乱状況に突入していった。

忠治・忠隆・忠兼は、反守護方の吉田《よしだ》位清や新納忠勝《ただかつ》らの軍事討伐により守護家の権威を高めようとしたが、すでに有力国衆・御一家は、近隣地域で婚姻関係を基礎とする連携を強め、新たな地域秩序形成を模索していた。特に島津忠兼はいったん国衆の養嗣子となっていたためか、守護としての正統性に疑問が持たれていたようであり、国衆らの期待は有力御一家の島津薩州家・相州家の若き家督継承者に集まっていく。

島津薩州家は、前章で指摘したように、薩摩国和泉や加世田別府・川辺郡を支配する最有力御一家である。本来、島津立久は甥にあたる薩州家国久に家督を継承させるつもりであった。国久の子成久《しげひさ》と孫忠興《ただおき》の二代にわたって、娘を有力御一家・国衆に嫁がせ、娘たちは順調にそれぞれの家の嫡男を生んでいった。のちに戦国大名島津氏の祖となる島津貴久の母も薩州家成久の娘である。さらに、肥薩隅国境の国衆で相良氏との関係が深い菱刈氏とも姻戚関係を結び、実久《さねひさ》の母は相良氏の娘との説もある。また、忠興の

霧島神宮◆文明十六年（一四八四）に島津忠昌の命により再興された。現在の社殿は江戸時代に島津吉貴により奉納された　鹿児島県霧島市　画像提供：公益社団法人鹿児島県観光連盟

島津薩州家婚姻関係図

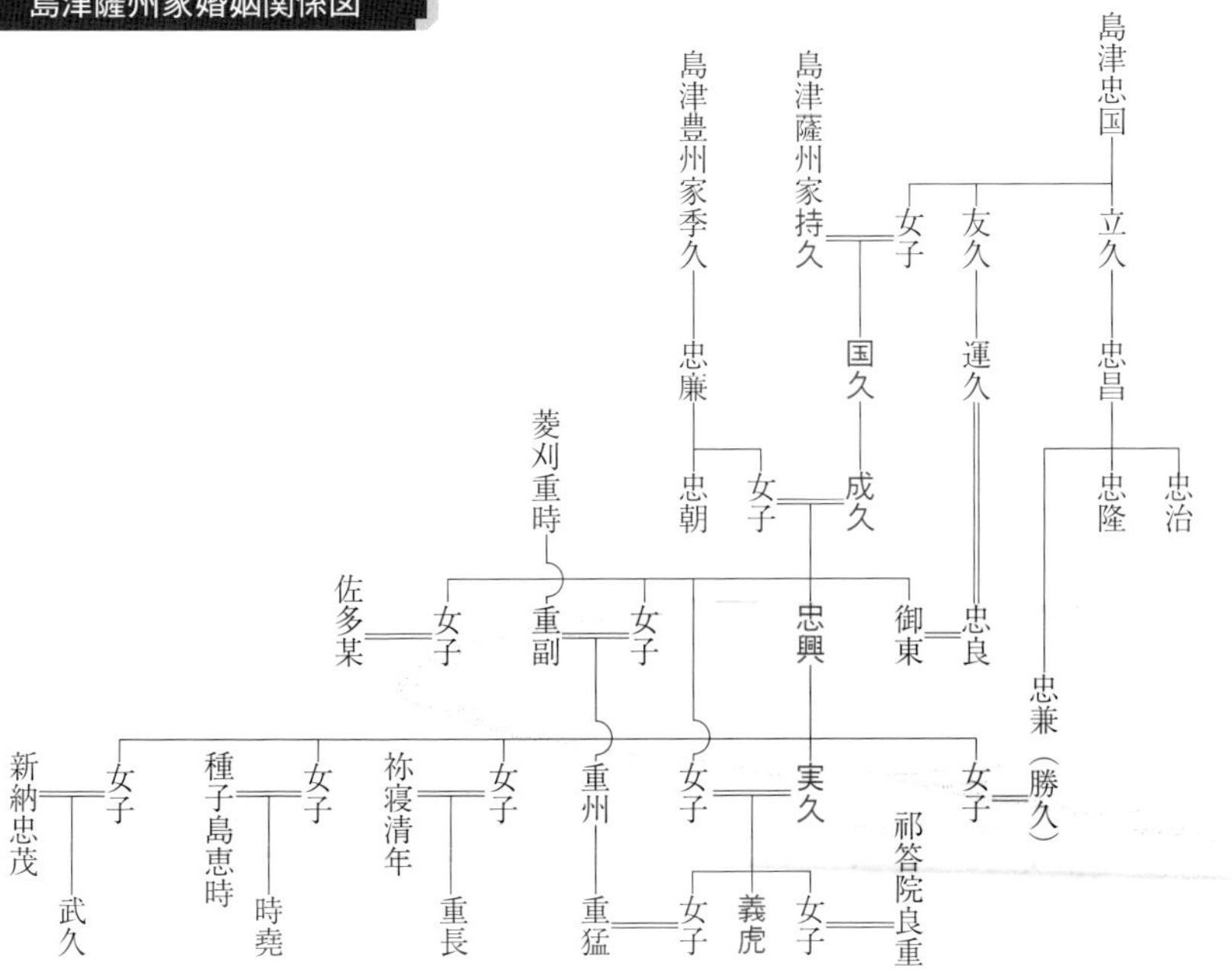

島津相州家・伊作氏・薩州家関係図

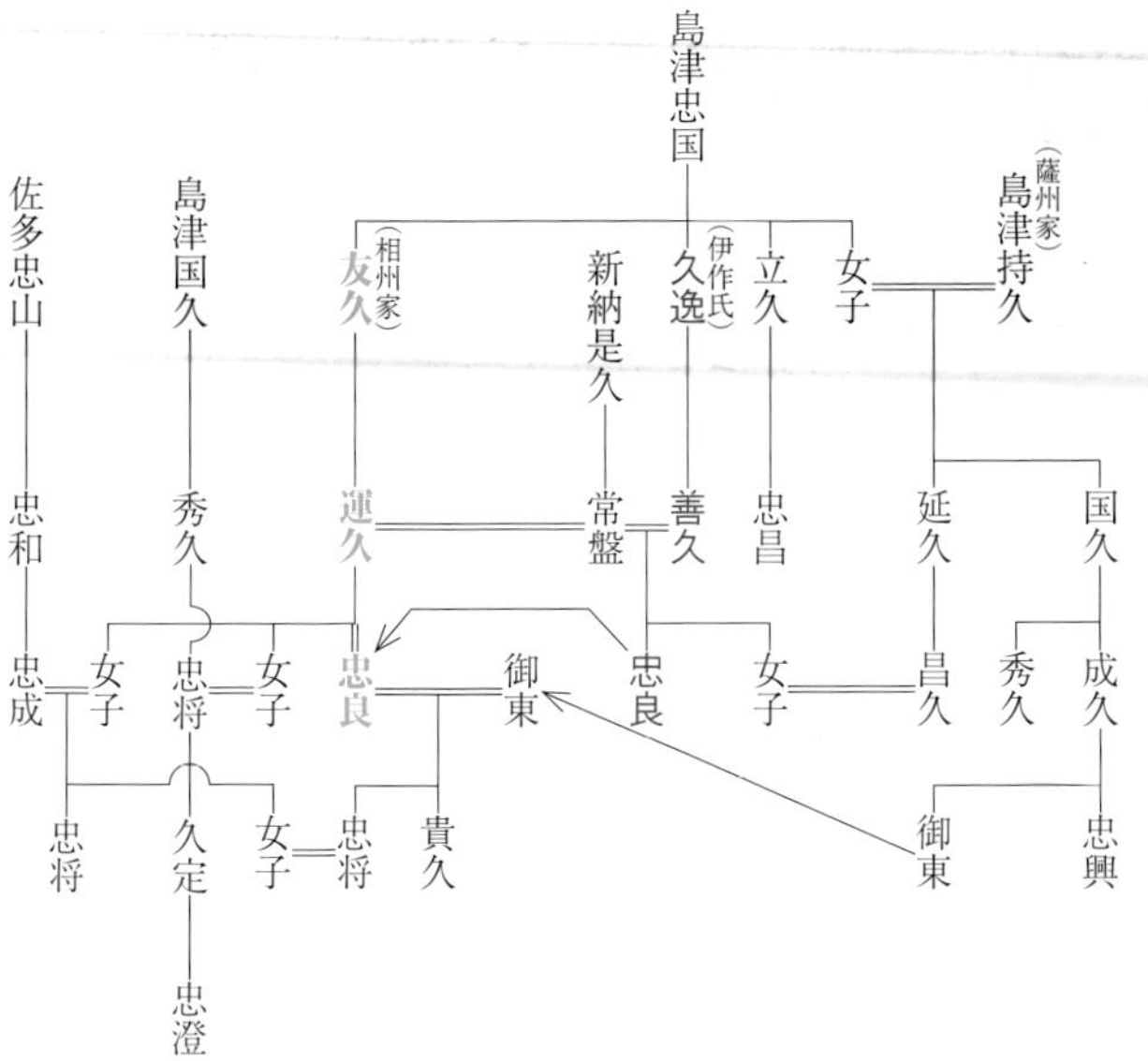

娘たちは祢寝・種子島・新納という、大隅国内の要港を支配する国衆・御一家に嫁いでおり、万之瀬川河口から坊津を支配する薩州家としては、広域的な海域支配が可能となったのである。

相州家運久《ゆきひさ》（一瓢斎《いっぴょうさい》）も、故伊作善久《よしひさ》の室であった常盤《ときわ》を室に迎え、その男子忠良《ただよし》（のちの日新斎《じっしんさい》、一四九二〜一五六八）を養嗣子とすることで、田布施《たぶせ》（鹿児島県南さつま市金峰町）から伊作（同日置市吹上町）にかけての薩摩半島西岸を支配下に置いて勢力を拡大する。そして、忠良の室には薩州家成久の娘を迎え、嫡男貴久を儲けるなど薩州家との関係を深め、南薩の有力御一家佐多氏とも姻戚関係になっている。

このように、薩州家・相州家が連繋しつつ勢力を拡大するなか、孤立を深めていた守護島津忠兼は、薩州家忠興の娘を室に迎え、薩州家の支持を得ようとしたようである。しかし、それと引き替えに忠興は、嫡男実久を忠兼の養嗣子にしたとの説もあり、男子のいなかった忠兼の後継をめぐって薩州家が主導権を握ったかにみえた。しかし、忠興は大永五年（一五二五）十月九日に亡くなってしまう。残された嫡男実久は十四歳の若さであった。

坊津の落陽◆鹿児島県南さつま市　画像提供：公益社団法人　鹿児島県観光連盟

「庶子之棟梁」相州家による家督簒奪計画が失敗

大永三年（一五二三）十二月、守護島津忠兼は日向伊東氏と連繋して庄内進出を図ろうとした新納忠勝討伐のため、老中伊地知重周を志布志に向けて出陣させるが、日向国槻野《つきの》（鹿児島県曽於市大隅町）で大敗を喫し、重周も戦死する。さらに、大永五年十月には舅の島津薩州家忠興も亡くなり、忠兼は新たな支援者を求めていた。

これより前、忠兼は伊東氏の進攻が続いていた庄内情勢について、島津相州家忠良に「万《ばん》端御指南《たんごしなん》」を求めている。忠良はこれを好機とみたようである。

日向国出身の富士門流日蓮宗《ふじもんりゅうにちれんしゅう》の僧日我《にちが》が記した「島津家物語」（天正九年〈一五八一〉以前の成立）によると、忠良が重臣伊集院忠朗《ただあき》に語ったところでは、「相州家は〝庶子《しょし》之《の》棟《とう》梁《りょう》〟であり、奥州家中絶の際は相続すべしとの契約があった」と主張して、嫡男虎寿丸（のちの貴久、一五一四〜七一）に奥州家を継承しうる器量はあるかと尋ねている。この時点で男子のいなかった奥州家忠兼の後継は、「庶子之棟梁」である相州家が継承すべきとの論理で家督の奪取を図ったのである。

島津日新斎画像◆鹿児島県南さつま市・竹田神社蔵

忠兼から「指南」を求められた忠良は、奥州家老中の入

伊屋松千人塚◆槻野の戦いの戦死者を祀るとされる。もともとは二基あったが、一基は消失したという　鹿児島県曽於市大隅町

れ替えを図り、相州家寄りの村田経董《つねただ》・土持政綱《まさつな》・梶原景豊《かげとよ》らが老中に就任する。そして、大永六年（一五二六）秋頃、日置南郷の地頭桑波田景元《くわはたかげもと》（観魚《かんぎょ》）が城を相州家忠良に明け渡す。折しも、大隅国帖佐《ちょうさ》（鹿児島県姶良市）で薩州家方とみられる地頭の辺川《へがわ》筑前守忠直《ただなお》らが反旗を翻し、守護領吉田に迫りつつあった。慌てた忠兼は伊集院に赴き、十一月に忠良と会談を持つ（「樺山玄佐自記《かばやまげんさじき》」）。この会談で忠良の嫡男虎寿丸を忠兼の養嗣子とすることを条件に、辺川忠直討伐を忠良がおこなうことが決定したとみられる。その後、忠兼と忠良はともに鹿児島に入り、虎寿丸も鹿児島に入った。

十二月、忠良は帖佐の辺川氏討伐を実行し、帖佐には忠良の姉婿島津昌久《まさひさ》が入っている。鹿児島に凱旋した忠良は、翌大永七年に入ると、忠兼に家督を虎寿丸に譲るよう求めたようである。同年正月から三月頃、忠兼は奥州家家督を虎寿丸に譲り、忠良は「相模守」を名乗ったという。同年四月、忠兼は忠良の居城であった伊作城（鹿児島県日置市吹上町）に隠居を余儀なくされている。これは平和裡におこなわれた禅譲というより、なかば強制的なものであったようである。

この強引な家督継承には反発の声があがり、大永七年五月、帖佐の島津昌久と加治木《かじき》地頭伊地知重貞《しげさだ》・重兼《しげかね》父子が蜂起する。忠良はすぐさま兵を率いて出陣し、この反乱を鎮圧する

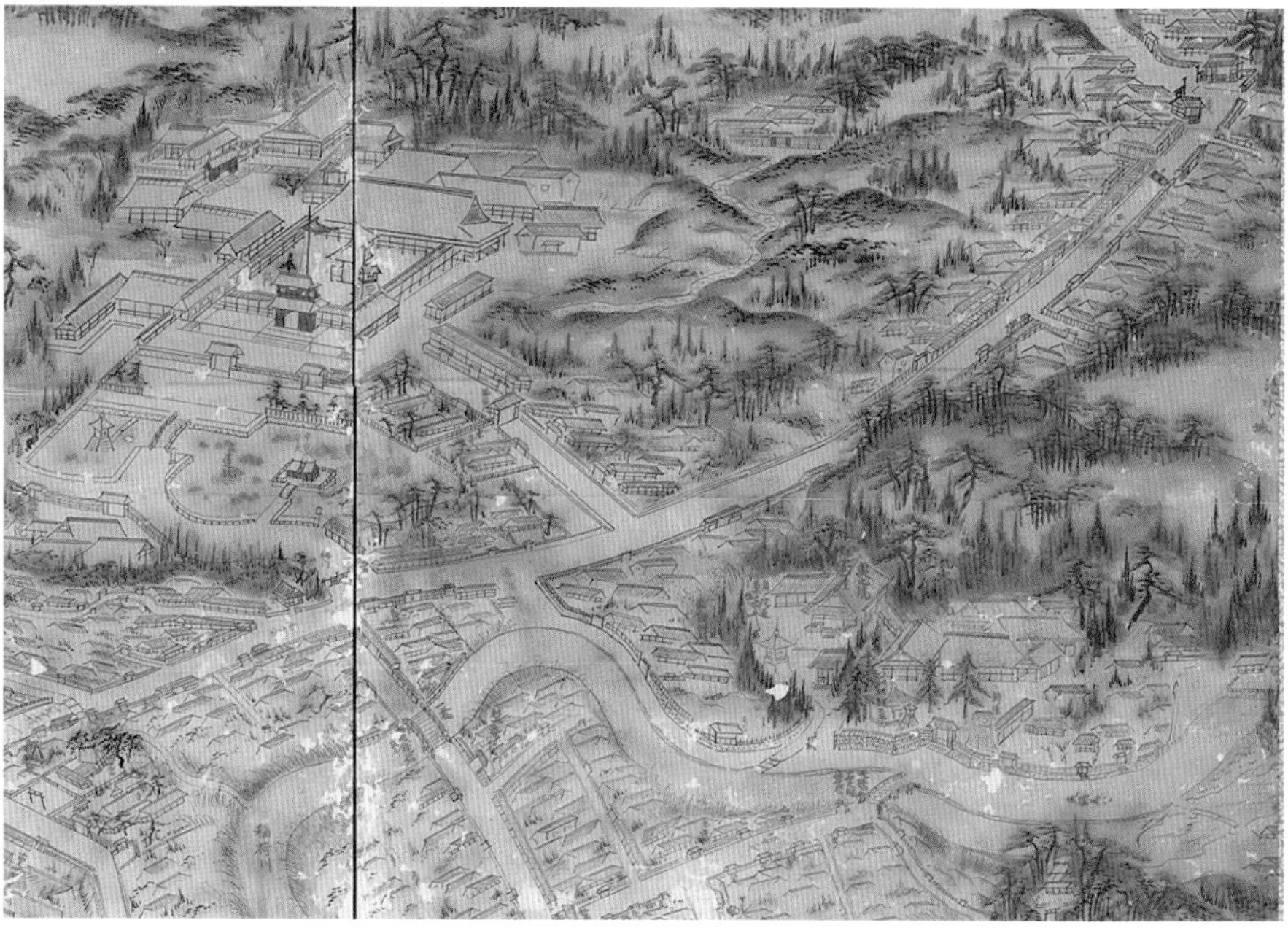

天保年間鹿児島城下絵図に描かれた清水城跡◆右が清水城跡、左は福昌寺　鹿児島市立美術館蔵

が、この間隙を縫って、薩州家実久が挙兵する。同年六月、伊集院を制圧した実久は、伊作に隠居させられていた忠兼を担ぎ出し、同月末までに鹿児島に復帰させる。六月十七日、忠兼は「三州太守」を称しており、奥州家家督＝三ヶ国守護職を虎寿丸から悔い返し（譲渡を反故にすること）たのである。

帖佐・加治木から帰還した忠良は鹿児島に入ることなく居城田布施に退去し、虎寿丸も鹿児島を脱出している。こうして相州家による家督簒奪計画は失敗に終わった。

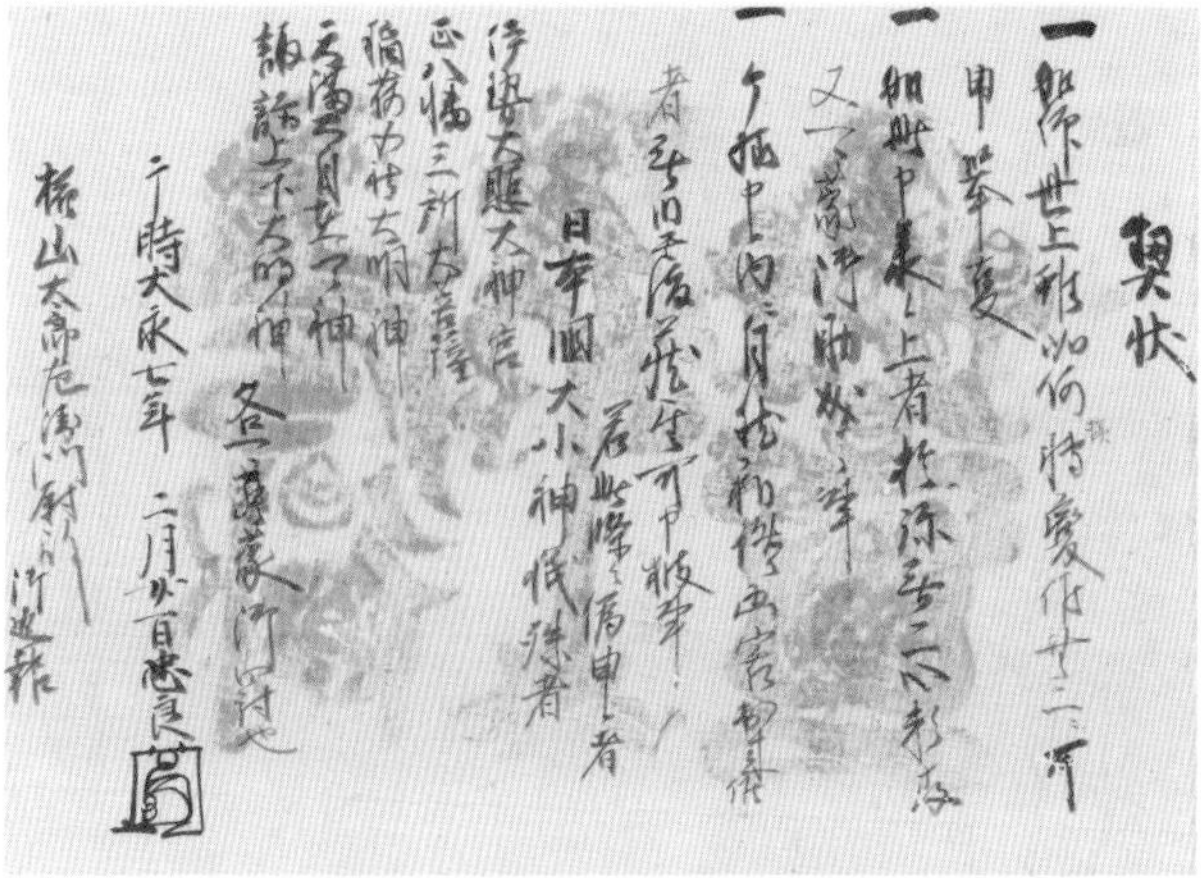

大永７年２月21日付島津忠良契状◆嫡男貴久（虎寿丸）が島津忠兼（勝久）から家督を譲られる前後に、忠良が大隅国生別府城主樺山信久と交わした契状。信久から忠良への契状も現存する。無二の関係と相互扶助を誓っている。この前後に、樺山信久の嫡男善久に、忠良の二女御隅が嫁いでいる　「島津家文書」　東京大学史料編纂所蔵

伊作城跡◆伊作川下流右岸、標高73メートルのシラス台地に立地。14世紀前半に、伊作宗久が居城にしたとされ、以後伊作氏の居城となった　鹿児島県日置市吹上町

聖宮跡◆鹿児島を脱出した虎寿丸（貴久）が匿われた場所と言われている　鹿児島市

享禄の和平会議と薩州家実久の実権掌握

島津相州家による奥州家家督奪取は未遂に終わり、島津忠兼改め勝久が鹿児島に復帰した。しかし、勝久・薩州家実久と相州家の対立は続いており、しかもこの混乱に乗じて各地で紛争が生じていた。なかでも、守護領だった大隅国府周辺（鹿児島県霧島市）には、新納忠勝や北郷忠相《ただすけ》が進出し大混乱となっていた。

この頃、博多を支配下に置いていた周防・長門守護大内義興は、島津豊州家忠朝と連携して日明勘合貿易の復活を目指していた。そうしたなか、九州南部の政治的混乱は好ましいものではなく、大永八年（一五二八）に使僧を忠朝のもとに派遣し、勝久に協力して「静謐《せいひつ》之《の》調儀《ちょうぎ》」（和平調停）をおこなうように要請している。相州家による家督奪取以前の政治秩序の回復を求めたのである。

この要請に応じて忠朝は、翌享禄二年（一五二九）に入ると、国衆・御一家に和平工作を開始する。そして同年六月、忠朝は新納忠勝・祢寝清年《きよとし》・肝付兼興《かねおき》・本田董親《ただちか》・島津忠誉《ただよ》（のちの喜入氏）・樺山善久ら紛争当事者を一堂に鹿児島に集め、島津勝久への見参、つまり勝久を改めて守護として認めさせることに成功する。そして、薩州家からは一族の治部大輔忠《ただ》将《まさ》と重臣阿多飛騨守、相州家からは一瓢斎（運久、忠良養父）と又六郎（詳細不明）が鹿児島に出頭して、和平協議がおこなわれた。両家の和睦が成立したのか否かははっきりしないが、鹿児島に出頭したということは、相州家は勝久の守護復帰を認めたのであり、勝久中心の政治秩序は一応回復したとみられる。

しかし、鹿児島では勝久の側近と薩州家に近い川上忠昌《ただまさ》ら重臣との間で軋轢が生まれていった。天文三年（一五三四）、川上忠昌ら十三名は勝久に諫言《かんげん》し、同年十月二十五日、昌

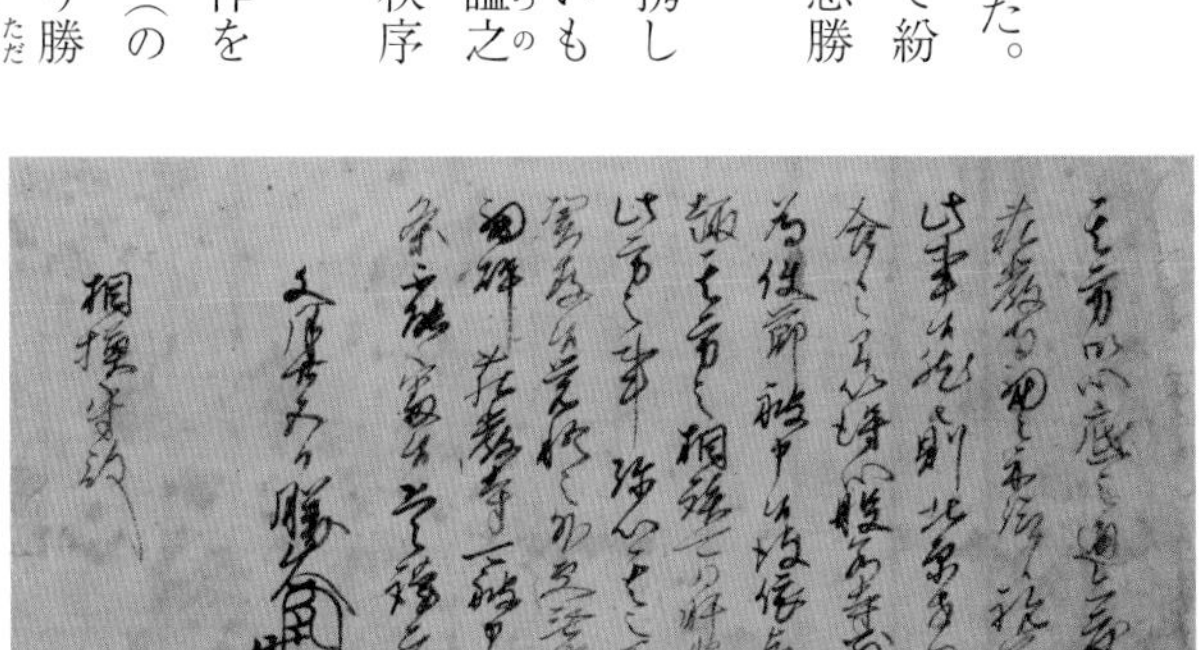

（天文五年カ）五月二十五日付島津勝久書状◆島津日新斎は般若寺に逼塞していた島津勝久に和睦の使者を派遣した。この書状はこれへの返信で、日新斎・貴久父子との和解が成立する。これにより、相州家と勝久は連携し、渋谷一族も加えて、薩州家実久に対する共同戦線が成立する　「島津家文書」東京大学史料編纂所蔵

久らは勝久側近の一人末弘《すえひろ》伯耆守綱秀《つなひで》を殺害するに至る。慌てた勝久は側室の実家祢寝氏のもとに逃れている。

その後、再び島津豊州家忠朝の仲介で勝久は鹿児島に戻ると、側近の勧めで居城を要害の東福寺城に移して臨戦体制に入ると、天文四年四月三日、川上忠昌を大興寺《だいこうじ》にて自害に追い込む。これは明らかに薩州家実久への宣戦布告であった。勝久にはこの年七月、祢寝氏との間に待望の長男益房丸《ますふさまる》（のちの忠良）が誕生しており、勝久の後継を目指していた実久との衝突は不可避であった。

勝久は大隅帖佐に進出していた祁答院重武《しげたけ》の支援を受け、実久との対決に踏み切るが、天文四年九月頃、祁答院勢は薩州家勢に敗れ鹿児島から退去する。実久は勝久に対して、国政を実久に委任する旨の勝久起請文を示してその履行を迫り、勝久は鹿児島を退去していった。その後勝久は、帖佐から日向真幸院《まさきいん》の般若寺《はんにゃじ》（鹿児島県姶良郡勇水町）に逃れている。

守護被官や豊州家忠朝・北郷忠相といった有力御一家の多く、そして錦江湾沿岸の御内らは実久を支持し、実久は事実上「三州太守」の奪取に成功する。

島津運久画像◆鹿児島県南さつま市・和多利神社蔵

薩州家墓地◆左から、国久、成久、忠興、実久、義虎、忠辰の墓　鹿児島県出水市・龍光寺跡

島津貴久が薩摩半島を統一し三州太守化

享禄の和平会議で島津奥州家勝久の復権を認めた島津相州家日新斎・貴久父子であったが、勝久と薩州家実久の関係が悪化するなか、虎視《こし》眈々《たんたん》と機会を狙っていた。

享禄四年（一五三一）八月、日新斎・貴久は、重臣伊集院忠朗とともに薩摩半島南端の国衆頴娃《えい》兼洪と契状を交わして同盟を結ぶ。姻戚関係にある佐多氏とともに薩摩半島の薩州家領を挟撃する体制が整った。さらに、天文二年（一五三三）二月九日には、貴久の長男虎寿丸（のちの義久《よしひさ》）が誕生する。母は国衆入来院重聡《しげさと》の娘である。入来院氏は享禄年間以降、本拠入来院（鹿児島県薩摩川内市入来町・樋脇町）から川内川下流域南岸への進出を目指しており、川内一帯を制圧していた実久と対立していた。

天文四年、勝久が祁答院重武《しげたけ》を頼って鹿児島を退去すると、祁答院氏と同族の入来院氏の仲介により、相州家と勝久の提携が成立する。勝久の要求は鹿児島への復帰であり、相州家は実久を攻撃する大義名分を得た。

天文五年三月、日新斎・貴久・忠将父子は、伊集院一宇治城（鹿児島県日置市伊集院町）を攻略し、ここを居城とする。さらに伊集院・鹿児島間の諸城を次々と攻略し、天文六年には守護所鹿児島に近い上之山《うえのやま》城（現在の城山、鹿児島市）を攻略する。

天文七年十二月末には、薩州家の薩摩半島における最重要拠点加世田別府城（鹿児島県南さつま市）に夜襲をかけ、これを攻略する。万之瀬《まのせ》川河口の海上交通との接点を相州家に奪われた薩州家は、劣勢となる。天文八年三月、島津貴久は上之山城に出陣し、紫原《むらさきばる》（鹿児

島津貴久画像◆庶流の相州家出身だが、父忠良（日新斎）とともに勢力を拡大し、内訌の末に島津本宗家の家督を継承。島津氏が戦国大名化する礎となった　尚古集成館蔵

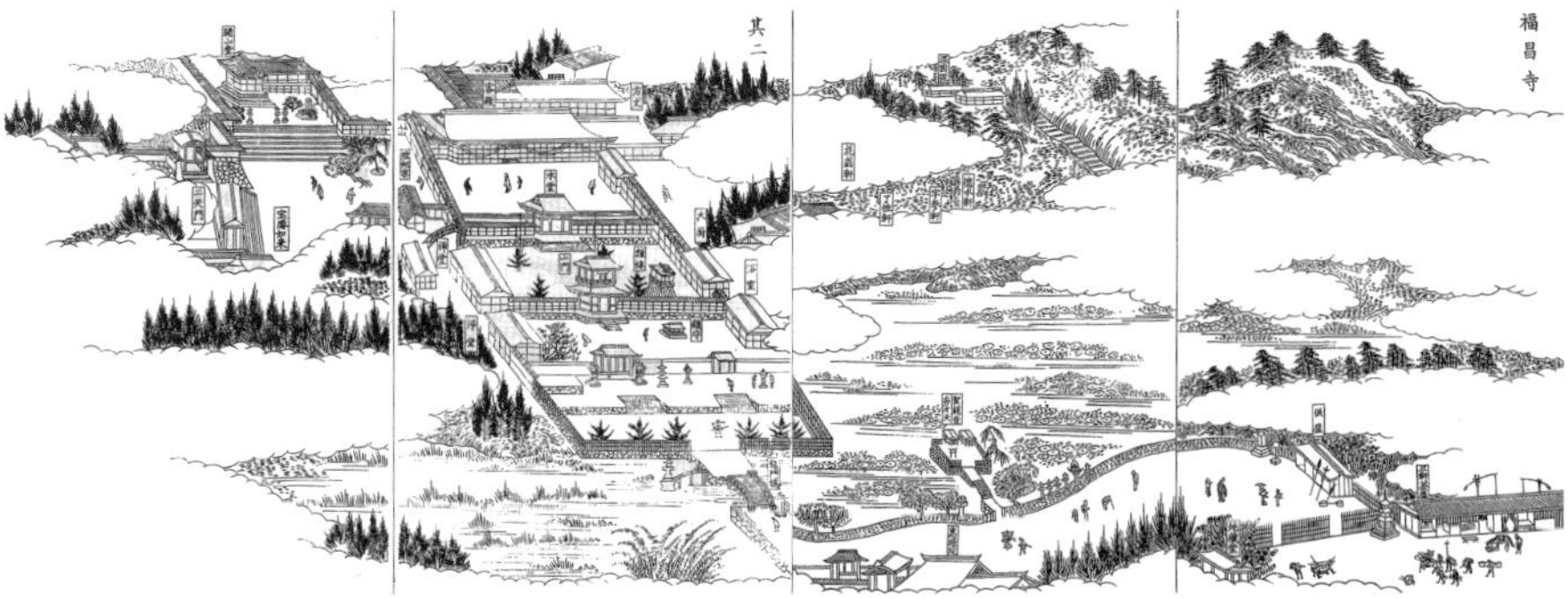

『三国名勝図会』に描かれた福昌寺

島市）に出陣した谷山の薩州家勢を撃破する。薩州家勢は谷山三城（谷山本城・苦辛《くらら》城・神前城）に退去するが、三月二十四日までに開城し、守護所鹿児島周辺は相州家の手に落ちた。さらに、三月末には日新斎が川辺（鹿児島県南九州市川辺町）に出陣し、高城（松尾城）・平山両城を開城させ、川辺郡を平定する。

　薩摩半島に残る薩州家の拠点は、串木野城（鹿児島県いちき串木野市）・市来城（同日置市東市来町）のみとなり、貴久は同年閏六月から市来攻略に乗り出す。この市来城攻撃には、同盟関係にあった佐多・頴娃氏のほか、それまで薩州家方だった種子島・樺山・肝付・祢寝の各氏も出陣し、貴久への従属姿勢を示している。そして同年八月、串木野・市来両城は開城し、川内川以南は相州家方によってすべて制圧され、薩州家との抗争は終結する。

　翌天文九年三月、奥州家の菩提寺である福昌寺の十四世住持恕岳文忠《じょがくもんちゅう》は、貴久による福昌寺復興について記し、貴久の袖判《そではん》を得ている。そのなかで恕岳は、「三州大府君藤原貴久」と呼び、「当寺中興大壇越」と記している。つまり、貴久を島津奥州家当主とし、三州太守＝薩隅日三ヶ国守護と認めたことになる。これにより貴久は奥州家勝久と決別し、「三州太守」であることを内外にアピールしたのである。

頴娃氏歴代の墓所◆四代兼洪夫妻、五代兼友、六代兼堅側室、七代久虎らの墓塔が並ぶ　鹿児島県南九州市頴娃町・大通寺跡

加世田攻略後に日新斎が建立した六地蔵塔◆鹿児島県南さつま市

紆余曲折をへて有力御一家たちが貴久を承認

島津貴久の「三州太守」宣言に対し、奥州家勝久派の御一家・国衆は反発する。天文十年（一五四一）十二月、本田董親《ただちか》・肝付兼演《かねひろ》・祁答院良重・北郷忠相・島津豊州家忠広《ただひろ》ら十三氏は、貴久の姉婿樺山善久の居城生別府《おいのびゅう》城（鹿児島県霧島市隼人町）を包囲する。

翌年三月、貴久は樺山氏救援のため出陣し、包囲網の一角、肝付兼演の居城加治木城（鹿児島県始良市加治木町）を攻撃するも大敗を喫している。やむなく貴久は、大隅国府一帯を支配する清水《きよみず》城（同霧島市）の本田董親と、樺山氏領を割譲することで和睦する。樺山善久は一時、谷山福本（鹿児島市）への逼塞を余儀なくされている。

状況を変化させたのは外部勢力であった。天文十四年正月、伊東義祐《よしすけ》は水ノ尾《みずのお》（宮崎県日南市）に出陣し、飫肥城包囲網を築く。父忠朝から家督を継承していた忠広は、叔父北郷忠相と共に応戦するが、危機的状況にあった。同年三月十八日、忠広（一説にはその養子忠隅）は北郷忠相と共に伊集院に赴き、貴久を「守護」として仰ぐ旨を伝え、その従属下に入った。もちろん、飫肥救援を依頼するためであろう。

この豊州家・北郷氏の貴久への見参の際、ひとりの公卿《くぎょう》が九州南部に下向していた。参《さん》議《ぎ》町資将《まちすけまさ》である。かれは前関白近衛稙家《このえたねいえ》の意向により、近衛邸新造費用の拠出を求めるため下向したのであった。近衛家は十五世紀末以降、島津奥州家との関係を深めていたが、大永六・七年の争乱以降、島津氏の誰を交渉相手とすべきか、つかみかねていた。天文五年四月には、「島津八人方」に合力を依頼する書状を送っており、新納忠勝や島津相州家以外にも、薩州家実久や豊州家忠朝といった相州家の敵対勢力にも書状を送っている。このため町資将を派遣して、島津貴久の三州太守就任を確認し、経済援助を求めたのであろう。

生別府城跡◆長浜城ともいう　鹿児島県霧島市隼人町

清水城跡◆隈部城や芦原城ともいう　鹿児島県霧島市

豊州家・北郷氏の見参の場に資将が招かれたのは、貴久としては家督継承をアピールする狙いがあったろうが、このチャンスをとらえたのは、樺山氏領を割譲され勢力を拡大していた本田董親であった。町資将を饗応した董親は、資将帰京後も連絡を取り続けており、大量の「唐物」を贈って関係を深めていった。そして天文十五年八月十一日、董親は資将を上卿《しょうけい》（担当公卿）として、「従五位下《じゅごいのげ》紀伊守《きいのかみ》」に叙任される。三州太守を自認する貴久が無位無官であったにもかかわらずである。

天文十七年二月に至っても、貴久に求めた新造費用は京に届かず、近衛稙家と町資将は、本田董親に催促の書状を送る。その前年天文十六年四月には、資将は董親に書状を送り、賀《か》茂《も》社造営費用調達のため、貴久から分国中に奉加《ほうが》を命じるよう求めている。これに対し董親は、大隅国内の半分は貴久に対して「不忠」であり奉加に応じるものはいないと伝え、自らの大隅支配をアピールしている。天文十六年九月十五日、本田董親の嫡男重親《しげちか》は、町資将を上卿として「従五位下左京大《さきょうのだい》夫《ぶ》」に叙任されている。本来幕府重臣が任官する官途である。本田氏は大隅守護補任を目指していたとも言われる。貴久としては、京都との外交ルートを確保するためにも、本田氏を打倒する必要に迫られたのである。

島津豊州家忠広画像◆宮崎県日南市南郷町・榎原神社蔵

禰寝氏累代の墓所◆禰寝氏の菩提寺宝屋寺跡にある。五代清治から島津氏に降った十六代重長までの歴代当主とその夫人の墓二十基が残る　鹿児島県南大隅町

大隅国府を制圧、貴久は従五位下・修理大夫に

全盛期を迎えた本田氏であったが、天文十七年（一五四八）二月、内紛が勃発する。本田氏と対立する大隅正八幡宮社家留守《るす》・桑幡《くわはた》両氏は、島津貴久に出陣を要請する。島津家中には慎重論もあったが、同年三月、老中伊集院忠朗と樺山善久は海路で正八幡宮門前の宮内に出陣し、隈之《くまの》城（咲隈《さきくま》城、鹿児島県霧島市隼人町）に布陣する。

島津勢は寡兵であったが、本田氏を支援する北原《きたはら》・肝付勢らの攻撃を退け、本田氏攻略を進める。伊集院忠朗は本田氏の支城日当山《ひなたやま》城（霧島市隼人町）を、樺山善久は居城だった生別府《おいのびゅう》城を攻略している。そして、北原勢とともに姫木《ひめき》城に籠城していた本田親知《ちかとも》を調略し、北原勢を撤退させている。さらに清水《きよみず》新城（隼人《はやと》城、霧島市）も攻略し、同年五月、本田氏の居城清水城の包囲に成功する。

ここで北郷忠相の仲介により本田氏との和睦交渉が開始され、清水城下の楞厳寺《りょうごんじ》にて協議がおこなわれる。その結果、本田董親の嫡男重親に清水を安堵して、和睦が成立した。なおこの頃、本田氏の従属下にあった上井《うわい》為《ため》秋《あき》・敷祢《しきね》頼賀・廻《めぐり》久元《ひさもと》が島津氏に帰順している。また、六月十一日には、和睦を仲介した北郷忠相と島津貴久が契状を交わし、肝付兼続《かねつぐ》に対して共同戦線を張ることを申し合わせている。貴久の大隅国府支配を容認するのと引き替えに、貴久の義兄である肝付氏とともに戦っていくことを誓ったようである。

清水新城からみた姫木城◆姫木城は古代から山城として利用されたともいわれ、戦国時代には本田氏・島津氏らの間で争奪戦となった　鹿児島県霧島市

同年八月、本田董親は再び島津氏に反旗を翻すが、すぐに伊集院忠朗らが清水城を包囲する。同月晦日、本田董親・重親父子は北郷忠相を頼って庄内に落ち延び、清水城は島津氏の手に落ちた。

同年九月、清水城に入った貴久は、実弟忠将を串木野から清水城に移して大隅支配の要とし、老中伊集院忠朗を姫木地頭に配置して補佐させた。これにより、島津氏による大隅支配が開始される。

翌天文十八年五月、貴久は加治木の肝付兼演・兼盛《かねもり》父子を討つべく、黒川崎に出陣する。肝付勢とこれを支援する祁答院・蒲生勢は黒川崎と日木山川《ひきやまがわ》を挟んで対岸に布陣し、小競り合いを繰り返したが決着はつかず、十二月、またもや北郷忠相の仲介により和睦が成立する。肝付兼盛は加治木を安堵され、のちに兼盛は貴久の妹を室とし、嫡男兼寛《かねひろ》が誕生している。これ以後、加治木肝付氏は島津氏の姻戚として重用されていく。

天文二十一年、三十九歳になって無位無官であった貴久は、京都との太いパイプを有して代々官位を獲得していた種子島氏に、官位獲得交渉を依頼する。同年、種子島氏家臣古市《ふるいち》長門守実清《さねきよ》は上洛して朝廷・幕府に働きかけ、まず六月以前、貴久の嫡男忠良に将軍足利義輝《よしてる》の偏諱「義」字が下されている。そして六月十一日、貴久は「従五位下修理大夫《しゅりのだいぶ》」に叙任される。六月十四日、近衛稙家は参内し、御礼として後奈良《ごなら》天皇に太刀清光《きよみつ》・馬一疋の代銭千疋を献上している。

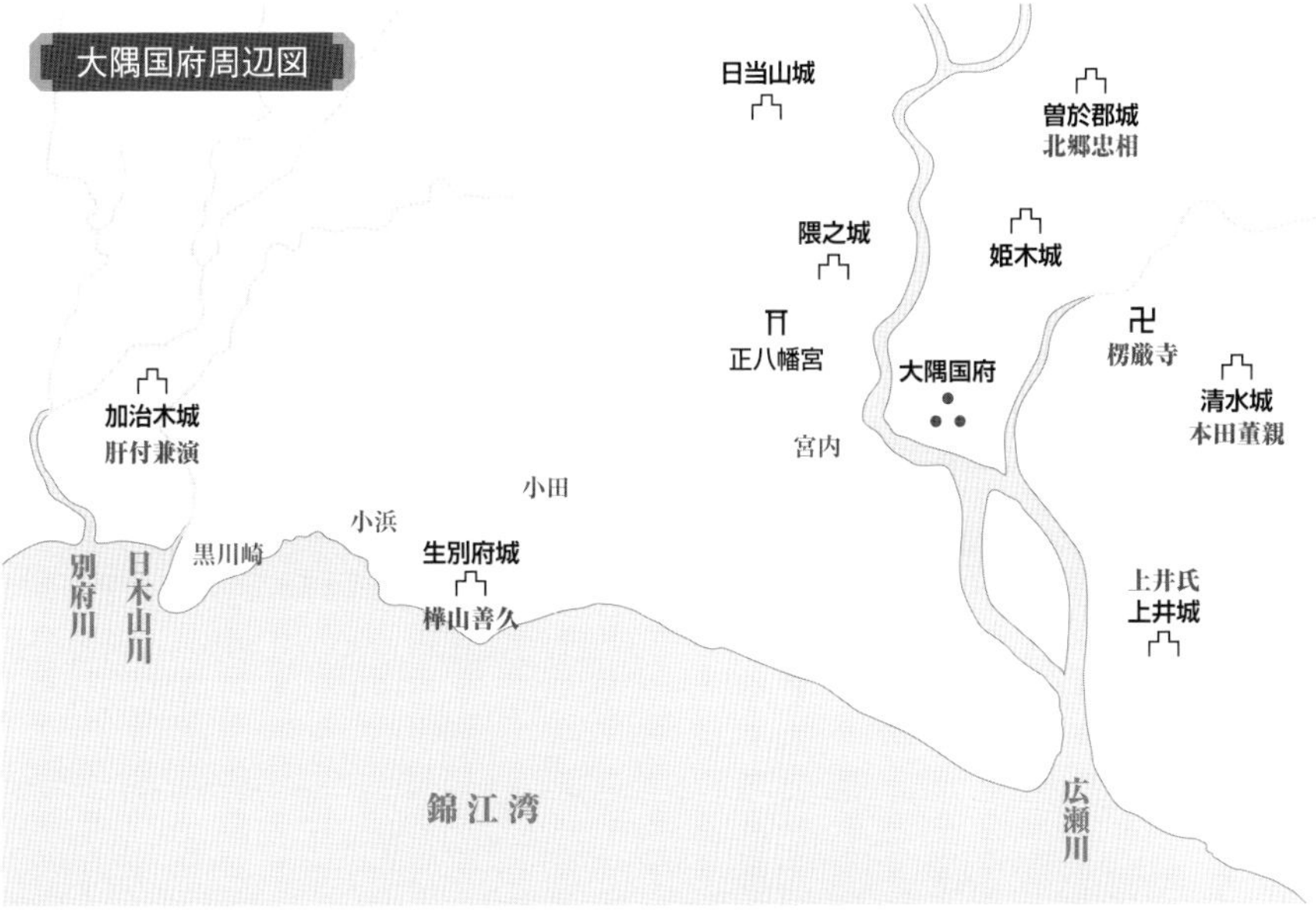

大隅国府周辺図

島津家の大隅支配を支える正八幡宮

大隅正八幡宮（現在の鹿児島神宮、鹿児島県霧島市隼人町）は、『延喜式《えんぎしき》』神名帳《じんみょうちょう》にみえる「鹿児島神社」が起源とみられ、大隅国一之宮であった。

大永六・七年（一五二六・二七）、島津奥州家忠兼（勝久）の隠居・相州家忠良の嫡男虎寿丸の家督継承をめぐって争乱が勃発すると、北郷忠相・新納忠勝が本田親安《ちかやす》と連携して大隅国府周辺に進出する。島津忠兼改め勝久は鹿児島に復帰すると、大隅国府周辺の領主の多くは勝久と薩州家実久を支持するが、新納忠勝と本田親安は反勝久方となり、勝久方の大隅正八幡宮社家留守・桑幡両氏と対立する。新納勢は正八幡宮に攻め寄せ、社殿は大永七年十一月二十八日、兵火にかかって焼失してしまう。

天文十七年（一五四八）八月、本田親安の子董親が没落し、大隅国府周辺が島津貴久の支配下に入り、樺山善久が生別府城改め長浜《ながはま》城（霧島市隼人町）に復帰すると、正八幡宮再建の機運が高まる。天文二十年、樺山善久は貴久とその母御東に対し、正八幡宮御神体の作製を志願し、上洛を果たす。和歌に通じた樺山善久は、同年九月十四日、前権大納言《ごんのだいなごん》飛鳥井《あすかい》雅綱《まさつな》・参議飛鳥井雅教・権大納言四辻季遠《よつつじすえとお》・連歌師里村紹巴《さとむらじょうは》らと和歌会に参加し、その前後には近衛稙家の長男晴嗣《はるつぐ》（のちの前久《さきひさ》）にも面会するなど、朝廷工作をおこなう。そして仏師康運《こううん》に依頼していた正八幡宮尊躰（男女一対の三組六体）が完成する。この尊躰は内裏で開眼され、九月十一日には後奈良天皇から島津日新斎に対して綸旨が出され、尊躰を上覧したことを伝えるとともに「天下御祈祷」を命じている。

樺山善久はこの尊躰を持ち帰り、同年十一月二日に正八幡宮の遷宮が実現している。こうして、島津貴久主導で正八幡宮の再建が実現した。大隅国内最大の宗教権威である正八幡宮

鹿児島神宮◆鹿児島県霧島市隼人町

里村紹巴画像◆東京国立博物館蔵
出典：ColBase　https://colbase.nich.go.jp/collection_items/tnm/A-9597?locale=ja

の再建は、貴久の大隅支配の正当性を内外にアピールする効果があったとみられる。

現在国の重要文化財に指定されている「色々威《おどし》胴丸《どうまる》兜《かぶと》大袖付」二領は、永禄元年（一五五八）、再建された大隅正八幡宮に貴久が奉納したものであり、同じく国指定重要文化財「紺糸威鎧兜大袖付」は、樺山善久が正八幡宮に奉納したものである。

島津貴久が奉納した色々威胴丸兜大袖付◆室町時代末期の作で、紅・白・萌黄の組糸で威している　鹿児島県霧島市隼人町・鹿児島神宮蔵　鹿児島県歴史・美術センター黎明館保管

樺山善久が奉納した紺糸威鎧兜大袖付◆南北朝時代の作。胴丸や腹巻が主流となる時代の鎧であり貴重　鹿児島県霧島市隼人町・鹿児島神宮蔵　鹿児島県歴史・美術センター黎明館保管

種子島への鉄砲伝来、時堯の独自外交

種子島への鉄砲伝来は、中学・高校の教科書でも取り上げられる有名な歴史的事件であるが、伝来年については天文十一年（一五四二）説と天文十二年説で激しい論争が続いている。

二つの説が生じた原因は、文之玄昌《ぶんしげんしょう》著「鉄炮記」（慶長十一年〈一六〇六〉成立）と、ヨーロッパ側の同時代史料とで、ポルトガル人の来航年などの記述に齟齬があるためである。さらに、「鉄炮記」に見える明に向かった「三貢船」をどう理解するかも論点となっている。この船は、豊後大友氏が派遣した天文十三年度遣明船と理解されており、この船に種子島時堯《ときたか》の家臣が種子島製の鉄砲を携行して同乗したという。これが事実ならば、鉄砲伝来が天文十二年では遅すぎるということで、一年さかのぼらせて天文十一年説が生まれた。ただ近年、「三貢船」の入明を天文十四年や天文十六年と考え、やはり鉄砲伝来は天文十二年で問題ないとの説も有力である。

そもそも、倭寇の頭目とされる王直の船にポルトガル人が搭乗し、鉄砲を種子島に伝えた背景には、種子島の地理的位置と当時の政治情勢が影響している。種子島氏は島津氏に従属する国衆であったが、島津氏以外の諸勢力とも深い結びつきを持っていた。十五世紀中期には種子・屋久《やく》・口之恵良部《くちのえらぶ》の三島全体で法華衆《ほっけしゅう》に改宗している。これは細川氏と結びついた日蓮宗本門流の布教活動によるものである。種子島氏は本門流の大本山本能寺の大檀那となり、本能寺を介して近衛家・朝廷にも接近していた。忠時《ただとき》・恵時《しげとき》・時堯

鉄砲伝来地◆鹿児島県南種子町
画像提供：公益社団法人　鹿児島県観光連盟

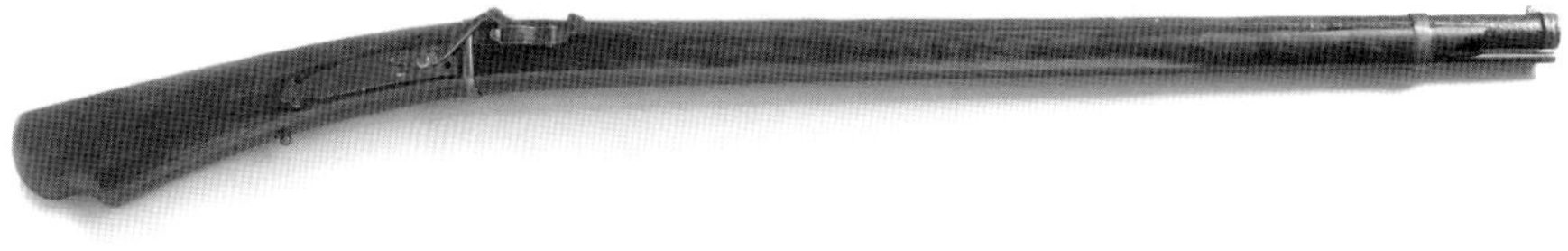

種子島銃（ポルトガル初伝銃）◆種子島時邦氏蔵　種子島開発総合センター鉄砲館寄託

の三代にわたって本能寺参詣を目的として上洛しており、忠時は明応六年（一四九七）に武蔵守、時堯は天文十年に弾正忠に任官している。

　さらに種子島氏は、独自に琉球王国との交易ルートも確保している。正徳十六年（日本暦永正十八年＝一五二一）六月十五日、種子島忠時は琉球国三司官から「御船一艘之荷口」の免許を受けており、これは貿易に関する特権を認められたものと理解されている。種子島は、畿内と琉球の中間に位置する交易上の要地だったのである。

　天文九年頃、種子島恵時と弟出雲守時述《ときのぶ》の対立が起こる。種子島氏の家譜類によると、天文十二年には弟時述を支援する祢寝重長が種子島に出兵し、恵時は屋久島に逃れ、恵時嫡男時堯は祢寝氏と戦ったという。

　一方、島津側の編纂物によると、天文十一年末に恵時・時堯父子が対立し、時堯支援のため祢寝重長が出兵する。屋久島に逃れた恵時は島津貴久に支援を求め、貴久は重臣新納康《やす》久《ひさ》を大将とする兵を屋久島に派遣したという。両者の記述は一致しないが、祢寝氏との軍事的緊張下で鉄砲が伝来し、種子島時堯が鉄砲国産化を実現したのは事実であろう。

　時堯は国産化に成功した鉄砲で、豊後大友氏や幕府管領細川晴元《はるもと》らに鉄砲を贈り、独自外交を展開していったのである。

種子島時堯像◆鹿児島県西之表市

門倉岬にたつ「鉄砲伝来紀功碑」の碑◆鹿児島県南種子町

大隅国姶羅郡攻防戦と島津三兄弟の初陣

加治木（鹿児島県姶良市加治木町）の肝付兼演・兼盛父子が島津氏に従属したことで、守護所鹿児島と大隅国府の中間である姶羅郡に残る抵抗勢力は、帖佐（姶良市）の祁答院良重、蒲生（姶良市）の蒲生範清《のりきよ》、平松《ひらまつ》（姶良市）に飛び地をもつ入来院重朝のみとなった。

天文二十三年（一五五四）八月、祁答院勢らが加治木に進攻したことで戦端が開かれる。清水城の島津忠将らは加治木の救援に出陣する一方、島津貴久は同年九月、平松に出陣し、入来院氏の支城とみられる岩剣《いわつるぎ》城（姶良市）を包囲する。たまらず祁答院勢は加治木から撤退せざるをえなくなる。なお、この出陣は、貴久の息子義久（二十二歳）・忠平《ただひら》（のちの義弘《よしひろ》）・歳久《としひさ》の初陣でもあった。また、九月十四日、島津忠将は船で脇元に近づいて鉄砲で敵方を攻撃している。これが史料上、島津氏が鉄砲を使用した初見である。

九月末から岩剣城の後詰に出陣した祁答院勢と島津勢との戦闘が始まり、十月二日に祁答院・蒲生勢との合戦で島津氏は勝利を収める。このとき、島津忠平は奮戦して敵勢五十を討ち取ったといい、逆に祁答院勢は祁答院良重の嫡男重経《しげつね》が討ち死にし、同氏滅亡の遠因となった。この日の夜、岩剣城衆は退去し、平松一帯は島津氏の支配下に入る。同城は島津氏の橋頭堡《きょうとうほ》となり、島津忠平が在番となっている。

翌天文二十四年三月、島津貴久は平松に出陣し、帖佐攻略に乗り出す。同月二十七日、始

岩剣神社からみた岩剣城跡◆思川右岸に注ぐ小川にはさまれた、標高二二一メートルの剣ノ岡に築かれた城。帖佐を支配する祁答院良重の城ともされるが、平松は入来院氏領であり、入来院氏の支城の可能性が高い。落城後は、島津忠平（義弘）が城番をつとめた　鹿児島県姶良市

羅郡内の祁答院氏の拠点平山《ひらやま》城（帖佐本城、姶良市）の南を流れる別府川沿いに布陣すると、島津忠将ら大隅勢が囮《おとり》となって城衆を誘き出して激戦となった。蒲生からも後詰が出陣するが、島津尚久《なおひさ》の奮戦によりこれを撃退している。この戦いで不利を悟った祁答院勢は、四月二日、平山城・帖佐新城・山田城を捨て、姶羅郡から撤退している。

残る蒲生への進攻は、同年四月末に始まる。島津勢は、蒲生城（姶良市蒲生町）近くに新栫（「栫」＝砦）を築いて蒲生城攻撃を開始するが、蒲生城は遠く日向伊東氏からも手火矢《てびや》（鉄砲）・塩硝《えんしょう》が補給されおり、頑強に抵抗した。島津勢は城に迫るものの、たびたび逆襲を受けている。島津勢は支城の攻略に乗り出し、十月には蒲生と祁答院を結ぶルート上に位置する松坂《まつざか》城（姶良市）を攻略する。このとき島津忠平は真っ先に攻めのぼり、初めて敵将を討ち取ったという。

弘治二年（一五五六）十一月、島津勢は蒲生城の尾根続きに荒《あら》比《ひ》良陣・北東側に馬立《うまだて》陣を築いて包囲網を強化するが、十二月、大隅国北端の有力国衆菱刈重州は援軍として菱刈左馬《さま》権頭《ごんのかみ》（重《しげ》豊《とよ》カ）を派遣し、蒲生八幡近くの丘陵上に布陣した（菱刈陣）。翌弘治三年三月二十二日、島津貴久らは菱刈勢と合戦となり、義久の兜や歳久の左太ももに矢が当たるなど激戦となっている。新手の菱刈勢の戦意は高かった。

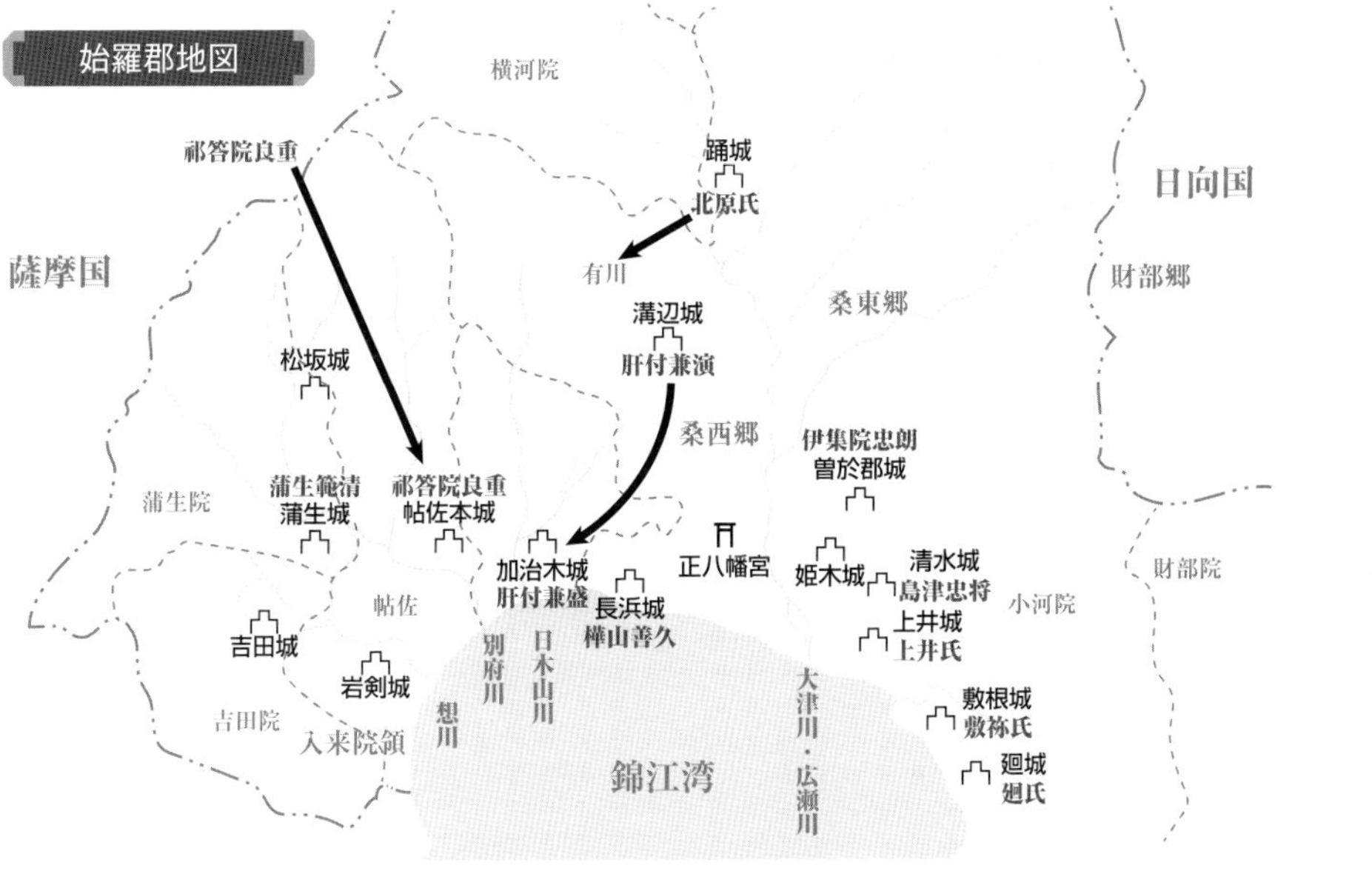

しかし、弘治三年四月十五日、島津勢は忠将・尚久を将として菱刈陣の攻略を図り、樺山忠副《ただそえ》・島津忠平らが負傷しながらも菱刈勢に勝利する。菱刈左馬権頭は自害し、菱刈勢は二百四十八名の戦死者を出して撤退している。

菱刈勢の撤退により蒲生城は孤立し、四月二十日、蒲生範清は城に火をかけ、祁答院氏を頼って落ち延びていった。これにより、島津氏は始羅郡統一に成功し、反島津方諸勢力を圧倒する勢力へと上昇する。

制圧した始羅郡は島津家直轄領となり、いわゆる「地頭衆中制」を敷く（114・115ページ参照）。敵方から接収した諸城に地頭を配置し、帖佐・山田・蒲生の三つの「外《と》城《じょう》」が設定されている。

樺山忠副の墓◆忠副は菱刈陣攻撃で負傷し、4月28日、21歳の若さで亡くなった　霧島市隼人町

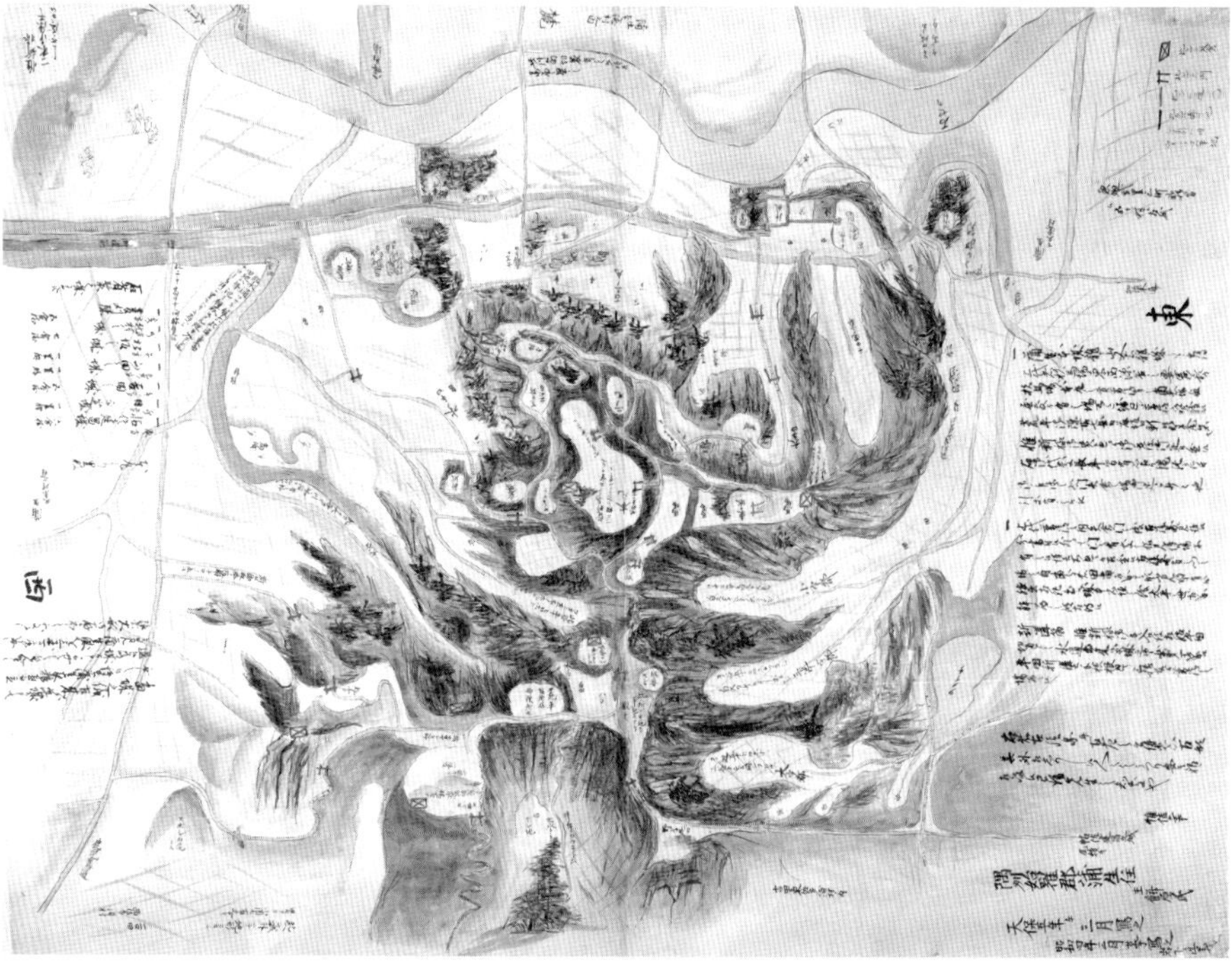

蒲生城絵図◆始良市歴史民俗資料館蔵

伊東義祐の飫肥進攻と島津豊州家・北郷氏の抵抗

島津貴久が大隅国始羅郡制圧に邁進している頃、日向山東の伊東義祐は、蒲生範清を支援する一方で、大隅の有力国衆肝付氏と連携して、南下政策をとる。

伊東義祐は、長女高城を大隅の有力国衆肝付兼続の長男良兼《よしかね》に嫁がせた。天文二十四年（一五五五）十二月十九日付の始良若宮八幡社（鹿児島県鹿屋市）棟札《むなふだ》に、良兼の男子「満寿麿」の名が見える。その母は高城とみられ、同盟はこれ以前のことである。天文十三年頃から、肝付氏と島津豊州家は日向南部の旧新納氏領をめぐって対立するようになる。さらに、天文十七年正月には、日向庄内の北郷忠相が肝付領の大隅恒吉城《つねよし》（同曽於市大隅町）を攻略し、肝付氏と敵対する。忠相は島津豊州家忠親《ただちか》の実父であり、両氏が一体となって肝付氏との抗争に突入したのであろう。これに対抗するため、肝付氏と伊東氏の同盟が成立したとみられる。

新納忠元画像◆鹿児島県歴史・美術センター黎明館蔵

天文二十二年、伊東勢は飫肥への進攻を開始し、弘治二年（一五五六）九月には目《め》井《い》城（宮崎県日南市南郷町）を、翌三年三月には、東光《とうこう》寺《じ》砦（日南市）を築き、飫肥城包囲網が築かれつつあった。一方、肝付氏は永禄元年（一五五八）三月、大隅恒吉城近くの宮ヶ原《みやがはら》（曽於市大隅町）で北郷・豊州家連合軍を撃破し、北郷勢は忠相の弟久厦《ひさいえ》、豊州家の重臣日置久範《ひさのり》・平田宗仍《むねより》が

北郷久厦の供養塔◆北郷久厦は、北郷忠相の三男。永禄元年（一五五八）三月の宮ヶ原の戦いで北郷勢を率いて肝付勢と対峙するが、敗死した。後年建立された供養塔である。この供養塔近くには、戦死者を葬った「宮ヶ原千人塚」という土饅頭がある　鹿児島県曽於市大隅町

討ち死にするなど大敗を喫する。

さらに同年十月、肝付勢は豊州家領志布志（鹿児島県志布志市）に進攻し、日置久岑《ひさみね》が討ち死にしている。これに呼応して伊東勢も、飫肥城を見下ろす支城新山城（日南市）を攻略し、豊州家忠親の実弟北郷忠孝《ただたか》が討ち死にしている。忠孝は、島津貴久の二男忠平（のちの義弘）の舅であった。

貴久は豊州家支援のため、永禄三年三月頃、義父を殺された島津忠平に老中伊集院忠朗をつけて飫肥城に送り込む。忠朗は大友義鎮《よししげ》の重臣臼杵《うすき》鑑速《あきはや》に使者を送り、豊州家への合力を依頼している。これが功を奏したか、永禄三年六月二日、将軍足利義輝は、貴久に対して伊東氏との和睦を命じる御内書を発し、上使《じょうし》として伊勢《いせ》備後守《びんごのかみ》貞運《さだかず》を日向に派遣する。おそらく同様の御内書が伊東義祐に対しても出されたであろう。

伊勢貞運は同年九月にまず伊東氏のもとに下向して言い分を聴取すると、十月には日向・大隅国境の末吉（曽於市）に入って貴久と面会し、貴久の義兄弟樺山善久・肝付兼盛、側近の新納忠元と交渉をおこなった。伊東義祐は、曾祖父祐堯が「三ヶ国御判」を頂戴したと主張して飫肥進攻の正当性を主張したようだが、島津側は薩隅日三ヶ国守護職は「頼朝御代已来」だと反論し、協議は難航した。貞運が示した和睦条件は、係争地である飫肥を「公領《こうりょう》」・「御料所《ごりょうしょ》」とするというものであった。島津側はこれを受け入れる代わりに、和睦を島津・伊東両氏で結ぶのではなく、大友氏を含めた三者で結ぶこと、そして伊東氏を日向国守護職に補任しないことを条件として提示した。しかし、飫肥城に誰が入るかなど詰めの条件面で合意に至らず、結局和睦は成立しなかった。

幕府による和平調停が失敗したことにより、抗争は激化する。肝付兼続は永禄四年五月、島津氏に従属していた大隅国衆廻久元の居城廻城（鹿児島県霧島市）を突如制圧し、島津氏

足利義輝画像◆義輝は将軍権威の復活をめざし、盛んに大名間の紛争調停をおこなった　国立歴史民俗博物館蔵

に敵対する。廻城は大隅国府から庄内方面への街道沿いの要衝であり、島津氏の北郷氏・島津豊州家への支援ルートを断つ狙いがあったとみられる。

これにより飫肥城を保つことは困難と判断した島津豊州家忠親は、同年七月、伊東氏との和睦を模索し、島津忠平に帰国を要請する。忠平は拒絶するが、忠親に説得され帰国したという。永禄五年二月までに忠親は飫肥城から退去し、飫肥城は五月までに伊東氏にひき渡されている。同じ頃、肝付兼続も志布志に進攻し、忠親は志布志城も肝付氏に明け渡し、櫛間（宮崎県串間市）のみを確保するに至った。

忠親は同年九月に隙をみて飫肥城を奪回し、北郷氏と連携して伊東氏との抗争を続けていく。しかし、島津本宗家の支援なくして飫肥を維持するのは困難であり、永禄十一年に再び伊東勢に包囲される。北郷勢は兵粮を飫肥城に運び込もうとするが、二月二十一日の小越合戦で敗北し、万事休すとなった。同年六月、忠親は伊東氏に飫肥城を明け渡し、都城へと退去していった。同城には伊東義祐の二男祐兵《すけたか》が城主として入っている。

飫肥が再び島津領となるのは、九年後に伊東氏が没落したときであるが、この地域は島津本宗家の直轄領となり、島津豊州家が復帰することはなかった。

新山城から飫肥城を望む◆宮崎県日南市

小越合戦供養塔◆平成三年（一九九一）十二月、日南郷土史会によって建立された供養塔　宮崎県日南市

島津氏包囲網が成立、北原氏の内紛に乗じて真幸院進出

天文九年（一五四〇）に島津貴久が三州太守となって以降、薩摩国北部（山北）や大隅国北部の国衆たちは連携して島津氏に対抗してきた。一方、大隅国南部の有力国衆肝付兼続は、貴久の姉御南を室とし、長男良兼を設けており、当初は良好な関係を築いていた。しかし、天文十四年に北郷忠相・島津豊州家忠広が貴久に従属すると、両氏と肝付氏の関係が悪化していく。このため、肝付兼続は長男良兼の室に伊東義祐の長女高城を迎え、伊東氏と同盟を結ぶ。

貴久は肝付氏との関係よりも北郷氏との関係を重視し、天文十七年六月十一日に貴久と北郷忠相が取り交わした起請文では、共同で肝付氏に敵対していくことを誓っている。後年の編纂物では、永禄四年（一五六一）正月、島津家の老中伊集院忠朗と肝付家の重臣薬丸兼将《やくまるかねまさ》（孤雲《こうん》）の宴席での喧嘩が原因で肝付氏が離反したとするが、事実とは認めがたい。

永禄四年五月、肝付兼続は伊地知重興《しげおき》・祢寝重長と連携して廻城（鹿児島県霧島市福山町）を急襲・奪取し、島津氏と敵対する。折しも伊東義祐は飫肥に進攻しており、これと結んで大隅国府方面から庄内（都城盆地）への救援ルートを断つ狙いがあった。祢寝重長の室は肝付兼続の娘、伊地知重興の嫡男重政《しげまさ》の室は肝付良兼と伊東義祐の娘との間に生まれた娘であり、婚姻関係による連携を前提に、日向国から大隅南部に反島津同盟が成立する。

島津貴久・忠将兄弟は、すぐさま廻城を奪回すべく出陣するが、七月十二日、忠将は肝付勢らの挑発を受けて出陣するも、討ち死にしてしまう（享年四十二）。貴久の右腕として大隅支配を担ってきた忠将の死により、廻城攻略は頓挫する。

一方、永禄五年（一五六二）、日向国西端の真幸院《まさき》（宮崎県えびの市・小林市）を本拠とし、

島津忠将供養塔◆戦死した竹原山近くにたつ島津忠将の供養塔。忠将の嫡男征久（以久）が天正三年（一五七五）に建立した。忠将の墓は居城清水城近くの楞厳寺にあったが、太平洋戦争での空襲により破壊され現存しない　鹿児島県霧島市福山町

肝付氏婚姻関係図

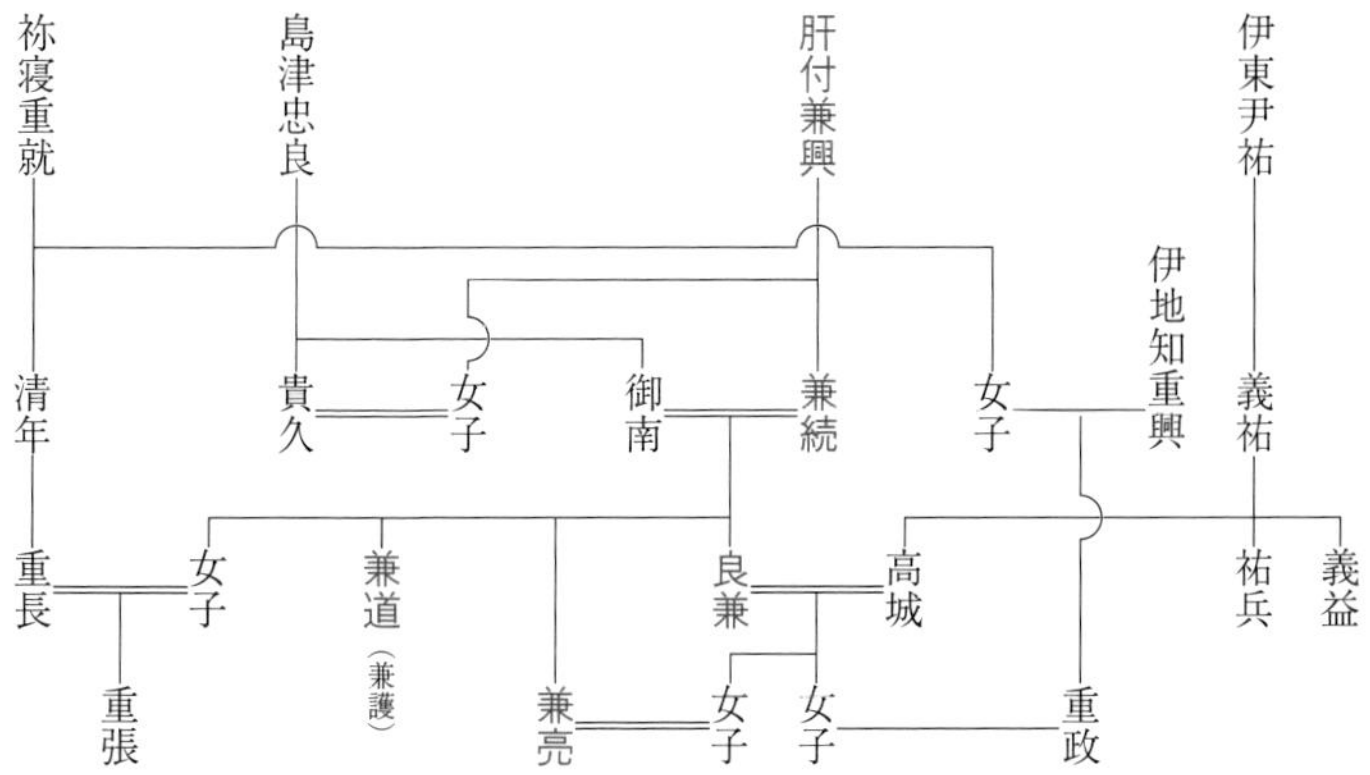
祢寝重就
島津忠良
肝付兼興
伊東尹祐
清年
貴久
女子
御南
兼続
女子
伊地知重興
義祐
重長
女子
兼道
（兼護）
良兼
高城
祐兵
義益
重張
兼亮
女子
女子
重政

16 世紀中期島津氏包囲網図
肥後国
薩摩国
大隅国
日向国
水俣城
人吉城
相良頼房
新納院高城
財部城
出水城
島津薩州家義虎
大口城
都於郡城
佐土原城
飯野城
馬越城
北原兼守
伊東義祐
菱刈重猛
栗野城
三之山城
祁答院良重
紙屋城
内山城
宮崎城
東郷重尚
祁答院城
高原城
横川城
入来院城
踊城
田野城
入来院重豊
串木野城
吉田城
島津忠将
加治木城
清水城
島津歳久
肝付兼盛
都城
北郷忠相
伊集院城
廻城
島津豊州家忠親
御内城
向島
飫肥城
島津義久
伊作城
志布志城
櫛間城
下大隅城
加世田城
伊地知重興
喜入季久
島津貴久
知覧城
鹿籠城
佐多忠将
島津忠長
頴娃兼堅
高山城
肝付兼続
山川
祢寝重長
氏名
島津氏の敵対勢力

霧島山を挟んで西側の吉松・栗野（鹿児島県湧水町）、横川・踊《おどり》（霧島市横川町・牧園町）まで支配下に置いていた有力国衆北原兼守《かねもり》が、嫡男のいないまま早世する。兼守の室麻生は、伊東義祐の二女であったため、義祐は家督継承に介入する。麻生を北原氏一族の馬関田《まんがた》右衛門佐に嫁がせて家督に擁し、真幸院東部の三之山《みつのやま》（小林市）を支配下に置く。

これに対し、踊城の白坂《しらさか》氏一族は貴久に支援を求める。貴久は樺山善久・伊集院忠朗らに命じて肥後人吉（熊本県人吉市）の相良頼房《よりふさ》（のちの義陽《よしひ》）との連携を模索し、相良氏のもとに庇護されていた北原兼親《かねちか》を擁立する。島津・相良両氏の支援により、兼親は飯野《いいの》城（えびの市）に入り、伊東氏に対峙する。

相良氏と島津氏を仲介したのは、大隅北端の国衆菱刈重猛《しげたけ》とみられ、北原氏領だった横川・栗野を制圧した貴久は、両所を菱刈氏に宛行い、懐柔している。しかし翌永禄六年、北原兼親の叔父が相良氏の兵を引き入れて伊東氏に寝返るとの噂が流れ、同年四月には相良頼房と伊東義祐の同盟が成立している。やむなく貴久は、兼親を伊集院に移封し、飫肥から戻った二男忠平を飯野城主とし、伊東氏に備える。永禄九年十一月には菱刈重猛が亡くなり、嫡男鶴千代丸《つるちよまる》を補佐する重猛の弟隆秋《たかあき》は、相良氏と結んで島津氏に敵対してしまう。ここに、伊東義祐を中核とし、肥後南部・薩摩北部・大隅北部・大隅南部の有力国衆が島津氏包囲網を築くに至ったのである。

飯野城跡◆亀城や鶴亀城とも。川内川に面した比高五〇メートルの河岸段丘上に所在する。北原氏が代々居城としてきたが、北原氏が滅亡すると、島津義弘の居城となった。土塁・堀・石垣などが残る　宮崎県えびの市

島津義久が家督継承、包囲網を崩し薩摩を統一

永禄七年（一五六四）三月十四日、関白近衛前久の奏上により島津貴久が「陸奥守《むつのかみ》」、長男義久が「修理大夫《しゅりのだいぶ》」に任官する。これは、貴久から義久への家督継承を意識したものであり、永禄九年二月、貴久は五十三歳で出家して「伯囿《はくゆう》」と名乗り、義久に家督を譲る。天文十五年（一五四六）五月、貴久は家督継承者の証として「時雨軍旗《しぐれぐんき》」を作成しており、これを義久に譲ったとみられる。これは、島津氏初代忠久の母丹後局（内侍）が住吉社の社頭で産気づいた際、突然大雨が降ったとの故事に由来するものである。

隠居した貴久と義久ら兄弟は、島津氏包囲網の分断に乗り出す。永禄十年八月、貴久らは二男忠平の居城飯野城に入り、伊東方の三之山に進攻する動きを見せる。そして同年十一月二十三日、突如島津忠平らは、真幸院から菱刈院に進攻し、菱刈氏の支城馬越《まごし》城（鹿児島県伊佐市）を奪取する。これで動揺した菱刈隆秋は、居城太良《たら》城（本城、伊佐市）等を放棄して、相良頼房の支城大口《おおくち》城（伊佐市）に籠城する。

貴久は義久とともに馬越城に入り、大口城攻撃をめざすが、菱刈・相良連合軍の抵抗は強く、二年にわたり籠城戦が続く。島津勢は、大口城周辺の城に在番を置いて包囲網を構築するが、大口城西側の平和泉・山野・羽月の諸城には、当初義久の娘聟、島津薩州家義虎《よしとら》の兵が入っていた。しかし、故菱刈重猛（隆秋の兄）の室は義虎の姉であり、包囲網は万全とは言い難かった。永禄十一年正月には、大口城兵の誘いにのって出撃した島津忠平が反撃に遭い、老中川上久朗《ひさあき》が重傷を負ってまもなく亡くなっている。さらに同年八月には、三之山の伊東勢が呼応して、飯野近くの桶比良（宮崎県えびの市）に出陣しており、やむなく忠平は飯野に撤退している。

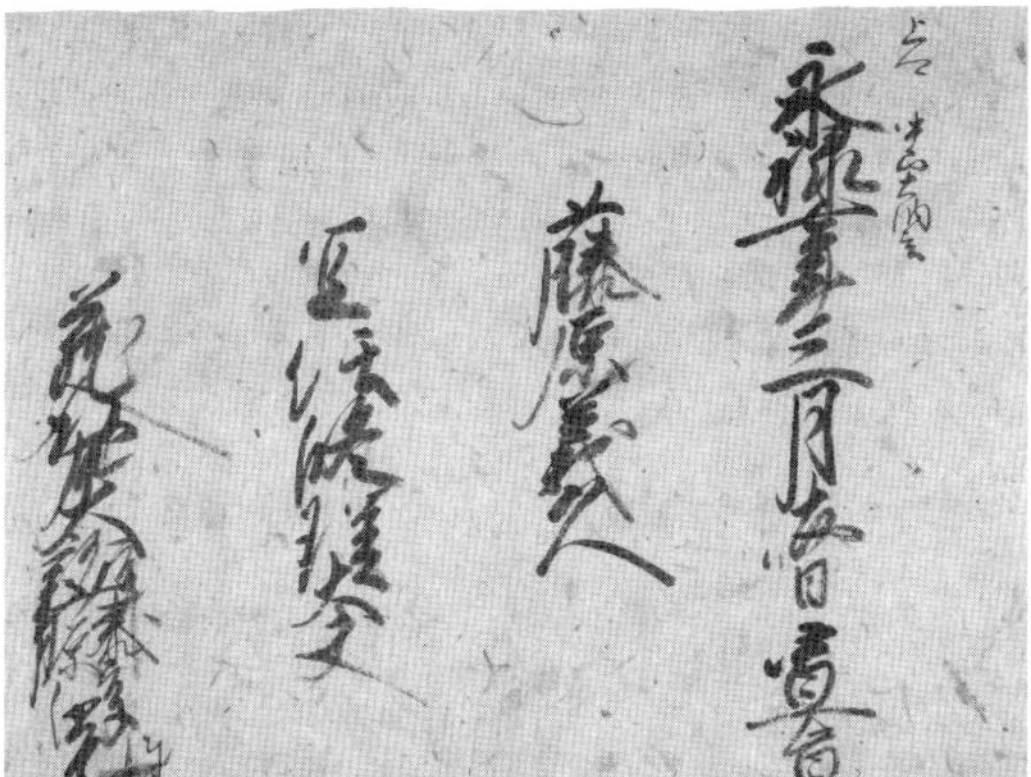

永禄七年三月十四日付口宣案◆島津義久の修理大夫任官を伝える口宣案。同日付で義久の父貴久は、修理大夫から陸奥守に昇任している。また、この当時島津氏が藤原姓を名乗っていたことがうかがえる　「島津家文書」　東京大学史料編纂所蔵

時雨軍旗◆「藤原朝臣貴久」「天文十五年丙午五月吉日」の銘がある　尚古集成館蔵

島津義弘銅像◆義弘の没後四〇〇年を記念して、平成三十年に「道の駅えびの」に建てられた。義弘の銅像はこのほかＪＲ伊集院駅前等にもあり、地元の人に愛されている　宮崎県えびの市

戦況の悪化を危惧した島津日新斎は、薩州家を仲介者として相良氏との和睦を結ぶよう指示するが、同年十二月十三日、加世田保泉寺《ほうせんじ》（のちの日新寺、竹田神社、鹿児島県南さつま市）にて没する（享年七十七）。

いったんは相良氏との和睦が成立したものの、まもなく手切れとなり、再び籠城戦がはじまる。今度は、薩州家勢に代わり島津氏一門や家臣らが包囲網を担った。そして永禄十二年五月六日、義久の末弟島津家久《いえひさ》・新納忠元・肝付兼盛らは一計を案じ、家久が荷駄隊を率いて平和泉に兵粮を運ぶ振りをして、大口城衆を誘き出すことに成功する。そして、戸神《とがみ》ヶ尾（鳥神尾。鹿児島県伊佐市）で相良・菱刈勢を待ち受け、包囲・殲滅することに成功する。

この勝利により、同年八月に島津勢は大口城に迫り、九月に大口城衆は降伏・開城する。

戸神尾古戦場の「竹の瀬戸」◆鹿児島県伊佐市

九月十八日、島津貴久・義久父子は大口城に入り、牛屎院《うしくそいん》全域の制圧に成功する。

大口城開城、相良・菱刈両氏との和睦成立により、島津氏包囲網の一角が崩れ、薩摩国では入来院・東郷両氏が孤立することになった。包囲網の中心人物であった祁答院良重は、これより前の永禄九年正月、室の島津薩州家義虎の姉によって殺害され、直系が途絶えている。入来院重豊・東郷重尚《しげひさ》は、永禄十二年末に降伏の意向を示し、翌永禄十三年正月、入来院氏は百次・高江・宮里・天辰・碇山（いずれも川内川下流域左岸）、東郷氏は水引・中《ちゅう》郷《ごう》・湯田・西方・高城《たき》（いずれも川内川下流域右岸）を島津氏に割譲して従属している。

これにより、島津氏はようやく薩摩一国の平定を実現した。

大口城跡◆羽月川東岸、標高二二五メートルの丘陵上にある。牛山城ともいう。太秦姓牛屎氏の居城であったと伝える。牛屎院は文明六年（一四七四）以前に守護島津氏の直轄領となっていたが、その後肥後相良氏が断続的に進攻し、享禄二年（一五二九）以降、同氏の支配下に入った。おそらく相良氏による築城であろう　鹿児島県伊佐市

包囲網が崩壊！　肝付氏らを下し大隅制圧に成功

菱刈氏・入来院氏・東郷氏の降伏により、薩摩・大隅北部の島津氏包囲網はあえなく崩壊した。これに焦った大隅南部の肝付氏・伊地知氏・祢寝氏、そして日向の伊東氏は、起死回生の積極策に出る。これを畑山周平氏は「ハイリスク・ハイリターンな戦略」と評している。

おりしも、肝付氏は兼続が永禄九年（一五六六）に、長男良兼が元亀二年（一五七一）に没しており、良兼の次弟兼亮《かねすけ》が良兼の娘を室に迎えて家督を継承していた。兼亮は奇策に出る。元亀二年十一月、四氏は兵船三百余艘を錦江湾に集結させ、守護所鹿児島を海上から奇襲しようとしたが、島津家久らに撃退され、失敗に終わる。

さらに翌元亀三年五月、伊東義祐は伊東マンショの父祐青《すけはる》ら一門四人を大将として、島津忠平が守る真幸院西部に派遣する。伊東勢は忠平の居城飯野城の支城加久藤《かくとう》城（宮崎県えびの市）を奇襲するが失敗し、鳥越《とりごえ》城（えびの市）まで撤退する。そこを島津忠平が奇襲をかけ、伊東勢は大敗を喫する（木崎原《きざきばる》の戦い、覚頭《かくとう》合戦）。島津側の記録では伊東方の首二五〇をあげたといい、伊東側の記録では御一家・大将分五人を含む二五〇人の武将が討ち取られたという。まさに二つの合戦は、反島津同盟にとってはハイリスクな戦いとなった。

元亀三年九月、島津氏は反撃に転じる。島津歳久を大将とする島津勢は伊地知重興領の下大隅郡（鹿児島県垂水市）に進攻し、小浜城（垂水市）を攻略する。同時に庄内（都城盆地）の北郷時久《ときひさ》は、肝付氏領の槻野《つきの》（鹿児島県曽於市大隅町）・櫛間（宮崎県串間市）に進攻する。翌元亀四年正月、北郷時久は末吉住吉原《すみよしばる》（曽於市末吉町）にて肝付勢と激突し、これを撃破する（住吉原の戦い）。

この大敗により肝付氏は求心力を失い、反島津同盟はあえなく崩壊する。同年二月、島津

伊東塚◆木崎原の戦いで戦死した伊東加賀守らを葬った地を伊東塚と呼んでいたという。現在の石塔は、慶安三年（一六五〇）に薩摩藩士によって建立されたものである　宮崎県小林市

木崎原の戦いの六地蔵塔◆戦国島津氏は、大きな合戦のあと、敵味方供養の施餓鬼を行い、供養塔を建立した　宮崎県えびの市

義久は祢寝重長に和睦を持ちかけ、二月二十六日、祢寝氏との単独講和が成立する。残る肝付・伊地知両氏は同年七月、島津勢が守る早崎《はやさき》城（垂水市）を奇襲するも、島津家久に撃退されている。天正二年（一五七四）正月には、島津歳久・征久《ゆきひさ》（のちの以久、故忠将の嫡男）勢が、牛根《うしね》入船《いりふね》城（同城）を攻略して大勢は決した。

天正二年二月、島津義久は側近の新納忠元らを派遣して肝付・伊地知両氏に和睦を勧告する。同年四月、伊地知重興は剃髪のうえ、所領を進上して義久に降伏し、嫡男重政を人質に差し出す。肝付兼亮も、廻（鹿児島県霧島市福山町）・市成（同鹿屋市輝北町）の両所を割譲することで和睦が成立し、島津氏に従属した。こうして義久は、大隅国の制圧にも成功したのである。

祢寝重長画像◆天文５年（1536）の生まれで父は祢寝清年、母は島津忠興の娘。天正８年（1580）に死去し、墓は鹿児島県南大隅町の宝屋寺にある。本肖像画は法体姿で描かれ、近世初期の作と考えられている　都城島津邸蔵

肝付（伊集院）竹友の墓◆天正元年（一五七三）正月、住吉原の戦いで戦死した肝付（伊集院）参河入道竹友の供養塔。竹友は肝付氏の重臣とされるが、出自がはっきりしない。伊集院右衛門忠次という人物が、島津日新斎の長女が肝付兼続のもとに嫁ぐ際に供奉し、そのまま肝付氏家臣になっている。この忠次の可能性があろう　鹿児島県曽於市末吉町

島津家久・歳久の上洛と近衛前久の薩摩下向

天正二年（一五七四）、薩摩・大隅両国を統一したことで、島津領には暫時の平安が訪れる。すると、島津家中に上洛や伊勢参詣を希望するものが増えていった。長きにわたる争乱を生き残ったものたちにとって、戦勝を祈願した神仏への御礼参り、そして生きているうちに都とその文化に接してみたいという願望は当然であろう。

こうした要望に応えるかたちで上洛を許されたのが、島津義久の末弟家久であった。家久は大口城攻防戦での軍功により、串木野（鹿児島県いちき串木野市）領主となっていた。それ以前、樺山善久の娘を室に迎えており、元亀元年（一五七〇）には長男豊寿丸（のちの忠豊《ただとよ》・豊久《とよひさ》）が誕生している。義父樺山善久は古今伝授《こきんでんじゅ》も受けた和歌の名手であり、天文二十年（一五五一）には、大隅正八幡宮御神体作製のために上洛し、連歌師里村紹巴《さとむらじょうは》らと和歌会に参加している。善久は家久と大口城攻防戦で同陣しており、京都での経験、和歌について家久に語ったであろう。家久はこうした関係から文芸、特に源氏物語《げんじものがたり》に興味を持ったようである。家久は天正三年二月から七月にかけて、愛宕山《あたごやま》・伊勢神宮参詣を目的として上洛しており、その間、日記を記している（「中書家久公御上京日記《ちゅうしょいえひさこうごじょうきょうにっき》」）。

天正三年二月二十日、居城串木野城を出立した家久一行は、途中彦山《ひこさん》（福岡県添田町）や厳島《いつくしま》神社（広島県廿日市市）など神仏や名所に立ち寄りつつ、四月十七日に目的の一つである愛宕山（京都市右京区）に参詣し、四月二十日に下京《しもぎょう》に到着する。なお、家久一行は順礼姿で上洛したようであり、同行者は百名を超えていた。上洛を希望していた家臣を多く引き連れていたのだろう。

京都では、義父樺山善久と接点のあった里村紹巴の世話になり、その弟子心前《しんぜん》宅に滞在し

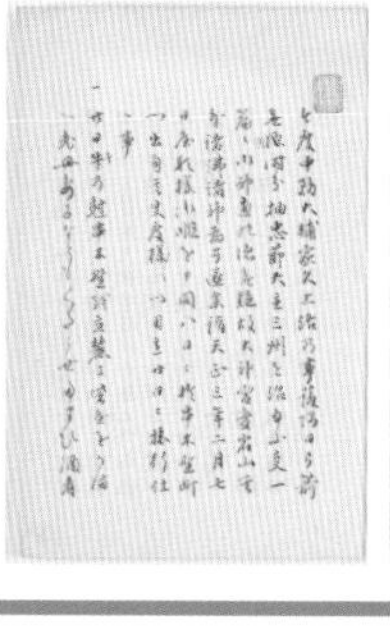

「中書家久公御上京日記」◆家久の上京日記には複数の写本があるが、もっとも善本とされるのが東京大学史料編纂所蔵のものである。内題は「中務大輔家久公御上京日記」。箱の裏書から、明治二十三年（一八九〇）に家久の子孫である本城中之助が島津家に売却したものであることがわかっている　島津家本　東京大学史料編纂所蔵

樺山善久（玄佐）・夫妻画像◆樺山善久（玄佐）とその室で島津日新斎の二女御隅の肖像画　個人蔵　鹿児島県歴史・美術センター黎明館保管

戦国島津氏略系図

※太字は「島津家正統系図」による家督継承者

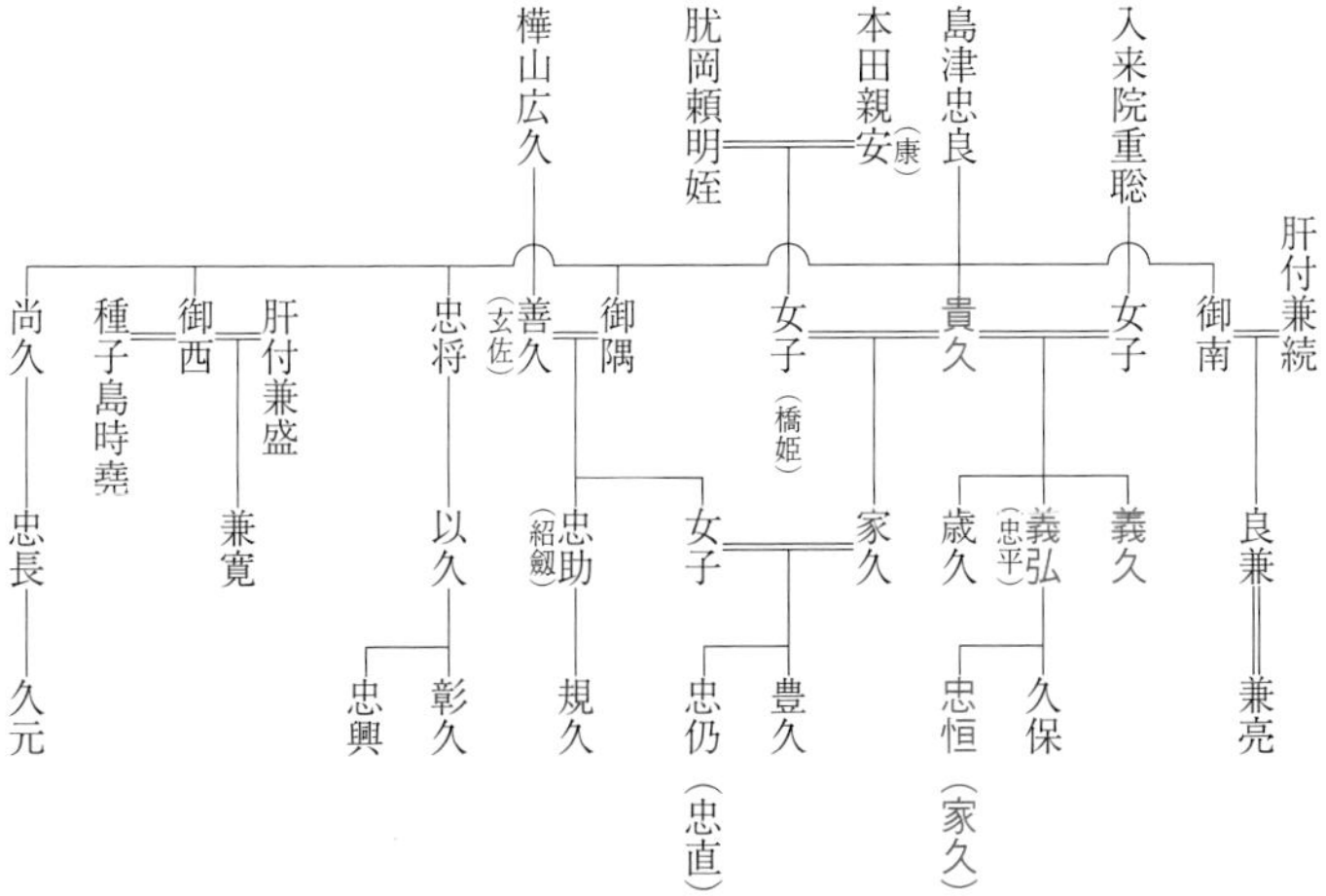

ている。京都では多くの神社仏閣・名所旧跡を紹巴の案内でまわり、当代きっての文化人である紹巴から直接和歌の指導を受け、源氏物語について解説を受けている。また、京都小笠《おがさ》原《わら》氏から弓馬《きゅうば》について学び、飛鳥井雅教《あすかいまさのり》からは蹴鞠《けまり》を学んでいる。

さまざまな人々と交流があったが、なかでも注目すべきは、織田信長《おだのぶなが》本人を目撃し、織田家の重臣明智光秀《あけちみつひで》と直接交流したことである。入京翌日の四月二十一日、本願寺《ほんがんじ》攻めから帰陣して宿所である相国寺《しょうこくじ》に向かう信長勢を見物し、馬上で居眠りする信長の姿やその近習たちの様子を詳しく記している。

光秀とは、五月に近江を訪れた際、里村紹巴の紹介で居城の坂本《さかもと》城（大津市）にも立ち寄って面会している。このとき、光秀の茶席に招かれたが、家久は作法を知らないという理由で白湯を所望している。本当に作法を知らなかったのか、光秀を警戒していたのか気になるところである。ただ、光秀と接点をもったおかげであろうか、六月に伊勢参詣を果たした後、奈良に立ち寄った際には、まもなく廃城となる多聞山《たもんやま》城（奈良市）内を案内されている。

家久の帰国直後、こんどは義久の次弟歳久も上洛している。残念ながら日記等は残っていないが、八月末には在京していたことが確認でき、家久は面会できなかった近衛前久と会い、義久宛の書状を託されている。

歳久も上洛したのは、家久の上洛を許可した以上、歳久の上洛希望を認めざるをえなかったからであろう。天正二年八月、入来院氏から没収した川内川下流域の所領を家久が要求したことがある。これを聞いた義久は、「ただでさえ歳久が家久の「分限」が自分より大きいと訴えてきており、さらに加増すると歳久の訴えがとまらない」との理由で、家久の要求を却下している。歳久・家久兄弟はライバルでもあった。

二人の上洛を単なる寺社参詣、物見遊山と捉えるべきではない。天正元年七月、将軍足利

明智光秀画像◆大阪府岸和田市・本徳寺蔵　画像提供：岸和田市役所観光課

坂本城から移築されたとする西教寺の門◆大津市

（左ページ）（天正四年）九月三日付近衛前久書状◆「島津家文書」東京大学史料編纂所蔵

義昭《よしあき》は信長に降伏して追放される。翌年四月、義昭は亡命中の紀伊国から義久とその老中喜《き》入季久《いれすえひさ》に御内書を発し、支援を要請している。それまで、幕府との交渉は老中喜入季久が一手に担っていたが、室町幕府の滅亡により中央とのパイプを失ったのである。織田政権とどのように接するべきか見極め、また人的ルートを構築するためにも、二人は上洛したのであろう。

それまで島津家と朝廷・幕府の窓口となっていた近衛前久は、足利義昭との関係悪化のため丹波に蟄居しており、家久は面会できていない。幸い歳久は、六月末に帰京した前久と面会を果たし、政局について詳しく説明されたようである。前久は信長に接近し、その外交の一翼を担うことになる。

天正三年九月二十日、近衛前久は信長の命を受け、京都を発ち九州に下向する。途中、相良義陽や島津薩州家義虎のもとに立ち寄りつつ、翌天正四年三月二十九日に鹿児島入りしている。その目的は、伊東義祐・相良義陽と島津家の和睦仲介にあったとみられる。義久は相良氏との起請文交換には応じたものの、伊東氏との和睦はのらりくらりとかわしたようで、前久は六月二十六日に鹿児島を発ち、相良義陽の居城八代を経由して、翌天正五年二月二十六日、帰京している。

この間、飯野城にあった島津忠平は、義久に伊東攻めをたびたび要請しており、前久接待のための鹿児島出頭も断っていた。結局、天正四年八月、島津四兄弟はそろって伊東領に進攻し、真幸院東部を制圧している。八代逗留中だった近衛前久は、忠平に書状を出し、みずからも出陣しようとしたが止められたことを残念がっている。戦場に行きたがる悪癖は、前久の嫡男信尹《のぶただ》へと引き継がれた。

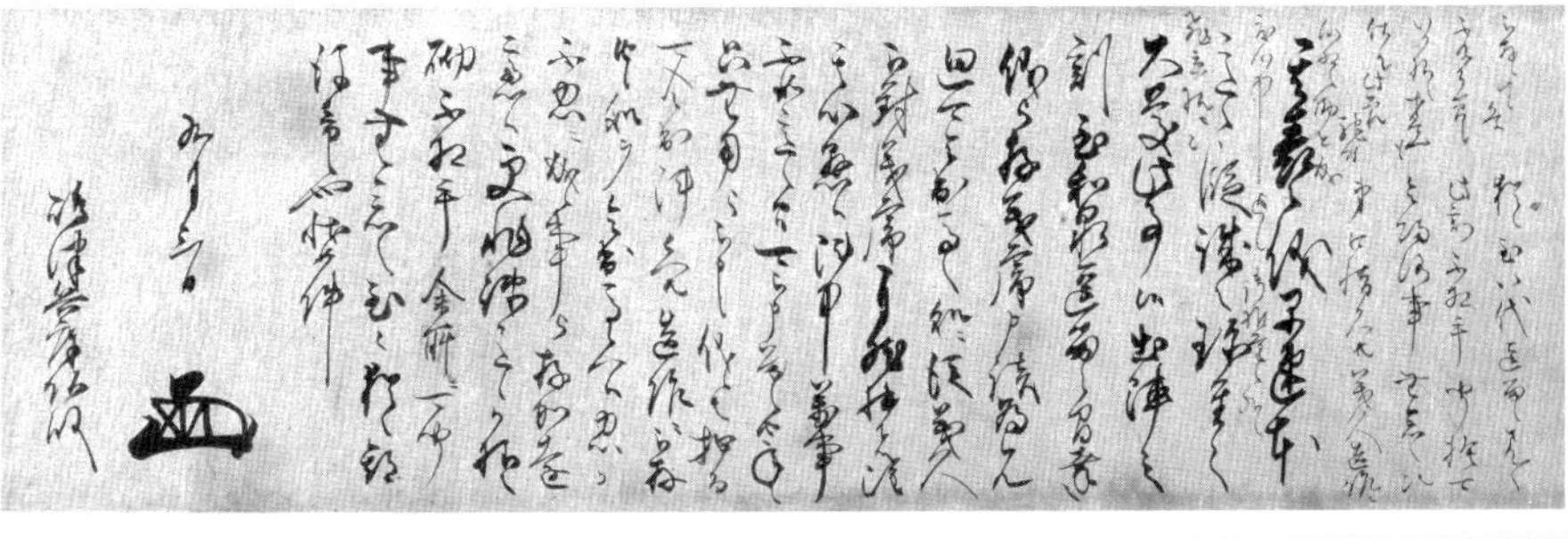

高原城を攻略し宿敵・伊東義祐を豊後へ追放

近衛前久が鹿児島を発った直後の天正四年（一五七六）七月、島津義久は伊東領の高原城《たかはる》（宮崎県高原町）攻撃を決定する。島津勢は同年八月、義久以下、忠平（日向飯野領主）・歳久（大隅吉田領主）・家久（薩摩串木野領主）の四兄弟が勢揃いし、島津忠長《ただたけ》（薩摩鹿籠《かご》領主）、島津征久（大隅清水領主）ら薩隅二ヶ国の諸勢力を動員し、日向庄内の北郷時久も出陣している。

島津勢は八月十九日、高原城の「下栫《したかこい》」を破却・放火して包囲する。島津側の狙いは、同城の後詰に出陣するであろう伊東勢を撃破することにあった。しかし、伊東勢は高原東方の猿瀬《さるせ》（宮崎県小林市）まで出陣したものの、それ以上進撃することはなかった。孤立無援となった高原城の番頭（城代）伊東新次郎《しんじろう》は和睦を申し出、八月二十三日、開城して退去していった。

伊東勢が後詰できない状況にあることが明らかになり、真幸院の伊東方は、三之山城・須木《すき》城（ともに小林市）からも撤退し、長年飯野の島津忠平と敵対していた真幸院東部全域は、一気に島津氏の支配下となった。八月二十八日、島津義久は諸将とともに三之山城に入って「泰平之吐気《たいへいのとき》」を挙げて勝利を祝い、鹿児島に凱旋していった。三之山は忠平領となり、高原城には上原《うえはら》尚近《なおちか》が入って、伊東領への調略を進めていく。

島津勢の進攻にまったく反撃できなかった伊東氏は、急激に弱体化していく。日向北端県《あがた》（宮崎県延岡市）の有力国衆土持親成《ちかしげ》は、豊後大友氏の従属国衆でありながら島津氏に接近し、天正五年二月には、伊東氏北端の要衝門川城《かどがわ》（同門川町）を攻撃している。

綾城に逃れた伊東義祐と綾城主佐土原遠江守◆綾城跡に建つ天守閣風歴史資料館にある人形。豊後に落ち延びる途上の伊東義祐を綾城主が迎え入れた場面を再現している　宮崎県綾町・綾城内

高原城に入った上原尚近は、伊東氏家臣で野《の》尻《じり》地頭の福永祐友《ふくながすけとも》の調略に成功し、天正五年十一～十二月、上原は野尻城（小林市）に兵を入れることに成功する。大隅正八幡宮参詣中に報告を受けた島津義久は十二月三日、すぐさま出陣する。

十二月八日、伊東義祐は野尻近くの戸崎《とざき》城（小林市野尻町）まで出陣するものの、すでに忠平が野尻城に入ったことを知り、撤退する。同日夜、一門と評議した義祐は、豊後大友氏を頼って落ち延びる決断をし、翌十二月九日早朝、居城の佐土原《さどわら》城（宮崎市佐土原町）を発ち、嫡孫義賢《よしかた》・祐勝《すけかつ》、二男祐兵、外孫伊東マンショらを連れて山伝いに高知尾《たかちお》（宮崎県高千穂町）の三《み》田井親武《たいちかたけ》に保護され、翌天正六年、大友宗麟に迎えられる。

島津義久は、忠平ら兄弟とともに日向に進攻し、天正五年十二月十八日、都於郡《とのこおり》城（宮崎県西都市）に入城し、翌年三月まで滞在して占領政策を進める。伊東氏の旧臣の多くが島津氏への従属を誓い、耳川《みみかわ》以南は島津領となった。

佐土原城空撮◆居城の都於郡城と並ぶ伊東氏の重要拠点として整備された　宮崎市佐土原町　画像提供：宮崎市教育委員会

高城・耳川合戦で大友氏を粉砕！　念願の三州統一

伊東義祐が豊後に亡命したことと、従属国衆であった土持親成が島津方に寝返ったことで、豊後の大友宗麟・義統《よしむね》父子は日向への進攻を図る。

天正六年（一五七八）二月には豊後勢の日向進攻が噂されるようになり、島津氏は山田《やまだ》有《あり》信《のぶ》を新納院高城《たかじょう》（宮崎県木城町）に、川上忠智《ただとも》を財部城《たからべ》（同高鍋町）に入れて警戒する。同月、大友家年寄《としより》（加判衆《かはんしゅう》）は土持親成を譴責《けんせき》するとともに、耳川以北の三城（門川・塩見《しおみ》・日知《ひち》屋《や》）の伊東氏旧臣に挙兵させる。なお、大友側は土持氏に対して、「日向国は先年、京都から「御判国」と決められ、大友氏が下知を加えることになった」と主張しており、永禄三年（一五六〇）六月の将軍足利義輝による伊東氏と島津氏の和睦仲介時に、日向国が大友氏分国になったと理解している。

三月十五日、大友義統自ら日向国境まで出陣し、大友勢は四月十日に土持氏の居城松尾城《まつお》（宮崎県延岡市）を攻め落とす。土持親成は討ち死にしたとも、捕縛されて処刑されたともいう。

義統はいったん帰還するが、門川の伊東氏旧臣には初秋の出陣を予告しており、六月には新納院石城《いしのじょう》（木城町）に伊東氏旧臣が籠城し、高城への進攻ルートを確保している。七月、島津忠長・伊集院忠棟《ただむね》らは石城を攻撃するも、かえって撃退されている。九月に入ると、大友宗麟が自ら出陣して日向に進攻し、縣の務志賀《むしか》（延岡市）に本陣を置いている。年寄田原《たはら》紹忍《じょうにん》（親賢《ちかかた》）らが率いる本隊は、九月末までに耳川を渡河して南下し、十月二十五日までに島津家久・山田有信らが籠もる高城を包囲する。十月二十五日、高城への後詰のため島津義久は鹿児島を出陣し、十一月二日には佐土原城に入っている。島津忠平・歳久、北郷忠虎《ただとら》らも出陣して財部城に集結し、薩隅日三か国の軍勢を大動員して大友勢を迎え撃つ態勢を

宗麟原供養塔◆敵味方の区別なく高城・耳川合戦の戦死者を弔うため、天正十三年に山田有信によって建立された　宮崎県川南町

新納院石城跡◆小丸川の蛇行部分に突き出した丘陵上に立地する　宮崎県木城町

（左ページ）小丸川と新納院高城跡◆宮崎県木城町

取った。

十一月十一日、忠平・歳久・征久らは大友方の松山陣を焼き払い、義久も高城から小丸川《おまるがわ》を挟んで南側丘陵の根白坂《ねじろざか》に布陣した。こうして翌十一月十二日、高城・耳川合戦となった。大友勢は田北鎮周《たきたしげかね》が無断で小丸川を渡河して島津勢先鋒を撃破するが、突出した大友勢を島津忠平・歳久らが挟撃し、混乱をきたした大友勢は小丸川の淵で多くが溺死したという。根白坂の義久ら本隊も参戦し、大友勢は敗走する。

高城の島津家久・山田有信らも追撃に入り、大友勢は耳川以北まで敗走している。午後四時頃、大友勢の本陣跡で島津義久は勝ち鬨を挙げて首実検をおこなっている。大友方は年寄の田北鎮周・佐伯宗天《さえきそうてん》・吉岡鑑興《よしおかあきおき》ら多くの重臣が討ち死にしている。宗麟は敗戦を聞くと、その夜の内に豊後へ撤退していった。

戦後、島津氏は占領地支配を進め、天正八年までに島津家久を佐土原領主に、老中上井覚兼《うわいかくけん》を宮崎地頭にするなど、有力武将を配置して日向国支配を進めていった。

伊東義祐画像◆堺市中央図書館蔵

耳川合戦図屏風に描かれる島津義弘◆金地に日の丸の軍扇を持つ人物を義弘に比定する説もあるが、義久の可能性もある

耳川合戦図屏風◆左側に島津軍、右側に総崩れとなり小丸川に落ちた大友軍を描く　京都市上京区・相国寺蔵

耳川合戦図屏風に描かれる島津軍の鉄砲隊◆鉄砲を数多く揃えていたことを強調するための描写と考えられている

「地頭衆中制」を基礎とする戦国島津家の領国支配機構

戦国島津氏の軍事編成・行政機構は、「地頭衆中制《じとうしゅじゅうせい》」を基礎とするが、領国全域に及ぶものではなかった。

まず、一門・御一家・国衆は、島津本宗家当主（太守《たいしゅ》）に従属する存在ではあったが、主従関係を結んだ家臣ではない。一門は、義久の兄弟である忠平・歳久・家久、従兄弟にあたる島津征久（以久）・忠長ら、御一家は島津本宗家から分出した島津薩州家義虎、北郷忠虎、喜入季久らである。国衆は非島津一族で鎌倉期以来の領主であり、入来院氏・東郷氏・祢寝氏・肝付氏・頴娃氏らである。彼らは独立した所領（一所地、私領と呼ばれる）を支配する領主で、本領に関しては排他的支配権を有していた。

一方、当初からの島津本宗家・相州家の支配領域、そして合戦などにより新たに獲得した直轄領は、中核となる城郭に地頭を配置し、一定領域を所管させた。その所管地域が「外城」である。外城には中・小家臣が配置され、外城名をとって「〇〇衆」と呼ばれた。彼らは二町以上の所領を有する「有足衆」と、それ未満の「無足衆」に分類された。軍役はこの知行田数ごとに賦課されている。

一所地・私領にも適宜地頭が設置されたが、彼らはその領主の家臣であり、本宗家当主からみると「陪臣」である。島津家直轄領の地頭と区別するため、「内之地頭《うちのじとう》」と呼ばれる。

地頭衆中制は、薩隅日三州統一後、三ヶ国全域で適用されたほか、肥後南部を制圧すると八代郡・葦北郡にも一部実施された。その後、肥後全域にも適用しようとしていたが、実現するまえに豊臣政権との合戦となり、実現していない。

島津本宗家に持ち込まれる訴訟、地頭や衆中からの上申（侘言《わびごと》）は、家政機関トップの老中（老名敷衆、年寄とも）に持ち込まれ、必要に応じて太守に判断を仰いでいる。地頭・衆中、寺社、御一家・国衆からの訴え・上申を老中に取り次ぎ、また老中と太守の取り次ぎも担っていたのが、「奏者《そうじゃ》」である。彼らは「使番《つかいばん》」とも呼ばれ、太守の外交使節も務めていた。奏者には担当区域があり、地域名を冠して「○○申次《もうしつぎ》」と呼ばれる。例えば天正二～四年頃、奏者上井覚兼は「川内申次」と呼ばれており、天正十年以降、奏者鎌田政広《まさひろ》は「日向申

島津領構成図

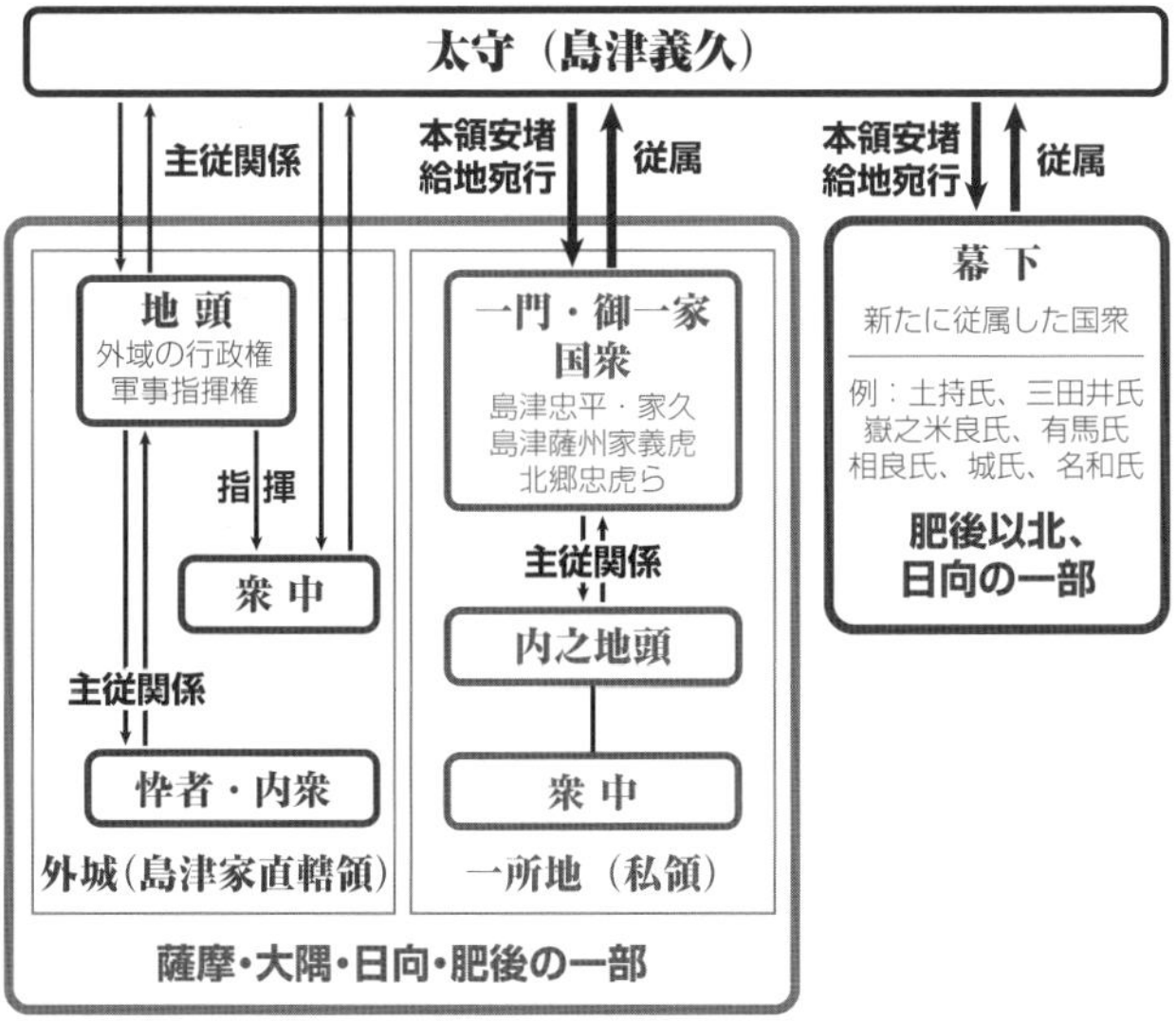

島津領国内訴訟・侘言上申・裁決過程

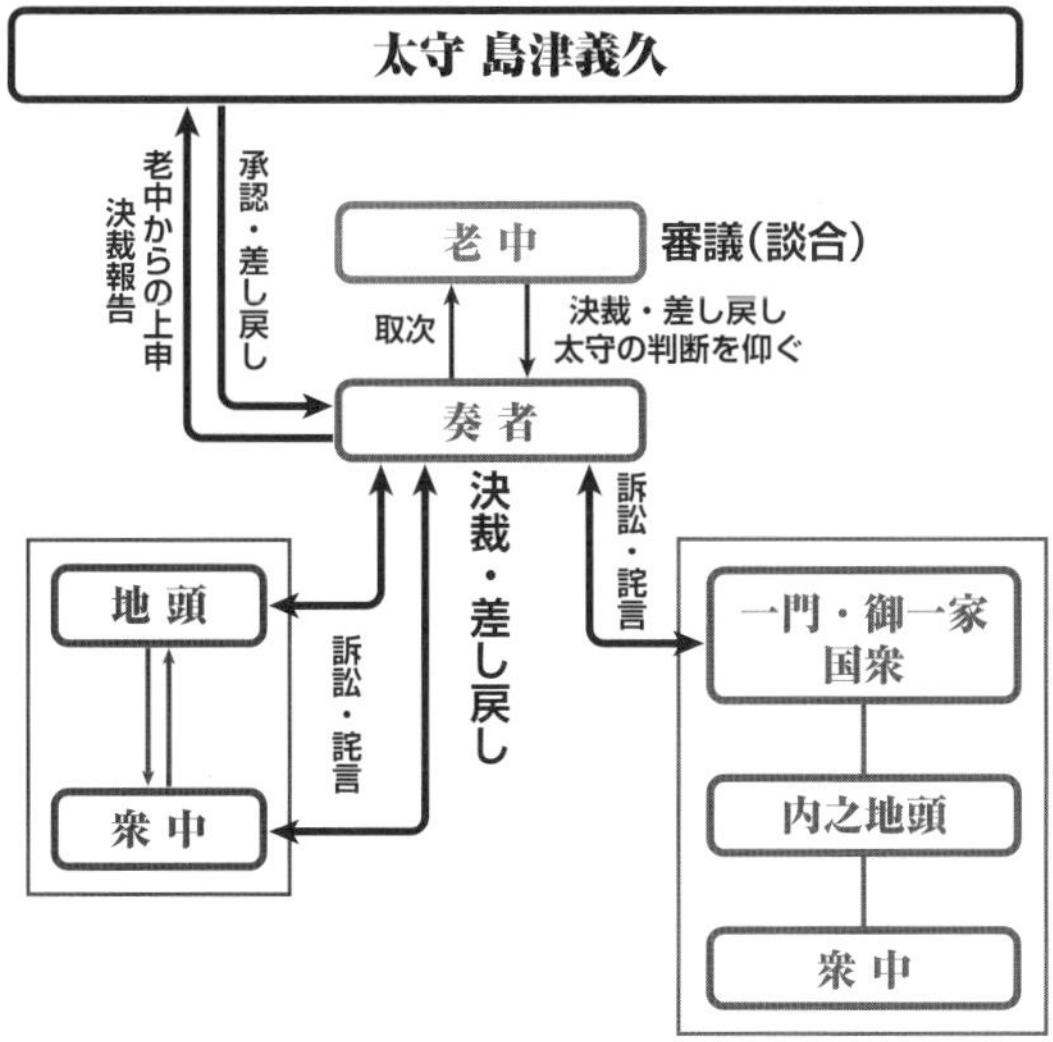

次」と呼ばれている。

　衆中の訴訟、移動（召移）希望などの侘言は、属する外城の地頭を通じて訴えるのが通常であるが、地頭との関係が悪い場合など、直接奏者に持ち込むケースもあった。一門・御一家・国衆からの要望なども、奏者が取り次いでいる。こうした訴えを奏者は老中に取り次ぎ、老中は審議し、裁決もしくは却下を、奏者を通じて訴人に通達する。老中が判断できなかった案件は、奏者を通じて太守＝島津義久に判断を仰ぐケースもあった。義久の裁決、あるいは差し戻しも奏者を通じて老中に伝えられている。

義久の居城御内の跡に建立された大龍寺跡◆鹿児島市・天竜小学校

竹田神社夏祭り◆竹田神社は島津忠良を祀る。県指定無形民俗文化財の士踊り（二才踊り、稚児踊り）は、忠良の子貴久が死去した1ヶ月後に境内で行うことを命じたという。なお、士踊りは忠良が出陣する貴久を鼓舞するために奉納した踊りにルーツがあるとされる　画像提供：公益社団法人　鹿児島県観光連盟

薩琉関係の変化――対等な関係から貿易統制へ

慶長十四年（一六〇九）、薩摩藩初代藩主島津家久は、幕府の承認のもと琉球王国に侵攻し、これを支配下に置いた。このため、古くから島津家と琉球王国は敵対関係にあったと誤解されがちである。

両者は十五世紀半ばには外交関係を樹立し、友好関係にあった。嘉吉元年（一四四一）、将軍足利義教が島津忠国に琉球国を与えたとする「嘉吉附庸《ふよう》」説は、十七世紀前半に薩摩藩が捏造したものである。この時期、畿内からも琉球との通交を求めるものが多かった。細川氏は島津氏に印判による通交統制への協力を求めたが、印判＝渡航許可による貿易統制は、琉球側の同意と協力が不可欠であり、東シナ海の制海権を確保し、すべての通交を統制するなど不可能であった。

十五世紀末から十六世紀初頭（尚真王《しょうしんおう》の治世）、琉球には九州のさまざまな勢力が通交を求めて渡航していた。種子島氏や日向南部を支配する島津豊州家は低姿勢に、独自の判断で琉球との貿易を求め、王国側も彼らを下位に位置づけて貿易を認めていた。一方、守護家である島津奥州家は、この頃になると守護所の鹿児島以外、交易に適した良港を掌握できておらず、琉球との通交を統制できる状況になかった。このため永正五年（一五〇八）、島津忠治は尚真王に極めて低姿勢の書状を送り、島津氏独自の印判制への協力、すなわち島津氏の印判を持たない貿易船の積荷没収を求めている。しかし、琉球側にとっては多様な勢力との貿易が利益になるのであり、島津側の要求に応じる必要はなかった。

十五世紀中期以降、薩摩半島を制圧した島津貴久は琉球との通交を求めるようになり、永禄二年（一五五九）には琉球から島津氏に対する「あや船」が派遣されている。さらに貴久

伝島津忠良使用琉球漆器椀◆鹿児島県南さつま市・竹田神社蔵　南さつま市立加世田郷土資料館寄託

尚真王画像◆所在不明　写真：鎌倉芳太郎撮影　沖縄県立芸術大学蔵

の子義久が家督を継承すると、永禄十三年に再度「あや船」が派遣され、この船は島津本宗家の代替わりを祝う船と位置づけられるようになるとともに、島津家側は琉球側に印判制の厳密な履行を強く迫るようになる。天正五年（一五七七）には伊東義祐を日向国から追っており、九州南部の要港の多くが島津家の支配下に入り、こうした港から琉球に渡航する船の統制がある程度できるようになったためである。

島津義久は「琉球《りゅうきゅう》渡海《とかい》朱印状《しゅいんじょう》」を礼銭と引き替えに船頭に発給し、彼らを統制しようとした。そして、琉球側に対しても強硬な姿勢をとるようになり、琉球をみずからの下位に位置づけるようになっていった。

慶長七年九月七日付島津義久琉球渡海朱印状◆島津氏の琉球渡海朱印状は、のちの徳川家康による異国渡海朱印状の源流と位置付けられている　画像提供：霧島市教育委員会

島津氏への期待と豊薩和平、龍造寺隆信との対立

高城・耳川合戦での大友勢大敗は、大友氏分国西部に大きな影響を与えた。従属国衆のうち肥前佐賀《さが》（佐賀市）の龍造寺隆信《りゅうぞうじたかのぶ》や、筑前秋月《あきづき》（福岡県朝倉市）の秋月種実《たねざね》らが自立し、大友氏と敵対していく。特に龍造寺隆信は筑後・肥後へと進出し、それまで大友氏に従属していた国衆たちは、龍造寺氏の軍門に降るか決断を迫られた。

そんななか、薩摩と境を接する天草《あまくさ》の国衆たち（天草・志岐《しき》・栖《す》本《もと》・上津浦《こうつうら》・大矢野《おおやの》の五氏）は早々に島津氏への従属を誓い、肥後国衆の城親賢《じょうちかかた》・親基《ちかもと》（一要《いちよう》）兄弟、宇土《うと》（名和《なわ》）顕孝《あきたか》も大友方の圧力を受けて、島津氏への従属を決断する。天正七年（一五七九）十一月、城氏の要請を受けて島津家は肥後派兵を決断し、重臣鎌田寛栖《かんせい》斎《さい》（政年《まさとし》）らを隈本《くまもと》城（熊本市）に在番させ、肥後情勢に介入する。しかし、肥後南部の八代・葦北《あしきた》・球磨《くま》の三郡を支配する相良義陽は島津氏に協力せず、敵対していく。

分国が崩壊の危機に瀕した大友宗麟・義統父子は、島津氏との和睦を望み、織田信長を頼ったようである。天正八年八月、信長は近

島津義弘銅像◆鹿児島県日置市・JR伊集院駅前　画像提供：公益社団法人　鹿児島県観光連盟

相良義陽画像◆熊本県人吉市・相良神社蔵　画像提供：人吉市教育委員会

衛前久に命じて島津・大友両家の和睦仲介に乗りだし、近衛家家司の伊勢貞知《さだとも》が下向する。折しも信長は本願寺と和睦し毛利《もうり》領への進攻を本格化させており、毛利家に背後から圧力を加えるためにも、九州情勢の安定化を望んでいた。

　和睦交渉の焦点は、旧伊東領への島津氏支配権、秋月・龍造寺両氏への島津氏の対応、相良氏の処遇の三点であった。島津氏が信長の命に応じて秋月・龍造寺両氏を攻撃することと、島津側が相良氏を討つことを大友氏が黙認することで合意に至ったようであり、天正九年六月末に義久が和睦を受諾し、双方から使僧が派遣され、八月までに「豊薩和平《ほうさつわへい》」が成立している。

　豊薩和平成立と同時に島津勢による肥後進攻が本格化し、同年八月、島津義久ら四兄弟が相良氏の支城水俣《みなまた》城（熊本県水俣市）を包囲する。これ以前に相良義陽は阿蘇大宮司《あそだいぐうじ》家を通じて龍造寺隆信への従属を誓っていたようであるが、龍造寺側の支援は間に合わず、同年九月末に相良義陽は島津氏に降伏し従属国衆となった。従属の証として、島津義久は相良氏に阿蘇大宮司家領への進攻を命じた。同年十二月、相良義陽はこれに応じて阿蘇領南部に進攻したが、同月二日、響ヶ原《ひびきがはら》（響野原）の戦いで阿蘇家の重臣甲斐宗運《かいそううん》の奇襲を受け、討ち死にする。島津氏は義陽の遺児相良忠房《ただふさ》の家督継承・球磨郡支配を承認するが、八代郡・葦北郡を接収し、相良氏の居城であった八代古麓城（熊本県八代市）は島津家の肥後支配の拠点となった。

相良堂（相良神社）◆響ヶ原の戦いで討ち取られた相良義陽を祀った神社。御神体は供養塔である。この地に出陣した義陽は、宴会中に甲斐宗運の奇襲を受けて討ち取られたといい、十二月二日の夜には、馬のひづめや切り合う刀の音に交じって兵士の勇ましい声が聞こえてくると地元では言い伝えられている　熊本県宇城市豊野町

　これより前の天正八年八月頃、島津家は龍造寺隆信に対して相良氏に圧力を加えるべく、有明海《ありあけかい》の海上封鎖を申し入れるが、隆信は逆に肥後国支配権を主張し、協力を拒否する。さらに天正九年に入ると龍造寺勢が肥後北部に進攻し、島津氏に従属していた城氏に圧力を加えており、隈本城に在番していた島津勢は一時撤退を余儀なくされている。

　相良氏を下した島津氏は、龍造寺氏とこれに与する阿蘇大宮司家（実質的に同家を差配する甲斐宗運）への圧力を加え、龍造寺氏との対決へと舵を切る。そんななか、龍造寺氏への従属を余儀なくされていた島原《しまばら》半島南部の国衆有馬鎮貴《ありましげたか》（のちの久《ひさ》賢《かた》・晴信《はるのぶ》）は、島津家久を通じて島津氏への従属を申し出る。こうして、肥後と肥前南部を舞台として島津・龍造寺両氏の抗争が勃発する。

阿蘇大宮司家・甲斐宗運との和睦と島原半島出兵

肥後八代を確保した島津家は、天正十年（一五八二）八月、吉利忠澄《よしとしただずみ》・新納忠元らが再び隈本城に入ると、十〜十一月、島津忠平・歳久・家久らが大軍を率いて八代に出陣し、龍造寺隆信に従属した阿蘇大宮司家とその重臣甲斐宗運に圧力をかける。これは、島津忠平の日向飯野から八代への召移（移封）を前提とした出陣でもあった。

しかし、ここで肥前日野江《ひのえ》城（長崎県南島原市）の有馬鎮貴から援軍派遣要請を受ける。島津忠平は山田有信らを派遣して情勢を分析したうえで、肥後出陣衆の一部の派兵を決断し、十一月二十日、川上久隅《ひさずみ》・鎌田寛栖斎（政年）・肝付兼寛《かねひろ》らが渡海していった。今回の出陣はあくまでも肥後制圧が目的であり、有馬渡海衆に対しては軍事行動を控えるよう釘を刺していたが、彼らは積極的に動いて、深江《ふかえ》城（南島原市深江町）の龍造寺勢と戦い、十二月初頭には釜蓋《かまぶた》城（長崎県雲仙市）まで進攻している。

さらに、十一月末には筑後鷹尾《たかお》城（福岡県柳川市大和町）の国衆田尻鑑種《たじりあきたね》まで八代に援軍派遣を要請するに至る。肥後だけでなく、肥前・筑後で龍造寺家の進攻に抵抗する国衆たちは島津家の肥後出陣に過大な期待をしていたようである。これに対して忠平は、田尻氏の支援は「自他国之覚《じたこくのおぼえ》」（島津領内外での評判）に関わる問題であり、何とか実現するよう指示している。

その一方で、島津家久は本領の日向国経由で阿蘇大宮司家と独自に和睦交渉を進めており、十二月三日、家久主導で甲斐宗運・合志親重《こうしちかしげ》らとの和睦が成立してしまう。和睦の条件は甲斐宗運が人質を出し、阿蘇家・合志氏が合同で龍造寺方の国衆隈部《くまべ》氏を攻撃することであったが、甲斐宗運はのらりくらりと要求をかわして、履行されなかった。八代在陣の老中らは

右：御船城跡◆熊本県御船町
左：日野江城跡◆長崎県南島原市

宗運の和睦は偽りであると不満を顕わにする。これに対し忠平は、祖父日新斎が「勝利のためには相手に違背・非法を重ねさせ、こちらに〝理〟をもたらすことが重要」とたびたび言っていたと諭し、不十分でも和睦を受諾するよう説得している。義久・忠平兄弟は、家臣の不満を抑える際、祖父・父の先例を持ち出す傾向があった。またこの頃の忠平は、三州統一の頃と違って無用の合戦を避ける傾向が強かった。

肥前島原半島で渡海衆が暴走するなか、肥後隈本の在番衆も、城氏の要請に応じて肥後国《くに》中《なか》（肥後北部の旧菊池《きくち》氏支配領域）へ進攻していっており、八代在陣衆は無断での軍事行動に苦言を呈している。さらに、甲斐宗運との和睦を実現させた島津家久は、みずから島原半島に渡海して有馬氏を支援したいと言いだし、各地で勝手気ままな行動をする出陣衆は統制が効かなくなりつつあった。

十二月末、八代在陣衆は談合をおこない、隈本・八代間に在番衆を置いたうえでいったん撤退し、鹿児島の義久の判断を仰ぐことを決定する。さらに、八代移封が決定していた島津忠平は、真幸院（宮崎県えびの市・小林市）に比べて田数が不足しているという理由で、移封を辞退して帰陣していった。

肥後支配は諸将の足並みが揃わず、混乱をきたしていた。

有馬晴信木像（複製）◆晴信は最後の名前で、それまで鎮純・鎮貴（「鎮」は大友義鎮の偏諱）・久賢（「久」は島津義久の偏諱）と名乗りを変えている　長崎県南島原市蔵　元像は福井県坂井市の台雲寺が所蔵

甲斐宗運の墓◆甲斐宗運の墓とされるものはふたつあり、これは永寿寺のもの。もうひとつは、東禅寺の裏にあり、天正十二年七月二十三日と刻まれており、『上井覚兼日記』にみえる宗運の命日とは異なっている　熊本県御船町・永寿寺

沖田畷で龍造寺隆信を撃破！　肥薩和平を結ぶ

天正十一年（一五八三）三月頃、筑前国衆秋月種実から龍造寺家との和平提案があったものの、六月には島原半島に派遣されていた新納忠堯《ただたか》（忠元の嫡男）・川上忠堅《ただかた》が龍造寺方の深江城攻撃に失敗し、忠堯が討ち死にする。事態打開のため、同年八月、伊集院忠棟ら老中が肥後に出陣するも、九月、島津勢は阿蘇大宮司家領の堅志田《かたしだ》城（熊本県美里町）奇襲に失敗し、再度の秋月種実からの和平提案に乗らざるをえなくなる。秋月氏の提案は、秋月・龍造寺両氏が島津氏を「九州之守護」と仰いで従属し、共同で大友家を討とうというものであった。

島津義久はこの提案に乗り気で、肥後出陣衆は甲斐宗運への押さえとして花之山《はなのやま》城（熊本県宇城市豊野町）を築いて撤退する。しかし、秋月氏の仲介による龍造寺家との和平は中途半端に終わり、有馬鎮貴の要請により再び島原半島派兵が決定する。

天正十二年三月、島津義久みずから肥後佐敷《さしき》（熊本県芦北町）に出陣し、先鋒として島津家久、老中島津忠長・平田光宗《みつむね》、川上久隅・新納忠元ら三千の兵が渡海する。島津・有馬連合軍の狙いは、島原浜の城（長崎県島原市）攻略にあったが、龍造寺隆信は二万五千ともされる大軍を率いて自ら後詰めに出陣する。島津家久らは佐敷の本陣に援軍を要請するが間に合わず、島津・有馬連合軍は森岳（現在の島原城）に布陣。三月二十四日、両軍はついに衝突し、圧倒的に不利だった島津勢が龍造寺勢を撃破し、龍造寺隆信は川上忠堅に討ち取られてしまう（沖田畷《おきたなわて》の戦い、島原合戦）。

思いがけない合戦と、思いがけない勝利により、〝三氏鼎立〟状態にあった九州のパワーバランスは崩れることになる。龍造寺家は肥前南西部、肥後への影響力を失っていく。大友家では、筑前立花《たちばな》城督の戸次道雪《べっきどうせつ》、筑前宝満《ほうまん》・岩屋《いわや》両城城督の高橋紹運《たかはしじょううん》が、大友義統に島

沖田畷古戦場供養塔◆大正十年代（一九二一〜二六）に建立された龍造寺隆信の供養塔。天正十二年四月十四日、島津本宗家菩提寺福昌寺の住持らにより、敵味方供養の大施餓鬼が実施されているが、その場所がどこなのかは、はっきりしない　長崎県島原市北門町

津勢と共に筑後の回復を図ることを提案する。この年七月、義統は年寄（加判衆）朽網宗歴《くたみそうれき》率いる豊後勢を筑後に派兵し、戸次道雪・高橋紹運も筑後出陣を果たす。

一方、大友家の勢力回復を恐れた秋月種実は、八月頃、再び島津家に対して故龍造寺隆信の子政家《まさいえ》との和平仲介を申し出る。このときすでに、島津家重臣は肥後北部を制圧すべく出陣を決定していたが、島津義久は秋月種実の和平調停を受け入れる意向を示し、九月、和戦両様の構えで島津忠平を総大将とする島津勢は肥後へと出陣する。同月十三日から島津勢は肥後国中《くになか》地域に進攻し、隈部・小代《しょうだい》・臼間野《うすまの》といった龍造寺方国衆を帰順させ、二十四日には海陸交通の結節点である高瀬《たかせ》（熊本県玉名市）を制圧する。

そこに龍造寺政家の使者が到着し、島津家の「幕下」（従属下）に入る旨の血判起請文を提出し、帰順を申し出る。島津忠平は談合のうえ、龍造寺家との和平を受諾する。いわゆる「肥薩和平」の成立である。これにより、秋月種実・龍造寺政家・筑紫広門《つくしひろかど》の三氏が島津家の従属国衆となり、島津家は彼らに対する安全保障の義務を負うことになってしまうのである。

島原合戦豊久一騎打ちの図◆「倭文麻環」挿絵　「倭文麻環」は江戸時代に薩摩藩内外の故事等をまとめたもの　尚古集成館蔵

龍造寺隆信画像◆龍造寺隆信の肖像画は二種が知られており、写真は隆信の菩提寺として鍋島直茂が建立した宗龍寺のもの。もうひとつは、公益財団法人鍋島報效会が所蔵している。どちらも袈裟を着て扇を持っているのが特徴的である　佐賀市・宗龍寺蔵　佐賀県立博物館寄託

大友氏との関係悪化と島津忠平の「名代」就任

「肥薩和平」が成立した直後の天正十二年（一五八四）九月、筑後進攻中の戸次道雪・高橋紹運、そして大友方から筑後支配の拠点である柳川《やながわ》（福岡県柳川市）を攻撃されている龍造寺政家双方から、高瀬在陣中の島津忠平に筑後出陣要請が届く。大友側は「豊薩和平」に基づき共に龍造寺家を討とうとし、龍造寺側は「肥薩和平」に基づく安全保障を求めた。二つの和平（同盟）は筑後の支配権をめぐって矛盾をきたしたのである。

高瀬在陣衆は談合の末、義久に相談することなく「豊薩和平」を破棄することはできないと判断。十月十七日、筑後進駐中の戸次・高橋に対して、筑後からの撤退を要請すると共に、島津勢も八代まで撤退することを伝える。そして、筑後から撤退しない場合、島津家への敵対とみなすと通告したのである。なお、このとき忠平は、龍造寺側が筑後・肥後両国を島津家に割譲したとの見解を示している。大友家は筑後を根本分国と認識しており、筑後の支配権をめぐって大友・島津両家で矛盾が生じたのである。このときは戸次・高橋両氏は撤退を約束し、島津勢も在番衆を残して十月末に八代まで撤退している。

しかし、戸次・高橋両勢は筑後から撤退しなかった。龍造寺側は島津家に対応を求める。同年十二月、鹿児島での談合では、十月の筑後撤退を求める通告に違反したからには、大友家の敵対とみなし、豊後に進攻すべしとの意見で一致する。以後、島津家中の多くは、早期豊後進攻論を主張することになる。

これより前の天正十二年六月頃から、島津義久の後継問題について重臣たちは協議するようになる。義久はこのときすでに五十二歳になっていたが、男子がいなかった。加えて持病の虫気《むしけ》（内蔵系疾患）をたびたび発症し、重症化することもあった。このため翌天正十三年

毛利輝元画像◆東京大学史料編纂所蔵模写

足利義昭画像◆「古賀類聚」東京国立博物館蔵　Image:TNM Image Archives

二月には、次弟忠平を「名代」とすることに決したようである。これは重臣たちの談合で協議され、二月末には正式に忠平に打診の使者が派遣される。忠平は何度か辞退したようであるが、結局四月上旬に受諾する。

このとき忠平が就任した「名代」という地位は、「国家之《こっかの》儀裁判《ぎさいはん》」（重要政策の判断）を義久とともに担う存在であり、忠平は肥後八代に移り、忠平付きの老中・奏者も一部肥後に移封する意向が、義久から示されている。また、「名代」就任直後の六月に老中上井覚兼と忠平が取り交わした契状（起請文）には、「御家督御相続たるべきのよし、決定の上は」とあり、次期島津本宗家当主就任を前提とするものであった。これ以降、義久・忠平兄弟は「両殿《りょうとの》」と呼ばれる。

忠平の「名代」就任が協議されている最中の天正十三年二月、備後鞆《とも》の浦《うら》（広島県福山市）に亡命中の将軍足利義昭の使者柳沢元政《やなぎさわもとまさ》と毛利輝元《てるもと》・吉川元春《きっかわもとはる》・小早川隆景《こばやかわたかかげ》の使僧五《ご》戒坊《かいぼう》が薩摩に下向する。毛利勢が大友家討伐のため豊筑堺目に出陣する際、龍造寺家と連携して日向に出陣するよう求めたのである。要は〝大友家包囲網〟構築の要請であった。柳沢はこれを受諾すれば、義久を「九州太守」に任じると約束している。島津家重臣はこれを内諾したようである。いよいよ大友家との全面抗争が迫っていた。

豊薩和平が破綻、豊臣秀吉が停戦命令を発布

天正十三年（一五八五）七月、阿蘇大宮司家の家宰《かさい》ともいうべき存在であった甲斐宗運が没すると、後継の甲斐親英《ちかひで》は大友家への従属に舵を切り、同年八月、島津家の支城花之山城（熊本県宇城市豊野町）を攻め落とす。

これで大義名分を得た島津家は、阿蘇家討伐を決断し、名代に就任した島津忠平を総大将とする島津勢は同年閏八月に出陣する。同月十三日、島津勢は甲佐《こうさ》・堅志田城（同美里町）を一気に攻め落とし、同月十九日、阿蘇大宮司家は島津家に降伏した。これと同時に、日向佐土原領主の島津家久は、阿蘇大宮司家の影響下にあった日向国北西部の「山中」と呼ばれる山間地域（宮崎県東臼杵郡・西臼杵郡）に出陣し、閏八月には三ヶ所（同五ヶ瀬町）を制圧し、九月には大友家に通じていた高知尾（同高千穂町）の国衆三田井氏を帰順させている。

島津忠平らは甲斐氏の居城だった御船《みふね》城（熊本県御船町）に入って肥後統治を開始すると、大友家から肥後国衆に対する調略が進んでいたことを知り、豊薩和平が破綻したと認識する。九月に入ると、忠平は伊集院久信《ひさのぶ》・山田有信ら肥後出陣衆の一部を筑後に派兵し、大友方国衆に軍事的圧力を加える。さらに、日向北西部を制圧した島津家久は、御船の忠平に対してこのまま豊後に進攻するよう注進するに至る。肥後在陣中の重臣らは鹿児島の義久に豊後攻めについて報告するが、義久は慎重姿勢をとり、いったん帰陣したうえ十分に談合するよう命じている。

島津勢の肥後制圧と筑後出陣により、大友家も島津家との全面抗争は不可避と判断したようである。大友宗麟・義統父子は、豊臣秀吉に援軍派遣を要請するとともに、島津勢の豊後

花之山城跡◆堅志田城対策のため島津氏により築かれた　熊本県宇城市豊野町

堅志田城跡◆熊本県美里町

進攻を覚悟して国境の防備強化を命じている。この大友家からの要請を受け、秀吉は同年十月二日、島津義久・大友義統双方に対して直状を発し、「国郡《こくぐん》境目《さかいめ》相論《そうろん》」つまり大名間の所領紛争は関白である秀吉が裁定するので、即時停戦するよう命じる。いわゆる「惣無事令《そうぶじれい》」である。

大友義統は、十一月十一日付で受諾する旨を返信し、あわせて島津勢が義統の分国に進攻したと通報して、支援を要請する。一方、島津家では十月に豊後進攻と豊臣秀吉の九州派兵の風聞《ふうぶん》（噂）について談合をおこない、十月十五日、肥後・日向両口から豊後に進攻することを決定してしまう。

前年、豊臣勢の四国進攻で短期間に長宗我部《ちょうそかべ》元親《もとちか》が降伏したことを知っていた義久は、毛利家との共闘なくして豊後進攻は成功しないとわかっており、十二月、毛利輝元に使僧を派遣して〝大友家包囲網〟と毛利勢の九州派兵に間違いはないか確認している。さらに、天正十四年正月、再び鹿児島で重臣による談合が開催され、この年三月に豊後進攻に踏み切ることを決定している。その直後、義久は重臣らに秀吉の停戦命令を提示し、対応を協議するよう命じた。

しかし、すでに豊後進攻を決定していた重臣らは、「由来《ゆらい》無《な》き仁《じん》」である秀吉を関白扱いする必要はないとして、秀吉直状の副状署判者である細川《ほそかわ》玄《げん》旨《し》（藤孝《ふじたか》、幽斎《ゆうさい》）に対して、豊薩和平は破れていないが、大友家が違反しており、相応の防戦はするという回答をしている。義久の懸念をよそに、島津家中は早期の豊後進攻に傾いていった。

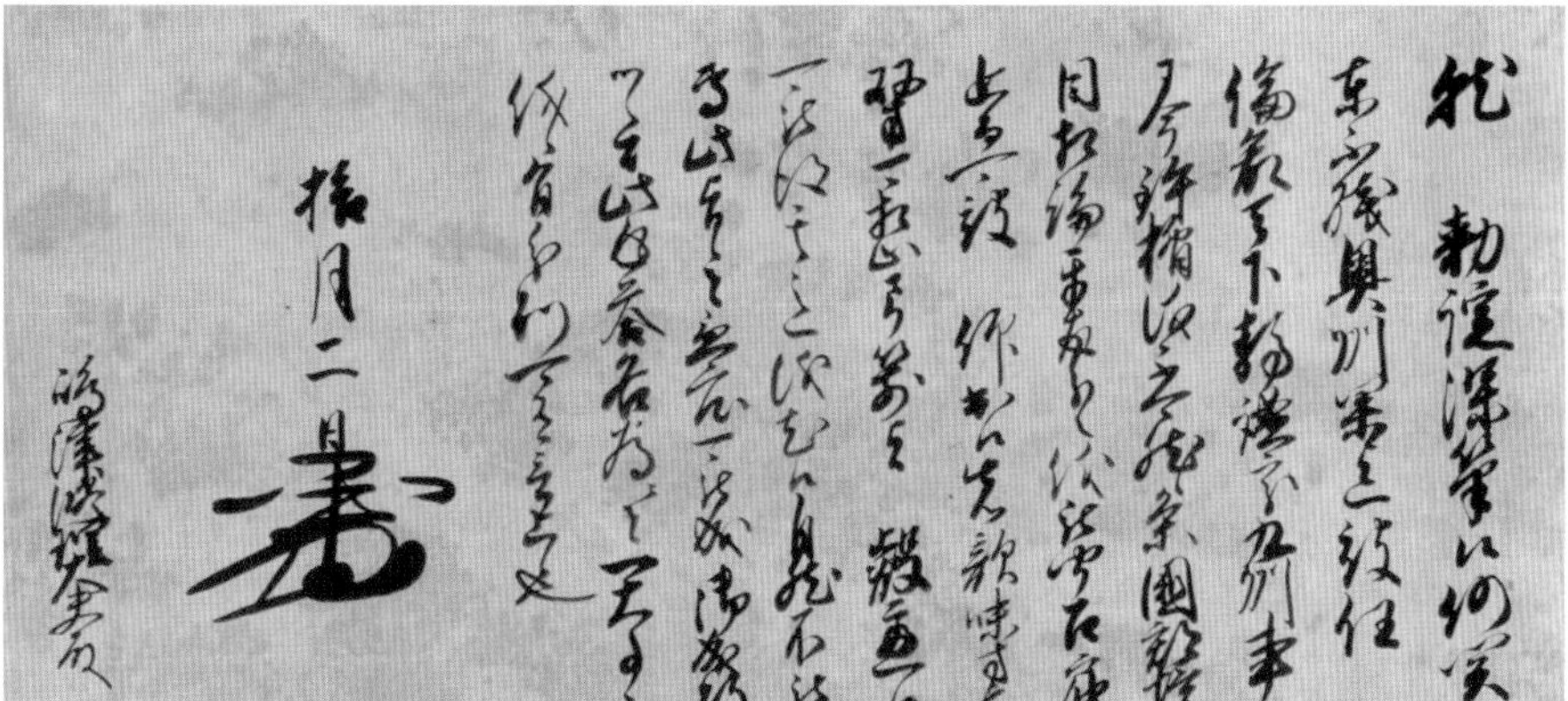

10月2日付羽柴秀吉直状◆「惣無事令」とされる書状。同内容の大友義統宛直状が大友家文書録に収録されている　「島津家文書」　東京大学史料編纂所蔵

豊後進攻をめぐる混乱と筑前出陣

天正十四年（一五八六）正月、この年三月の豊後進攻を決定した島津家であったが、共同戦線を張る予定であった毛利輝元は、すでに豊臣秀吉に従属していた。正月二十五日、輝元は島津義久に返書を送り、小早川隆景らを大坂城に派遣して停戦命令を受けたことを伝え、豊臣政権への「馳走《ちそう》」（この場合、従属を指す）を勧めたのである。この書状は二月上旬には義久のもとに届き、〝大友家包囲網〟がすでに破綻したことを知る。慌てた義久は再度重臣らを呼び寄せて談合を開催し、豊後出陣を秋に延期させ、さらに筑前出陣へと方針転換を図る。

筑前立花山城（福岡市東区、福岡県新宮町・久山町）の戸次道雪は前年九月に亡くなっていたが、養子の立花統虎《むねとら》（のちの宗茂《むねしげ》）とその実父高橋紹運が健在であり、肥薩和平を仲介した秋月種実は島津勢の筑前出陣を強く求めていた。

天正十四年三月、肥後在陣中の島津家老中伊集院忠棟は、大友方に寝返った国衆筑紫広門討伐のため北上する方針を義久に示し、分国内の諸将に対して肥後出陣命令が下る。しかし、すでに豊後南郡（豊後南部の大野・直入両郡）の入田《にゅうた》氏・志賀《しが》氏といった有力国衆への調略を進めてい

た島津家久・上井覚兼ら日向衆は、豊後進攻を主張して肥後出陣を忌避している。

天正十四年三月に大坂に上った義久の使者鎌田政広、同年四月に同じく上坂した大友宗麟に対して、豊臣秀吉は「国分案《くにわけあん》」を示す。島津家に示された国分案は、肥後半国・豊前半国・筑後国を島津家が大友家に割譲し、肥前国は毛利輝元領、筑前国は秀吉直轄領とし、残る薩摩・大隅・日向・肥後半国を島津領とするものであった。この頃義久は六ヶ国（薩隅日、肥後・肥前・筑後）を分国と認識しており、とても受け入れられるものではなかった。秀吉は七月までに受諾しない場合、必ず秀吉みずから九州に出陣すると通告している。五月に帰国した鎌田政広は国分案を報告するが、重臣らはこれを黙殺している。

直後の四月、秀吉は毛利輝元に対して、豊前・肥前国衆から人質を取ること、北部九州の拠点城郭に軍勢・兵粮を入れること、大友家と和睦することを命じている。この時点で秀吉の九州出兵は決定的となっていた。

立花宗茂（統虎）画像◆福岡県柳川市・福厳寺蔵
画像提供：柳川古文書館

日向衆の早期豊後進攻論を受け、島津忠平は六月、自領の神社の「託宣《たくせん》」（お告げ）と称して豊後進攻を提案し、重臣らは七月末の豊後進攻を決定する。しかし、毛利輝元のもとに派遣していた使僧が鹿児島に戻り、秀吉の派兵が近づいていることを知った義久は、霧島社で鬮を引き直して豊後進攻を撤回させ、強引に筑前出陣を決定する。

天正十四年六月、義久はみずから肥

（右ページ）立花山城跡◆福岡市東区から糟屋郡新宮町・久山町にまたがる標高三六七メートルの立花山にある。大友氏庶流立花氏の居城。大友氏と毛利氏の間で熾烈な争奪戦が繰り広げられた。元亀元年（一五七〇）に大友氏の手に落ち、翌年戸次道雪が城督として入城しており、道雪没後は養子立花宗茂（統虎、高橋紹運長男）の居城となった　福岡市東区

後八代に出陣し、老中伊集院忠棟・島津忠長らは七月十日に筑紫広門の居城勝尾城《かつのお》（佐賀県鳥栖市）を攻略し、広門を生け捕りにする。さらに島津勢は筑前に進攻し、七月二十七日、筑前岩屋城（福岡県太宰府市）を攻め落とし、高橋紹運ら城衆は玉砕する。この攻城戦で島津勢は多大な被害を出し、立花統虎が籠もる立花山城攻略は断念せざるをえなかった。すでに豊臣秀吉の命令により毛利勢の先鋒が九州上陸を開始しており、八月末、島津勢は筑前からの撤退を余儀なくされている。

豊臣秀吉画像◆東京大学史料編纂所蔵模写

勝尾城跡◆鳥栖市の北西部の牛原町、山浦町、河内町にまたがる標高498メートルの城山にある。筑紫氏の居城。その山麓に分布する支城群・館跡とともに「勝尾城筑紫氏遺跡」として国の史跡に指定され、発掘調査が続いている　佐賀県鳥栖市

岩屋城跡◆大宰府の北、四天王寺山の中腹、標高二九一メートルの岩屋山にある。大友氏庶流高橋氏が宝満・岩屋両城の城督をつとめたが、高橋鑑種が毛利氏に寝返ったため、吉弘鑑理の子鎮種（紹運）が高橋氏を名乗り、城督をつとめた　福岡県太宰府市

方針転換し豊後へ進攻、明暗が分かれた義弥・家久兄弟

筑前からの撤退を余儀なくされた島津家は、天正十四年（一五八六）八月末から九月初頭、島津義久が本陣を置く肥後八代にて今後の方針を協議する。重臣らは筑前への再進攻は無理と判断し、当初の計画に戻って肥後・日向両口から豊後に進攻すべきと結論を出す。このときすでに龍造寺政家は豊臣方に寝返ったと、島津家でも認識していたが、筑後国衆からは人質を取っており、豊後さえ制圧してしまえば、豊臣勢が援軍を派遣しても大丈夫という、根拠の薄い楽観論が広がっていた。

しかし、義久自身は筑前すら制圧できなかったにもかかわらず、豊後進攻を結論づけた重臣らに怒りをぶつけ、なかなか承認しなかった。名代の島津忠平改め義弥《よしまさ》は、豊後進攻を妥当としながらも、もう一度鬮を引いてダメなら肥後支配に専念すべきと消極策を唱えている。結局、九月八日、義久は鬮を前提とする豊後進攻を承認し、肥後から鹿児島に戻っていった。

豊後出陣を承認しながら、義久は九月末に豊臣秀吉・秀長《ひでなが》兄弟らに書状を送り、筑前出陣は領内の裏切り者を懲らしめるためのものであり、停戦命令には違犯していないと苦しい釈明をしている。何とか豊臣勢との衝突を回避したかったのであろう。しかし、結局義久は十月十四日に鹿児島を出陣して日向塩見城（宮崎県日向市）に本陣を置き、家久は梓《あずさ》峠（大分県佐伯市）から、義弥は肥後国阿蘇南郷野尻（熊本県高森町）から豊後に進攻する。

日向口進攻軍は快進撃を続け、十月末には大友宗麟が籠もる臼杵丹生島《にうじま》城（大分県臼杵市）に迫り、十一月十五日には、大野川《おおのがわ》（戸次川《へつぎがわ》）沿いの鶴賀《つるが》城（大分市）を包囲する。十月初めには豊後上陸を果たしていた仙石秀久《せんごくひでひさ》・長宗我部元親ら豊臣勢の先鋒は、秀吉自身が出陣するまで手堅く陣取りして守りに徹するよう厳命されていたが、鶴賀城を見捨てることがで

右：鶴賀城跡　左：鏡城跡より戸次川古戦場を望む◆ともに大分市

きず、出撃してしまう。十二月十二日、戸次川を渡河した四国勢を島津家久らが迎撃し、四国勢は長宗我部信親《のぶちか》・十河存保《そごうまさやす》らが討ち死にするなど大敗を喫する（戸次川の戦い）。翌日、家久は大友氏の本拠府内《ふない》（大分市）を占拠するに至る。

一方、島津義弥率いる肥後口進攻軍は、入田氏・志賀氏の協力を得ながら志賀親善（親次《ちかつぐ》）の守る岡《おか》城（大分県竹田市）を落とせず、苦戦を強いられた。九月末には毛利勢の本隊が続々と九州上陸を果たし、十二月十五日には秋月種実の子高橋元種《たかはしもとたね》の居城豊前香春岳《かわらだけ》城（福岡県香春町）が落城している。秋月種実は義弥に対して、秋月領の背後に位置する豊後玖珠《くす》郡への出陣を求めた。やむなく義弥は、朽網（大分県竹田市）の守備を家久に任せ、野上《のがみ》城（同九重町）から玖珠郡攻略に乗り出すものの、目立った成果を挙げられず、兄義久の不興を買っている。

この間、十二月四日には足利義昭が和平

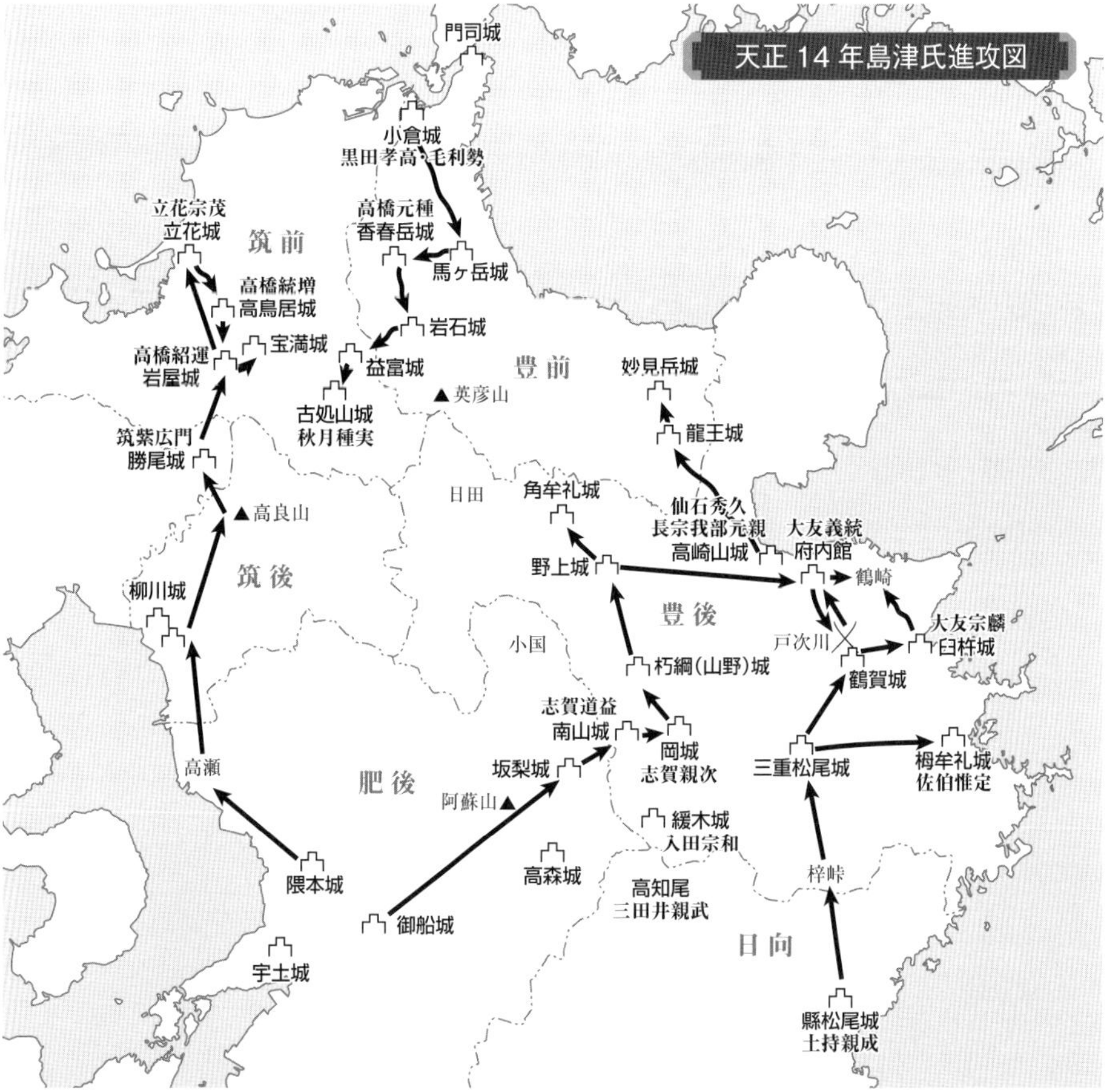

仲介を義久らに申し出ている。天正十五年正月十九日、義久は豊臣秀吉と石田三成《いしだみつなり》に弁明の書状を送り、和睦を模索している。二月には豊臣秀長が大和を出陣し、三月一日には秀吉本人が大坂を出陣しており、同月二十五日には下関《しものせき》（山口県下関市）に到達している。これより前の三月十五日、足利義昭・豊臣秀長の使者である一色昭秀《いっしきあきひで》と木食応其《もくじきおうご》が豊後府内に到着し、義弥・家久に降伏勧告をおこなう。

やむなく二人は豊後からの撤退を決断し、島津勢は三月末までに日向・肥後へと撤退していった。撤退をはじめた島津勢に対し、大友家臣や住人たちは容赦ない追撃をおこない、多くの武将が討たれている。また、撤退に際し島津勢は府内で略奪をおこない、大友館に火を放ったことがわかっている。

仙石秀久画像◆東京大学史料編纂所蔵模写

右：長宗我部信親の墓　左：信親の鎧を祀る鎧塚◆ともに大分市

豊臣の大軍を前に降伏、領国の範囲をめぐり大混乱

天正十五年（一五八七）四月になると、豊臣《とよとみ》氏の軍勢が九州平定へ向けた島津氏の領国への侵攻を本格化させる。

天正十五年三月下旬、羽柴秀長《はしばひでなが》の率いる軍勢が九州に上陸し、日向国への侵攻を開始する。十万余もの大軍と伝えられる秀長の軍勢は、三月二十九日に同国北部の縣《あがた》（松尾《まつお》城ヵ、宮崎県延岡市）を攻略すると、四月六日頃までに日向国根白坂《ねじろざか》（同木城町）などに布陣し、島津勢の拠点の一つである新納院高城《にいろいんたかじょう》（同木城町）への包囲を開始した。

また、続いて秀吉自身も九州に上陸し、筑前国で秋月種実《あきづきたねざね》を服属させた後、肥後国への進軍を開始する。これにともない、肥後国では島津氏に従属していた国衆の離反が相次ぎ、島津歳久《としひさ》をはじめとする肥後方面の島津勢は、薩摩国への撤退を余儀なくされることとなった。

島津勢が日向・肥後の両方面で苦戦を強いられるなか、日向に在陣する義久《よしひさ》は、足利義昭《あしかがよしあき》の仲介を受けた早期の降伏・和睦締結を視野に入れていたようである。しかし、こうした義久の意向には反対意見も根強かったとみられ、最終的に日向方面の島津勢は、事態の打開を目指して豊臣勢に決戦を挑むこととなる。

四月十七日、義弘《よしひろ》（この年八月に義珎から改名。以下義弘）率いる島津勢は、豊臣勢に包囲される高城を救援すべく根白坂の陣に夜襲を仕掛けた。根白坂の戦いと呼ばれるこの戦いは、

根白坂古戦場を高城から望む◆根白坂は高城の南方に位置し、黒田孝高・宮部継潤らが堀・土塁・柵等を築いて布陣した。現在、堀跡が残っている。根白坂をはじめ、豊臣勢はこのとき五十箇所ほどの陣を構築したとされる　宮崎県木城町

黒田孝高《くろだよしたか》・南条元継《なんじょうもとつぐ》・宮部《みやべ》継潤《けいじゅん》らの率いる豊臣勢との激戦となったが、島津勢は結局、根白坂の陣を落とすことはできず、大敗を喫してしまう。

根白坂での敗戦により、日向方面の島津勢も歳久の養子である島津忠隣《ただちか》などの戦死者を出す大打撃を被り、島津氏は組織的な抵抗を行うことが困難となった。加えてこの頃には、薩摩国出水《いずみ》（鹿児島県出水市）を本拠とする薩州家の島津忠永《ただなが》の離反により、肥後に在陣する秀吉の薩摩への進軍も時間の問題となっていた。こうして島津氏の敗色が濃厚となるなか、ついに義久は秀吉への降伏を決意する。

四月二十二日、まずは筆頭老中の伊《い》集院《じゅういん》忠棟《ただむね》が羽柴秀長に降伏の意を示し、義久の赦免を願い出ている。これを受けた義久は出家・剃髪のうえ、五月八日に秀吉が本陣を置く薩摩国泰平寺《たいへいじ》（鹿児島県薩摩川内市）に出頭し、降伏を認められることとなった。このとき、義久の降伏実現に貢献した忠棟は、その功により秀吉から知行を宛行われ、秀吉の直臣に準ずる「御《ご》朱印衆《しゅいんしゅう》」として、他の家臣とは一線を画する地位を獲得していくこととなる。

一方、義久の降伏によって、島津氏の全面降伏が実現したわけではなく、その後も一門衆や家臣たちによる独自の籠城・抵抗が続けられている。

豊臣秀長画像◆奈良県大和郡山市・春岳院蔵　画像提供：大和郡山市教育委員会

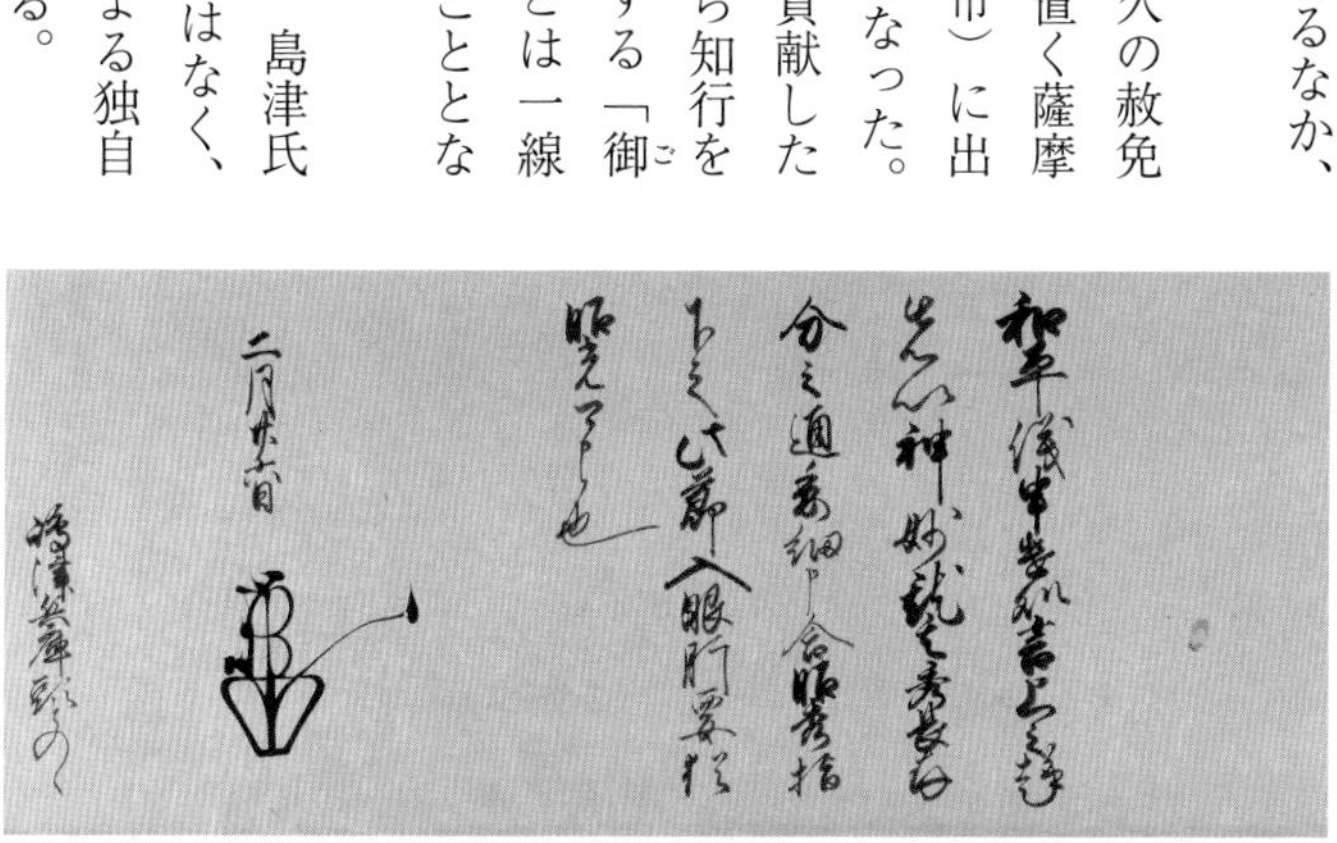
（天正十五年）二月二十六日付足利義昭御内書◆義昭が一色昭秀を使者として島津氏に秀吉との和睦を勧めている　「島津家文書」　東京大学史料編纂所蔵

義久の降伏により安堵された島津氏領は薩摩一国のみであり、少しでも有利な条件での降伏を実現すべく、抵抗活動を継続する必要があったのである。これ以後、大隅・日向の島津氏領の安堵を争点として、個々に籠城・抵抗を続ける島津氏一門・家臣らとの降伏交渉が進められていくこととなる。

まず五月十九日、義弘が日向国野尻《のじり》（宮崎県小林市野尻町）で羽柴秀長の下に出頭し降伏すると、同月二十五日、秀吉は義弘・久保父子に大隅国一国と日向国真幸院《まさきいん》を安堵している。またこれと前後して、家久《いえひさ》も秀長に降伏を申し出て、本領の日向国佐土原《さどわら》や都於郡《とのこおり》（宮崎市・宮崎県西都市）を安堵されているが、直後の六月十五日に急死したため、その遺領は嫡男の豊久《とよひさ》に継承されることとなった。

秀吉はこのほか、大隅国清水《きよみず》（鹿児島県霧島市）領主の島津以久《もちひさ》や日向国庄内《しょうない》（宮崎県都城市）領主の北郷時久《ほんごうときひさ》についても降伏を条件に本領を安堵する意向を示したが、それ以外の日向国の島津氏領の大部分については、伊東祐兵《いとうすけたけ》や秋月種長《たねなが》・高橋元種《たかはしもとたね》兄弟らに宛行うことが決定する。

これにともない、日向国の島津氏家臣には下城が命じられたが、自らの所領が失われることへの反発から、命令を拒否して籠城・抵抗を継続する動きが多発することとなった。こうした家臣の中には地頭クラスの重臣も含まれており、領地の喪失にともなう島津氏の家臣団統制の破綻は深刻であった。

その後も日向国の島津氏領をめぐっては、翌年七月頃まで交渉が続けられたが、結局、諸《もろ》県《かた》一郡と豊久領・北郷氏領のみが島津氏領と確定する。日向国の領地の過半を失った島津氏は残された知行地の再編を通じて、家臣団の再建を迫られていくこととなる。

和睦の場となった泰平寺に建つ和睦石◆鹿児島県薩摩川内市

島津家久の墓◆家久を祖とする永吉島津家の墓所で、一番左が家久の墓　宮崎市佐土原町・天昌寺跡

豊臣秀吉・島津義久和睦の像◆鹿児島県薩摩川内市

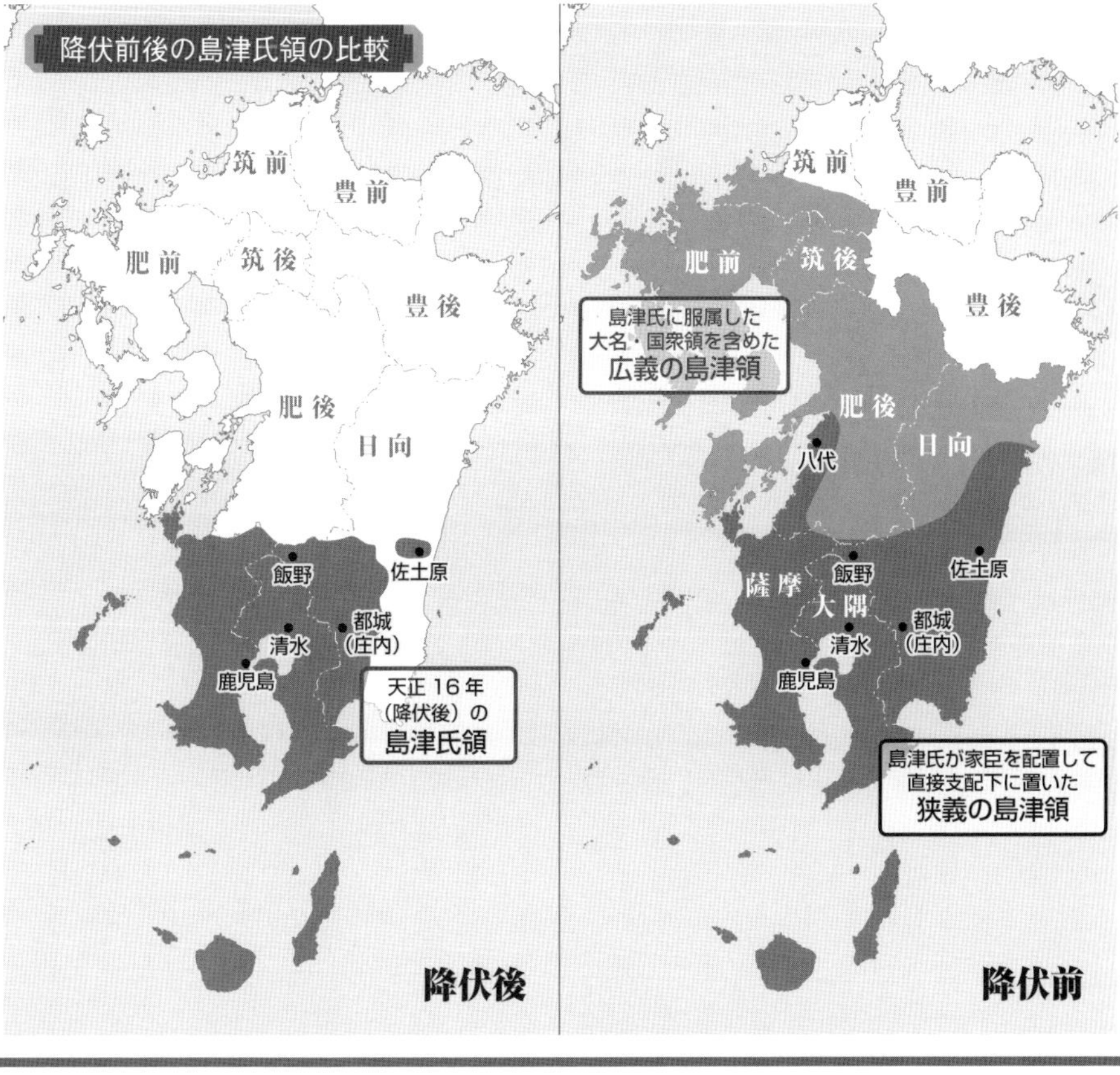

豊臣大名化し義久が上洛、久保が後継者に

日向国の島津氏領をめぐる交渉が続けられていた最中の天正十五年（一五八七）六月、秀吉の意向により、義久の上洛が決定される。

当時、秀吉は京都に政庁として聚楽第《じゅらくてい》を建設するとともに、服属した諸大名をその周辺に集住させる方針を打ち出しており、義久も京都に屋敷を構えて居住することとなったのである。

六月十五日に鹿児島を出発した義久は、同月下旬に博多（福岡市博多区）で秀吉に面会した後、島津氏に対する取次を務める石田三成・細川幽斎らに伴われて、七月十日に和泉国堺（堺市堺区）に到着している。義久の上洛に当たっては、義久の三女亀寿や、伊集院忠棟・町田《まちだ》久倍《ひさまさ》・本田親貞《ちかさだ》などの重臣が付き従ったほか、後には義弘の嫡男である久保も合流することとなった。

義久ら在京衆の滞在費用や屋敷の建造費用は、島津氏領内への臨時の役賦課によって賄われる予定であった。しかし、当時の島津氏が、領地縮小にともなう混乱から家臣団の統制に破綻をきたしていたことは前項で述べた通りである。結果として、家臣団からの役の納入は滞り、島津氏はこれらの費用の調達を、京都での借銀に頼らざるをえない状況に陥ることとなった。

こうした状況を見かねた秀吉は、翌年、義久に在京のための費用として摂津・播磨両国から一万石の所領を宛て行っているが、在京にかかる費用のすべてを賄うのに十分なものではなく、以後も在京にともなう島津氏の借銀はかさんでいくこととなる。

また、義久の上洛・京都居住にともなって、島津氏への羽柴名字・豊臣姓の授与と、「公《く》

細川幽斎画像◆義久は細川幽斎から古今伝授を受けている　京都市左京区・天授庵蔵

島津義久夫人の石塔（右奥）◆夫人の戒名「円信院殿妙蓮幽儀」が刻まれている　京都市中京区・本能寺

「御所参内・聚楽第行幸図屏風」に描かれた聚楽第◆聚楽第は義久が上洛したすぐあと、天正 15 年 9 月に完成した。本丸を中心に西の丸・南二の丸・北の丸等で構成された。本図は翌年 4 月におこなわれた後陽成天皇の行幸の様子を描いている　個人蔵　上越市立歴史博物館寄託

家成《げなり》」（従五位下《じゅごいのげ》侍従《じじゅう》への叙任）が検討されることとなった。

これらは、服属大名の京都集住と合わせた秀吉による大名統制策の一つであり、その狙いは、従一位関白太政大臣の地位にある秀吉を頂点として、服属大名を官位によって序列化するところにあった。

ただし、島津氏で羽柴名字・豊臣姓授与と「公家成」の対象となったのは、当主である義久ではなく弟の義弘であった。

天正十六年六月十五日、秀吉の命令を受けて上洛した義弘は、従五位下侍従に叙任され「公家成」を果たすとともに、羽柴名字を与えられ、以後「羽柴薩摩侍従」と名乗ることになる。

この義弘の「公家成」および羽柴名字拝領は、秀吉が、自身の政権を支える豊臣大名の一員として義久ではなく、義弘を選んだことを意味していた。しかし一方で、島津氏内部における義弘の立場は、天正十三年以降義久の「名代」と位置付けられてはいたものの、いまだ当主の兄弟に留まるものであった。

そのため、島津氏が豊臣大名として存立していくには、なおも島津氏の当主として家臣と主従関係を結ぶ義久の力が不可欠であり、義弘が「公家成」を果たしたのと同日には、起請

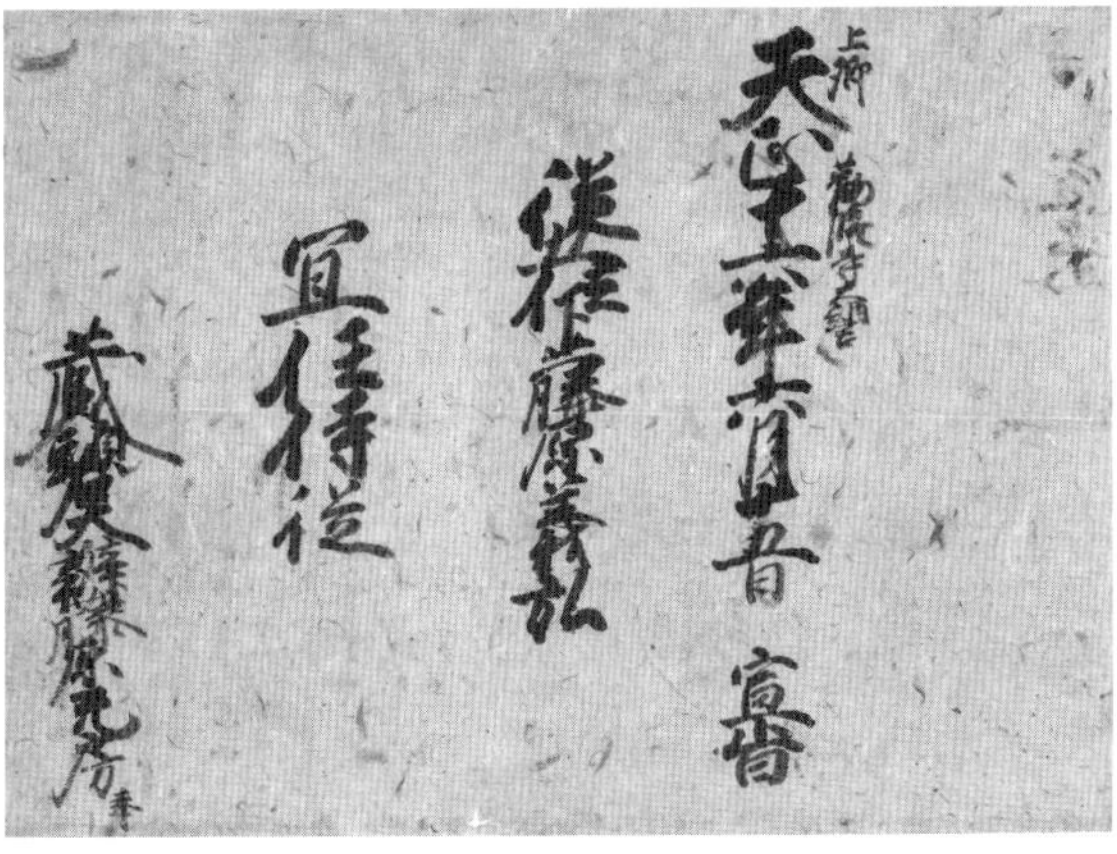

上：義弘を従五位下に任ずる天正十六年六月十五日付口宣案
下：義弘を侍従に任ずる天正十六年六月十五日付口宣案◆「島津家文書」　東京大学史料編纂所蔵

文により、義久・義弘の協力関係が再確認されている。

もちろん、義弘を豊臣大名の一員に選んだ秀吉としては、義久・義弘の二頭体制が続くことを良しとしていたわけではなく、島津氏の大名権力を、少しずつ義弘へと一本化させていくことを目指していたようである。

義弘の「公家成」から一年以上が経過した天正十七年の十月には、秀吉の意向により、義弘の嫡男久保が島津氏の次期家督継承者に指名され、久保と義久の三女亀寿との縁組の準備が進められている。これは義久の隠居によって、将来的に島津氏の大名権力を義弘・久保父子に一元化することを見据えたものであった。

また、直後の十二月に、小田原北条氏《おだわらほうじょう》征伐のため諸大名に出陣命令が下されると、島津氏からは久保に出陣が命じられており、ここからも久保を、義久に替わる島津氏の代表者と位置付けようとする秀吉の意向をうかがうことができる。

なお、出陣を命じられた久保は、国元で準備を整えた後、翌年の二月二十八日に京都から小田原へと出陣するが、このとき久保に従った家臣の中には、以後、江戸時代初期にかけて島津氏を支えて活躍することになる若武者が数多く含まれている。

次期家督に指名された久保を中心に、島津氏の将来を担う次世代の家臣団が形成されつつあったのであり、秀吉の意向の下、豊臣大名となった島津氏の新体制づくりが着々と進められていたことがわかる。

小田原征伐にともなって築かれた石垣山城跡の石積み◆一夜にして築城されたという逸話が残るが、実際は約八十日間、のべ四万人ほどが動員された大規模な工事であった　神奈川県小田原市早川

文禄の役で朝鮮出兵を命じられるも「日本一之大遅陣」

天正十八年（一五九〇）七月、北条氏直《うじなお》の降伏により小田原征伐が終結すると、秀吉はそのまま「奥羽仕置《おううしおき》」に乗り出し、天下統一事業は大詰めを迎えることとなった。

そしてこの頃から、秀吉は以前から構想を進めていた「唐入り《からいり》」の実現に向けて動き出し始める。これにともない全国の諸大名にもその準備が命じられていくが、豊臣大名島津氏の代表者として政権と向き合う立場にあった義弘は、この頃から家臣団任せの島津氏の領国支配体制に限界を見出し始めている。

その大きなきっかけは、天正十八年十二月に細川幽斎を通じて命じられた指出検地《さしだしけんち》の実施、および京都屋敷造営料の徴収が、家臣団の不徹底により停滞したことにあった。特に指出検地の実施は、政権が島津氏領の収穫量（石高）を把握するうえで重要な事業であり、その停滞は、翌天正十九年五月に、「唐入り」に向けた軍役賦課基準として国・郡ごとの石高をまとめた「御前帳《ごぜんちょう》」の作成が命じられると、そちらの作業にも遅れを生じさせることとなったのである。

こうした事態を受けて義弘は、島津氏が豊臣大名として生き残るためには、政権への奉公を果たせるよう、大名が主体となって領国支配をおこなう体制を築く必要があると、義久や家臣団に改革を促すようになっていく。しかし、この義弘の方針は家臣団や在地に対する負担増大を強いるものであり、国元の家臣団はもちろん、家臣団との関係を重視する義久とも相容れないものであった。

以後、義弘は、豊臣政権側の取次を務める石田三成や、島津氏の筆頭老中で秀吉から直接知行を与えられた「御朱印衆」でもある伊集院忠棟らと連携して改革へと乗り出していくが、

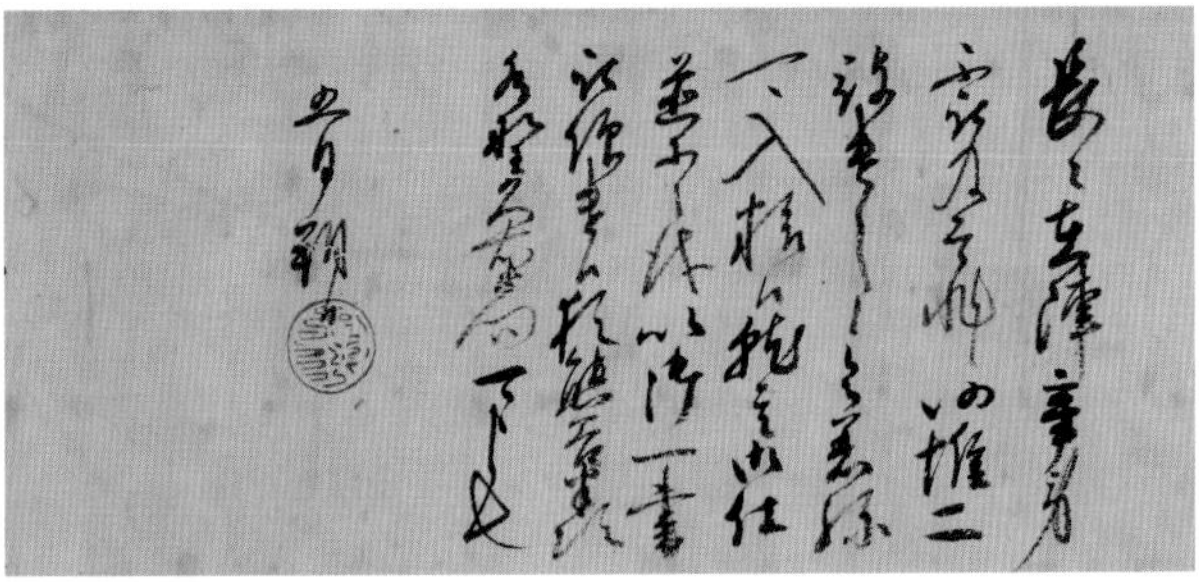

（天正二十年）五月朔日付豊臣秀吉朱印状◆長期間にわたる朝鮮在陣を秀吉が気遣っている　「島津家文書」　東京大学史料編纂所蔵

それは後に島津氏内部に大きなひずみを生む政治路線をめぐる対立の始まりでもあった。

結局、指出検地および「御前帳」作成の停滞により確定の遅れていた島津氏領の石高は、指出検地が完了した範囲からの推計によってひとまず三十八万石とされ、「唐入り」に向けて島津氏には一万五千人の軍役が課されることとなった。

しかしその後、島津氏による軍役の調達は思うように進まなかったようである。天正二十年正月、「唐入り」に向けての軍事編成が諸大名に通達され、いわゆる「文禄《ぶんろく》の役《えき》」が勃発するが、これにともない義弘に出陣が命じられた段階でも、島津氏からは国元での準備がまったく整っていないとの釈明がなされる状況であった。

義弘は軍勢の準備が整わないまま二月二十七日に本拠栗野《くりの》（鹿児島県湧水町）を出陣し、三月には肥前国名護屋《なごや》（佐賀県唐津市）に着陣したものの、今度は、国元からの船が到着せず、朝鮮への渡海がおこなえない事態に見舞われる。結局義弘は、自身の編成された毛利吉成《もうりよしなり》率いる第四軍とともに渡海することができず、「日本一之大遅《ひのもといちのだいち》陣《じん》」を果たすこととなる。

このときも、義弘は「日本一之大遅陣」を招いた軍役調達の遅れを島津氏の領国支配の不徹底によるものと考え、保守的な島津氏の体制を非難しているが、こうした事態の根底にはそれ以外の問題も存在していた。

島津義弘画像◆尚古集成館蔵

この当時、島津氏の領国内では、義久・義弘らの在京費用として積み重ねられた借銀の返済を目的として、臨時の役賦課がなされるとともに、石田三成から派遣された安宅秀安《あたぎひでやす》の主導で家臣団の給地や寺社領の収公が強行されていた。これらの負担による困窮が、島津氏や豊臣政権に対する家臣団の不満を増大させ、軍役忌避の動きにつながっていたのである。

また五月には、豊臣大名としての自立を求める薩州家の島津忠辰《ただとき》が、義弘への従軍を拒否したことで政権から改易処分を受けるという事態も発生している。

こうした領国内の状態に危機感を覚えた義久は、自らが名護屋へ参陣するとともに、島津氏存続の危機を訴えながら軍役の調達に努めている。また、家臣団の不満を少しでも解消するべく、安宅秀安によって収公された給地の返還もおこなわれたとみられる。

しかし、義久のこうした試みもむなしく、家臣団内で増大した不満は、さらなる大事件を引き起こすこととなる。六月十五日、薩摩国湯ノ尾《ゆのお》（鹿児島県伊佐市）の地頭である梅北国兼《うめきたくにかね》が、自身と同じく地頭として島津氏の領国支配を支える在地領主層の中から同志を募り、肥後国佐敷《さしき》（熊本県芦北町）で挙兵したのである。

梅北一揆《いっき》と呼ばれるこの反乱は、思うように同調者を得られないまま数日で鎮圧され、首謀者の国兼も十七日までに討伐されたが、島津氏に豊臣大名として政権への奉公を果たしていくための実力がないことを完全に露呈させることとなった。

これ以後、豊臣政権は、島津氏が自己変革により政権へ奉公を果たしていくための体制を構築することは不可能と判断し、島津氏への介入を強めていく。

そして、その第一歩として、梅北一揆の関係者の処分と島津氏領内の「仕置」のため、島津氏に対する取次の一人である細川幽斎が薩摩に派遣されることが決定し、義久も幽斎の案内者として同行することとなる。

右：名護屋城跡◆佐賀県唐津市
左：島津陣の石垣◆島津陣の画像
提供：佐賀県立名護屋城博物館

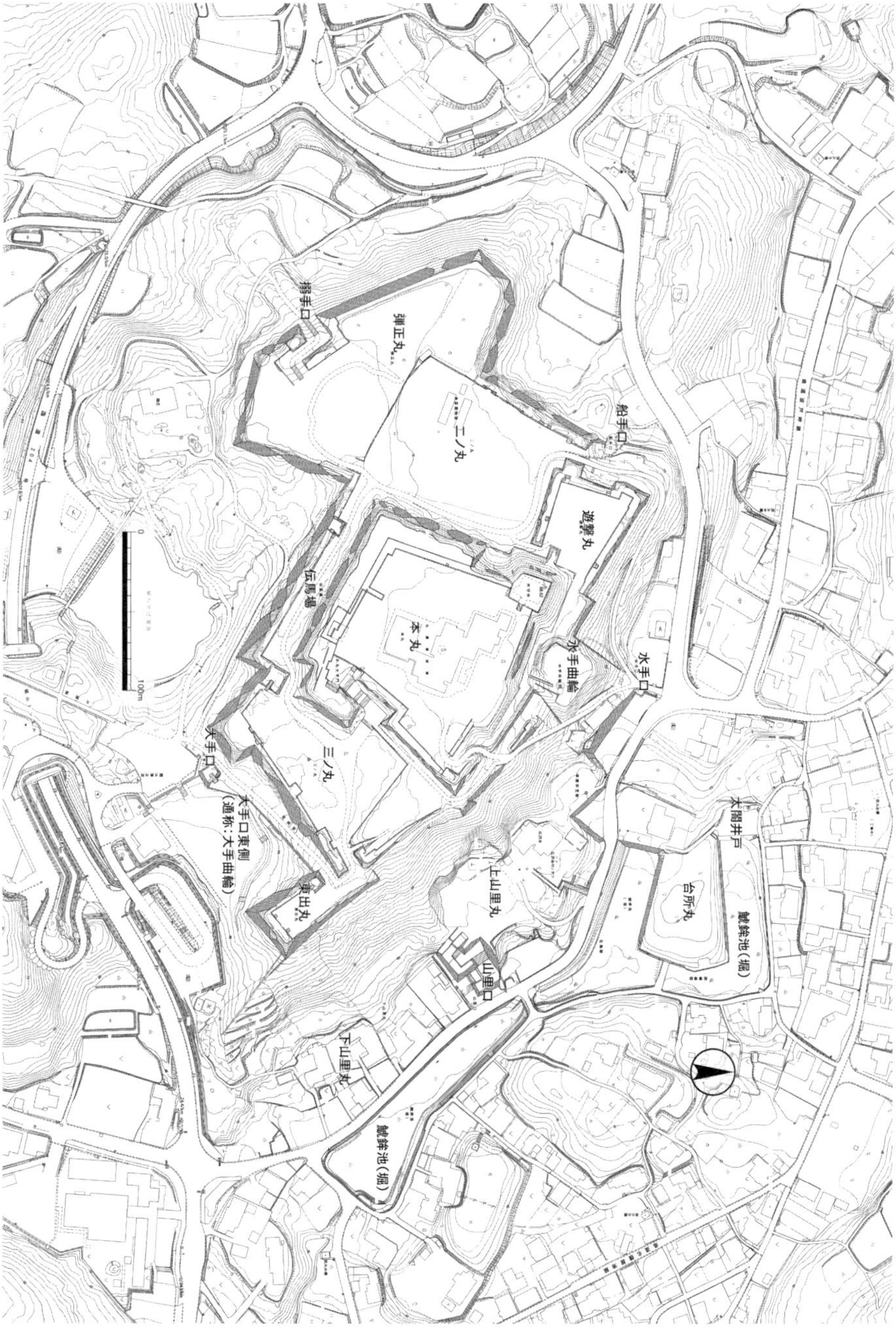

名護屋城跡平面図◆画像提供：佐賀県立名護屋城博物館

歳久と久保が死去、太閤検地をめぐって一悶着

天正二十年（一五九二）七月、政権の命令を受けて薩摩に下向した細川幽斎は、早速、梅北一揆の関係者の処分と、「仕置」による島津氏領内の改革に乗り出していく。

まず初めに問題となったのが、島津歳久の処遇であった。梅北一揆に歳久の家臣が関与していたためで、七月五日、秀吉は島津氏に、歳久を朝鮮に出陣させるか、もしくは歳久自身を処刑するよう通告している。当時、歳久は病身であり、秀吉の通告は事実上、歳久の処刑を命じたものであった。

梅北一揆に歳久自身が関与したのかは現在も不明であるが、七月十八日、義久は「当家之ため」・「国之ため」として歳久に自害を命じており、歳久は五十六年の生涯に幕を閉じることとなった。

こうして歳久の処分が完了すると、幽斎はもう一つの任務である島津氏領内の「仕置」を本格化させる。幽斎の「仕置」の狙いは主に、家臣団の給地・寺社領・売却地の収公による財政基盤の強化と、豊臣政権に忠実な新たな代官組織の構築を通じて、大名主体の領国支配体制を確立することにあった。

翌文禄二年（一五九三）正月まで続いた幽斎の「仕置」は一定の成果を収めたが、改革に否定的な義久らの反発により譲歩を強いられた部分もあった。特に義弘・久保領内の収公地が義久の家臣に再給付されたことは、義弘・久保に幽斎に対する不満や疑念を抱かせ、もう一人の取次である石田三成との結びつきを強めることとなった。

また「仕置」の結果、大名主体の領国支配体制の確立には検地の実施が不可欠との見通しが示されたこともあり、続いて豊臣政権は、島津氏領に対する政権主導の検地（＝太閤《たいこう》検地）

島津歳久の墓◆歳久の跡は娘婿忠隣の子常久が継ぐが、慶長十九年（一六一四）に二十八歳で病死した　鹿児島県日置市・大乗院

島津久保の墓◆久保は朝鮮在陣中の文禄二年九月八日に巨済島にて没した。享年二十一歳の若さであった　鹿児島市・福昌寺跡

の実施を目指すこととなる。

太閤検地の実施については、「文禄の役」をめぐる和平交渉が開始された直後の、文禄二年七月ごろから義弘と石田三成の間で議論されているが、大きな問題となったのが義久の処遇であった。改革に否定的な義久の存在は、検地の実施に際しても障害となると考えられたのである。

そこで三成は、義久の領国支配体制からの排除を画策する。この計画は、義久から久保への家督移行を強行し義久を隠居に追い込むものであったが、翌九月に計画の要である久保が病没したため、実現には至らなかった。

久保の死により義久排除の機会を失った三成であったが、翌文禄三年三月、久保の弟の忠《ただ》恒《つね》が島津氏の家督継承者として承認されると、再び太閤検地の実施に向けて動きだす。三成は、忠恒と義久の三女亀寿の婚儀を名目に義久を上洛させるとともに、朝鮮に出陣する忠恒の供として義久側近を指名し、義久とその側近家臣の国元からの排除に成功したのである。こうして伊集院忠棟の主導で、島津氏領内の太閤検地が開始されることとなる。

九月に開始された太閤検地は、文禄四年二月に終了し、同年六月には検地の結果をふまえた領《りょう》知《ち》宛行状《あてがいじょう》・知行方目録《ちぎょうかたもくろく》が義弘に宛てて発給されている。

検地の結果、約三十六万石もの増分が打ち出され、島津氏の総知行高は約五十五万石に増加することとなった。また、義久の知行地が大隅・日向両国に変更されるとともに、島津氏の本拠鹿児島を含む薩摩国が義弘に宛行われており、検地を機に、義弘を義久に代わる島津氏の代表者と位置付ける意図があったと考えられている。

石田三成画像◆三成による島津領国の太閤検地の成果および義久排除の意向は、その後の島津家の歴史に大きな意味をもった　東京大学史料編纂所蔵模写

以後、島津氏の政治拠点は、家督継承者忠恒の居所とされた鹿児島と義弘・義久の新たな拠点である大隅国帖佐《ちょうさ》（鹿児島県始良市）および同国富隈《とみくま》（同霧島市隼人町）に三分され、家臣団は義久・義弘・忠恒の下に三極化していくこととなる。

義久・義弘らの知行地確定に続いて、島津氏家臣団への知行配当がおこなわれたが、この知行配当は、増分の打ち出しにより実質的な知行削減となったうえ、全領国規模で所領の移転をともなうこととなったため、家臣団に不満と混乱を生じさせることとなった。とりわけ検地や知行配当を主導した忠棟には、政権の意向により、ただ一人日向国庄内などで大幅な加増がなされたこともあり、家臣団の不満が集中することとなる。

こうした知行配当をめぐる不満は、国元だけでなく朝鮮在陣衆にも拡大した。家督継承者となって以降、朝鮮での在陣を続けていた忠恒は、朝鮮在陣衆の不満を抑えるべく、文禄五年の正月以降、独自に在陣衆に対する本領安堵や加増を実施し、それらが実現されるよう国元の義久に要請するが、「知行配当の責任者は伊集院忠棟である」として退けられてしまう。この一件は、忠棟が主君である島津氏以上の権限を握っていることを忠恒に痛感させ、忠棟への不満や疑念を抱かせるきっかけとなった。

なお、忠恒はこれ以後、義久から忠棟への不満を報告されるようになり、国元の忠棟に対する不満の受け皿のような存在となっていく。加えて、忠恒は朝鮮在陣衆への補給をめぐっても、責任者である忠棟への不満を募らせており、朝鮮在陣中に積み上がった忠棟への不満や疑念は、以後の忠恒の政治姿勢に大きな影響を及ぼすこととなる。

富隈城跡の石垣◆薩摩退去後の義久によって築かれ、慶長九年（一六〇四）に義久が国分城に移るまで居城として使用された。現在は石垣のみが残る　鹿児島県霧島市

太閤検地前後の知行地の変化

※歴史群像『裂帛 島津戦記』（学研、2001 年）掲載図を参考に作成

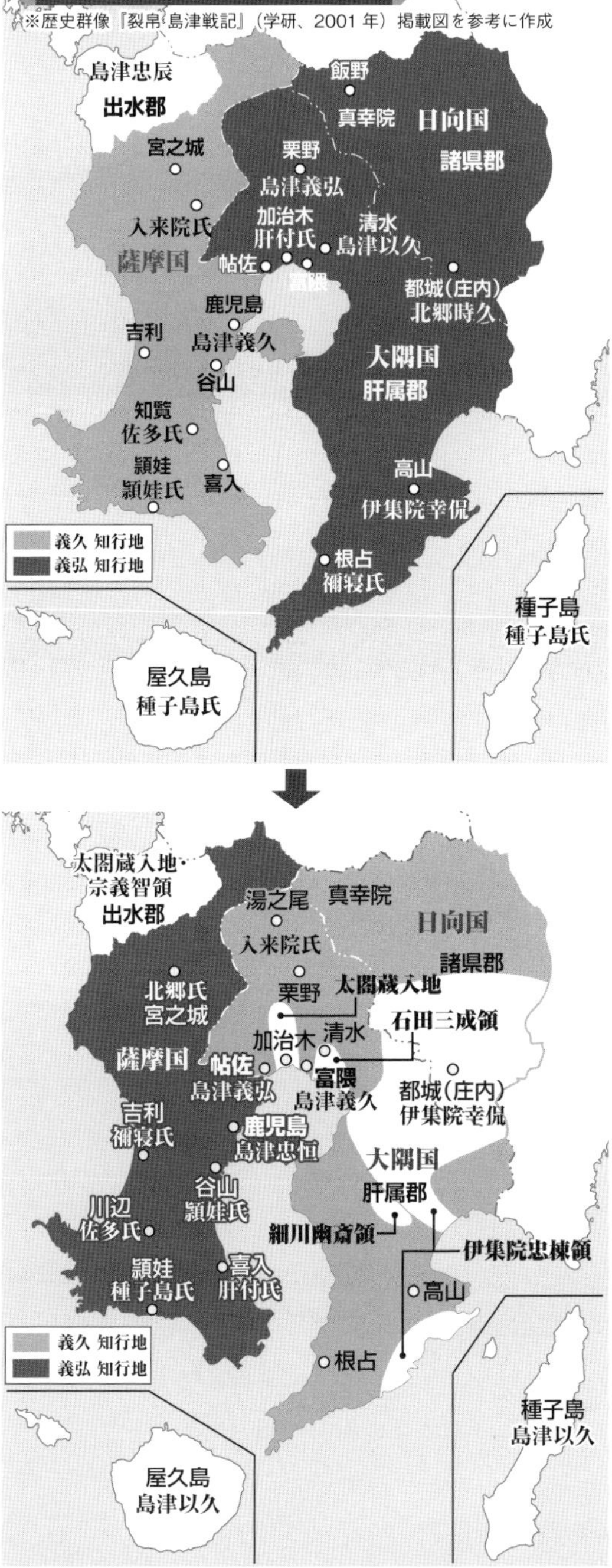

	先高（検地前の石高）
薩摩国	92,238.90 石
大隅国	68,647.74 石
日向国諸県郡	53,859.46 石
合計	214,745.29 石

	新高（検地後の石高）
薩摩国	283,488.74 石
大隅国	175,187.44 石
日向国諸県郡	120,187.44 石
合計	578,733.41 石

	出米（検地にともなう加増）
薩摩国	191,250.65 石
大隅国	106,409.52 石
日向国諸県郡	66,327.98 石
合計	363,988.15 石

地 目	石 高
義久蔵入分（無役）	100,000 石（内 73,000 石加増）
義弘蔵入分（無役）	100,000 石（内 88,000 石加増）
伊集院忠棟領	80,000 石（内 59,000 石加増）
島津以久分	10,000 石（内 1,700 石加増）
給人本知	141,225 石
給人加増分	125,308 石
寺社領	3,000 石
太閤様御蔵入分	10,000 石
石田三成領	6,200 石
細川幽斎領	3,000 石
合計	578,733 石

太閤検地知行方目録の情報をまとめた表

慶長の役で再出陣、名誉挽回をかけた泗川の戦い

文禄五年（一五九六）九月、明《みん》との間で進められてきた講和交渉が決裂すると、翌慶長二年（一五九七）二月、秀吉は日本軍の朝鮮への再出兵を決断する。いわゆる慶長の役の勃発である。

開戦に当たっては、朝鮮での在陣を続けていた忠恒に加えて、帰国していた義弘にも再度、出陣が命じられることとなった。このときの出陣に際しても、やはり軍勢不足が問題となったとみられるが、後日の知行宛行を条件に下級家臣層から大量の志願兵を募ることで不足の補填が図られている。義弘は二月二十一日に本拠である大隅国帖佐を出陣し、四月三十日に忠恒と合流している。

慶長の役における日本軍出兵の目的は、講和交渉において、秀吉が割譲を求めていた朝鮮半島南部を確保することにあった。

朝鮮半島に渡海した日本軍は、慶長二年七月から九月にかけて、巨済島《チェジュ》近海の朝鮮水軍を掃討し釜山《プサン》周辺の制海権を確保した後、半島南部の慶尚道《キョンサンド》・全羅道《チョルラド》・忠清道《チュンチョンド》の制圧に乗り出しているが、これに一区切りがついた同年十月以降は、主に半島南部の沿岸部で拠点となる城郭の普請を進めている。義弘・忠恒率いる島津軍も、全羅道制圧のため各地を転戦した後、慶尚道の泗川《サチョン》の防衛を担当することとなった。

その後、慶長二年末から翌年初めにかけて、反転攻勢に出た明・朝鮮軍を蔚山《ウルサン》城で撃退したことで、ひとまず朝鮮半島南部を確保するための防衛体制が整えられたが、慶長三年八月、朝鮮出兵の計画を揺るがす一大事が発生する。同年六月以来、重篤な状況に陥っていた秀吉が八月十五日に死去し、豊臣政権の運営が、秀頼《ひでより》の補佐を託された徳川家康《とくがわいえやす》を筆頭とする有

泗川倭城（新城）全景◆古城と新城があり、新城は古城の南に慶長二年十月に新しく築かれた。倭城とは、文禄・慶長の役で朝鮮南部に築かれた日本式の城のこと　画像提供：佐賀県立名護屋城博物館

力大名（五大老《ごたいろう》）と、政策実務を任されてきた石田三成を筆頭とする側近（五奉行《ごぶぎょう》）によって担われることとなったのである。

絶対的な権力者として朝鮮出兵を推し進めてきた秀吉の死により、出兵における日本軍の主眼は、朝鮮半島南部の確保から、可能な限り穏便に明・朝鮮との和平を締結し、朝鮮からの撤兵を図ることへと移ることとなった。しかし、明・朝鮮軍は、日本軍の拠点である蔚山・泗川・順天《スンチョン》への攻勢を強めており、これらの実現は一筋縄にはいかない状況にあった。

こうしたなか、慶長三年十月一日、泗川に籠城していた義弘・忠恒率いる島津軍は、同城に総攻撃を仕掛けてきた明・朝鮮軍と戦い、撃退に成功する。泗川の戦いと呼ばれるこの合戦で、

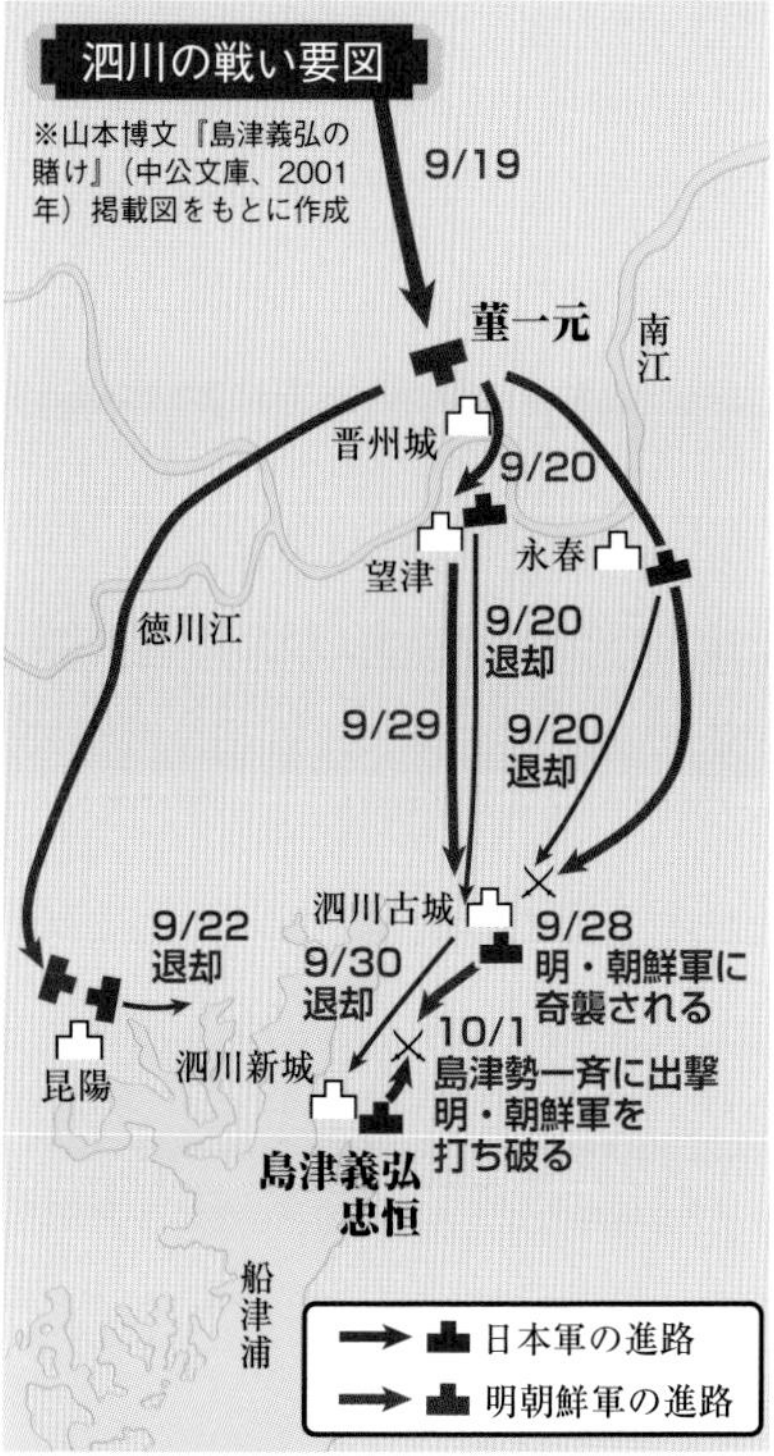

※山本博文『島津義弘の賭け』（中公文庫、2001年）掲載図をもとに作成

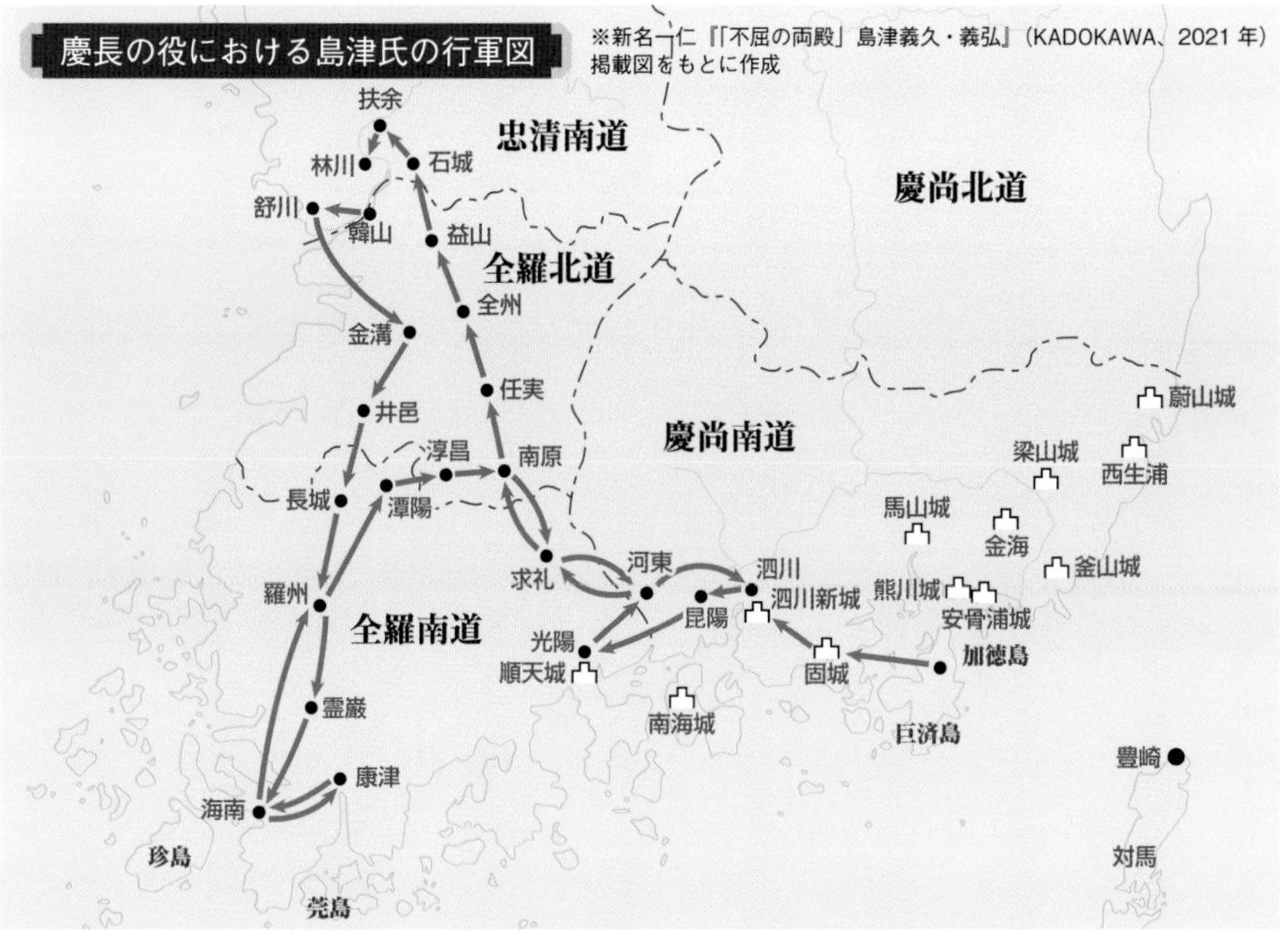

※新名一仁『「不屈の両殿」島津義久・義弘』（KADOKAWA、2021 年）掲載図をもとに作成

島津軍はわずか数千人の軍勢で、四～五万人の明・朝鮮軍を撃退する大勝利を収めたとみられ、この勝利をきっかけとして、日本軍と明・朝鮮軍の和平交渉が大きく進展することとなる。

　また、この勝利は、文禄の役以降、「日本一之遅陣」をはじめとして失態を繰り返してきた島津氏にとっても、名誉を挽回するためのまたとない機会となった。義弘は石田三成に泗川での勝利の戦局における重要性を盛んにアピールすると同時に、勝利を島津氏が厚く信仰し、摂関家の守護神でもある稲荷大明神《いなりだいみょうじん》の奇瑞によるものと位置付け、近衛家や後陽成《ごようぜい》天皇にも報告をおこなっている。

　こうした動きの背景には、秀吉の死により政局の転換が予測されるなか、近衛家を介して公家・天皇とも独自の結びつきを得ようとする島津氏の狙いがあったのではないかと考えられている。

　この後、和平の成立により泗川を退去した島津軍は、十一月十八日、明・朝鮮軍に包囲された順天の日本軍を救援するために、露梁《ろりょう》海峡で明・朝鮮の軍勢と激戦を繰り広げている。この戦いで島津軍は多数の死傷者を出し、義弘自身が危機に陥る場面もみられたと伝えられるが、最終的には朝鮮水軍を率いる李舜信を戦死させるなど勝利を収め、順天の救援に成功している。

　そして露梁海峡での激戦からまもない十一月二十五日、朝鮮に派遣された日本軍の撤退が進むなか、義弘・忠恒率いる島津軍も釜山を発って帰国の途に就くこととなった。義弘・忠恒は翌十二月に筑前国博多に到着している。

　忠恒にとっては、文禄三年の出陣以来四年越しの帰国となったが、三成の意向により、国元へは戻らず、在京することとなった。また、義弘も伏見《ふしみ》（京都市伏見区）に赴き、義久や家臣たちに帰国を報じている。

鹿児島五社稲荷神社◆鹿児島五社は島津氏が勧請した南方神社（諏訪神社）、八坂神社、稲荷神社、春日神社、若宮神社の五社のこと。稲荷神社はそのうち第三位に列せられている。島津稲荷とも称された　鹿児島市稲荷町

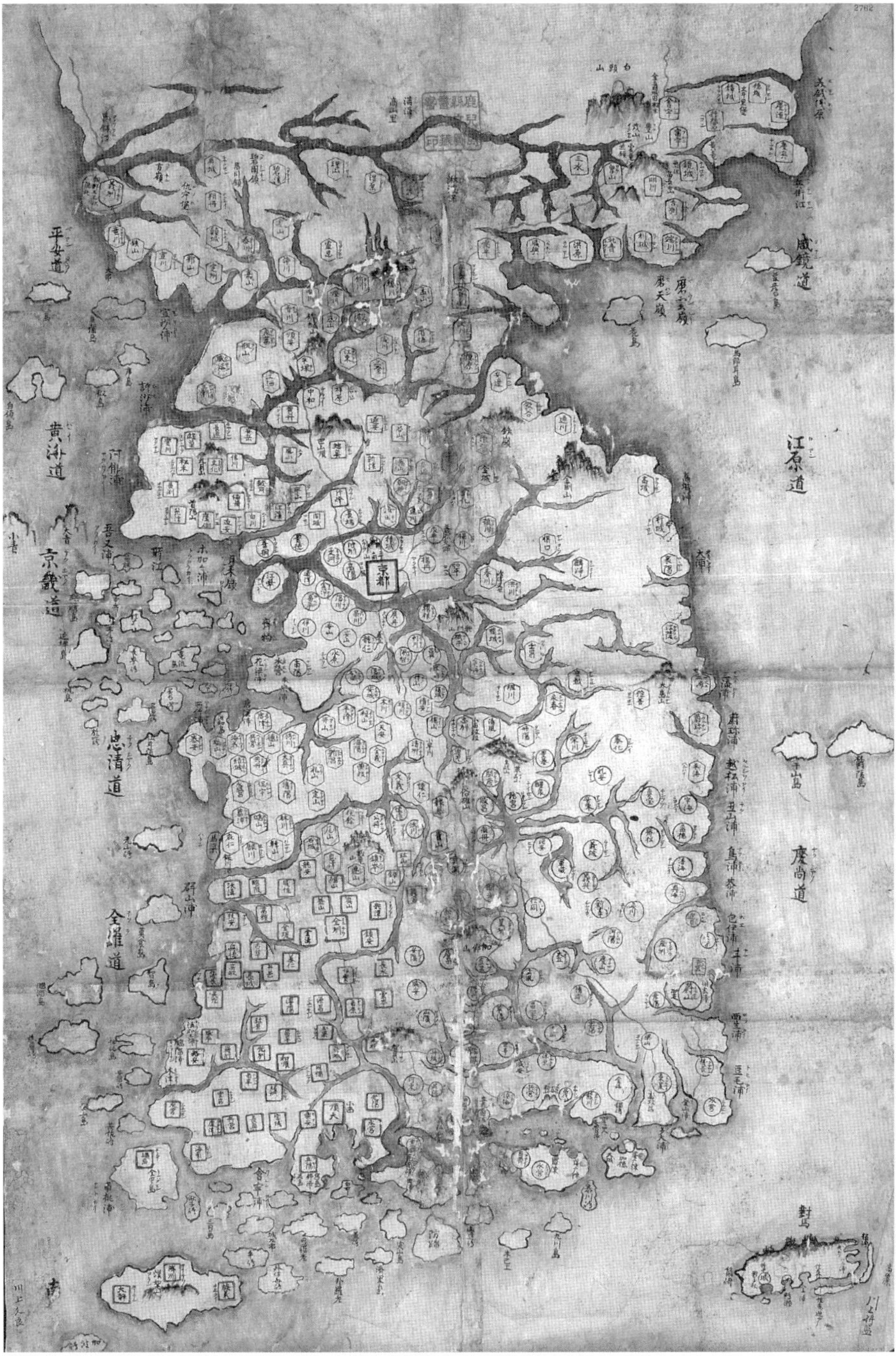

朝鮮古図◆文禄・慶長の役における島津軍の動きを記す　鹿児島県立図書館蔵

島津忠恒の家督相続と伊集院忠棟誅殺事件

慶長四年（一五五九）正月九日、朝鮮からの帰国後に京都に赴いた忠恒は、泗川での戦いの恩賞として、合計五万石にも及ぶ大幅な加増を受けることとなった。

朝鮮在陣中の島津氏のアピールが功を奏したかたちであるが、加増と同時に、近衛少将任官（＝公家成）と羽柴名字の拝領により、忠恒が豊臣大名の一員に加えられていることから、この加増には、忠恒による島津氏家督の相続を見据えた準備の意味もあったと考えられている。

この加増にともなう知行地再編をみても、最終的に義久・義弘の六万石よりも多い十万石を、忠恒の直轄領とすることが計画されており、豊臣政権が加増を契機として、忠恒を義久・義弘よりも上位の存在と位置付けようとしていたことがうかがえる。

こうして忠恒を島津氏の頂点に位置付ける動きが進むなか、二月二十日、義久は島津氏家督の証として父貴久の代に作成された「時雨軍旗」を忠恒に譲渡し、国元に帰国する。これにより、ついに義久から忠恒への家督譲渡が実現することとなった。

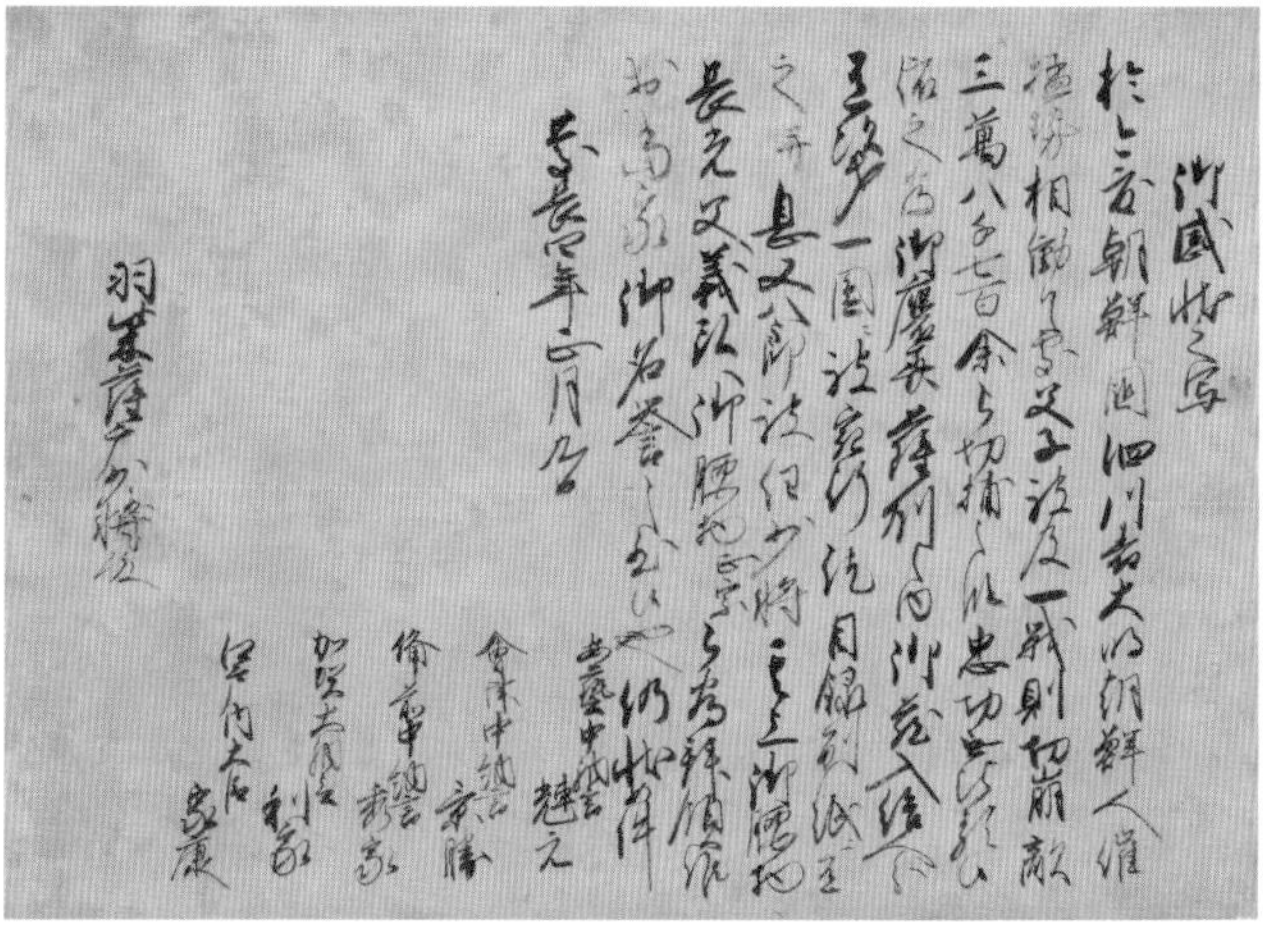

慶長四年正月九日付五大老連署状案◆泗川の戦いの恩賞を伝えた感状の案文　「島津家文書」　東京大学史料編纂所蔵

豊臣政権は、政権に反抗的な義久に代わって、政権の一員と位置付けられた忠恒を島津氏の当主とすることで、忠恒が政権に従順な当主として領国支配を主導してゆくことを期待したとみられる。しかしながら、結果的に、こうした政権の期待は大きく裏切られることとなる。

新当主となった忠恒が初めに着手したのは、自身と共に朝鮮に在陣した重臣・近臣らへの加増・転封《てんぽう》であったが、忠恒はこれらを、太閤検地やその後の知行配当で削減された知行の返還としておこない、伊集院忠棟が豊臣政権や義弘と連携して推し進めてきた改革を否定する意向を示したのである。

忠恒が、朝鮮在陣衆への知行安堵・宛行や補給をめぐって忠棟に不満を募らせていたこと、また太閤検地や知行配当をめぐる義久や家臣団の忠棟に対する不満の受け皿となっていたことは前述の通りである。忠恒の不満の根底には、忠棟が主君である島津氏を上回る権限を振るう状況への疑念があり、その疑念が忠恒に、忠棟やその後ろ盾である豊臣政権の影響力の排除を決断させたと考えられている。

そして忠恒によるこの決断は、最終的に慶長四年三月九日、忠恒自らが忠棟を京都伏見の自邸に招いて斬殺するという事件に帰結する。忠棟が豊臣政権や義弘と連携して進めてきた島津氏の改革は、改革にともなう領国内の不満を一身に受けた忠棟の殺害というかたちで幕を閉じることとなったのである。

文禄4年6月		慶長4年正月（加増直後）		慶長4年の知行再編の最終案	
地目	石高	地目	石高	地目	石高
義久蔵入分（無役）	100,000石	義久蔵入分	60,000石	義久蔵入分（無役）	60,000石
義弘蔵入分（無役）	100,000石	義弘蔵入分	60,000石	義弘蔵入分（無役）	60,000石
忠恒蔵入分	—	忠恒蔵入分	60,000石	忠恒蔵入分	100,000石
忠恒内儀分	—	忠恒内儀分	10,000石	忠恒内儀分	10,000石
伊集院忠棟分	80,000石	伊集院忠棟分	79,300石	伊集院忠棟分	79,300石
島津以久分	10,000石	島津以久分	10,000石	島津以久分	10,000石
給人本知	141,225石	給人本知	229,390石	給人本知	229,390石
給人加増分	125,308石	道具者	5,870石	道具者	5,870石
		帖佐・富隈屋敷方	1,800石	帖佐・富隈屋敷方	1,800石
		浮地	17,350石	浮地	30,850石
寺社領	3,000石	寺社領	3,000石	寺社領	3,000石
上方分	10,000石	上方分	10,000石	上方分	30,000石
—		義久蔵入地出分	5,000石		
—		義弘蔵入地出分	5,000石		
—		伊集院忠棟領出分	700石	（→忠恒蔵入分へ）	（40,000石）
—		義久・義弘内儀分	12,800石		
太閤様御蔵入分	10,000石	慶長4年正月加増分	50,000石		
石田三成領	6,200石				
細川幽斎領	3,000石			（→浮地へ）	（13,500石）
旧薩州家領	30,800石				

慶長4年の加増にともなう知行割の変化◆山本博文『島津義弘の賭け』（中公文庫、2013年）149頁、および新名一仁『「不屈の両殿」島津義久・義弘』（KADOKAWA、2021年）225頁の表をもとに作成

伊集院忠真が挙兵し庄内の乱勃発、家康が和平に奔走

忠恒による伊集院忠棟の斬殺は、石田三成の怒りを招き、忠恒は京都の高雄山《たかおやま》（京都市右京区）への蟄居《ちっきょ》に追い込まれることとなった。忠棟は秀吉から知行を与えられた「御朱印衆」であり、その独断での成敗は豊臣政権への反逆に等しい行為であったためである。

その後、閏三月四日に政権内部の対立から三成が失脚したことで、忠恒の行為は不問に付されることとなったが、これにともない、島津氏内では新たな問題が発生する。忠棟の嫡男忠真《ただざね》が、後ろ盾であった三成の失脚を受けて、本拠の日向国庄内で反旗を翻したのである。

後に「庄内の乱」とよばれる反乱の勃発を受け、島津氏は忠真の討伐を決定した。忠恒は、三成の失脚後、豊臣政権の主導権を握っていた徳川家康から、忠真討伐について了承を得たうえで、四月の末ごろまでに国元に帰国している。

帰国した忠恒は、庄内北方の東霧島《つまきりしま》神社（宮崎県都城市高崎町）に布陣し、六月二十二日に忠真方への攻撃を開始するが、思わぬ苦戦を強いられ、戦いは膠着状態に陥ってしまう。翌七月には、家康が家臣である山口直友《やまぐちなおとも》を通じて和睦交渉に乗り出すが、これも失敗に終わる。

こうした状況をふまえて、家康は政権による軍事介入も辞さない姿勢を示しているが、島津氏は、乱を島津氏内部の問題であるとして、これを拒否している。結局、前田利長《まえだとしなが》との対立にともなう政権中枢の政治的緊張の高まりから、家康は改めて和睦による解決へと舵をきり、以後、島津氏は家康の仲介による和睦の実現を模索することとなる。

十月に入ると、島津軍が忠真方の抵抗拠点である志和池《しわち》城（宮崎県都城市）への攻勢を強めるなか、政権内で九州方面の取次を務める寺沢正成《てらさわまさなり》（のちの広高《ひろたか》）が忠真との和平交渉に臨むが、交渉は再び失敗に終わる。これを受けて、島津軍は攻勢をさらに強めたものの、

東霧島神社◆霧島六所権現の一つ。所蔵の梵鐘は慶長二十年（一六一五）の大坂夏の陣の出陣に際し、同社に奉納したもの。宮崎県内に残る梵鐘で二番目に古いものという　宮崎県都城市高崎町

十二月八日に大敗を喫するなど、戦況は一進一退の状況が続いた。

こうしたなか、年末には山口直友が再び和睦交渉を開始する。交渉は一ヶ月以上続いたが、この間に志和池城が陥落したこともあり、慶長五年二月十八日に、忠真はついに和睦を受け入れる。忠真は薩摩国頴娃一万石に減封されたうえで、島津氏に再奉公することとなった。

こうして約九ヶ月にわたる庄内の乱はひとまず終結することになったが、忠真の存在は、いましばらく島津氏を取り巻く政治情勢に大きな影響を及ぼしていくこととなる。

徳川家康画像◆慶長5年（1600）3月頃から家康と上杉景勝の関係が悪化し始める。4月27日、島津義弘は家康のもとを訪れ庄内の乱調停の御礼を申したところ、家康から景勝討伐について打ち明けられることになる　東京大学史料編纂所蔵模写

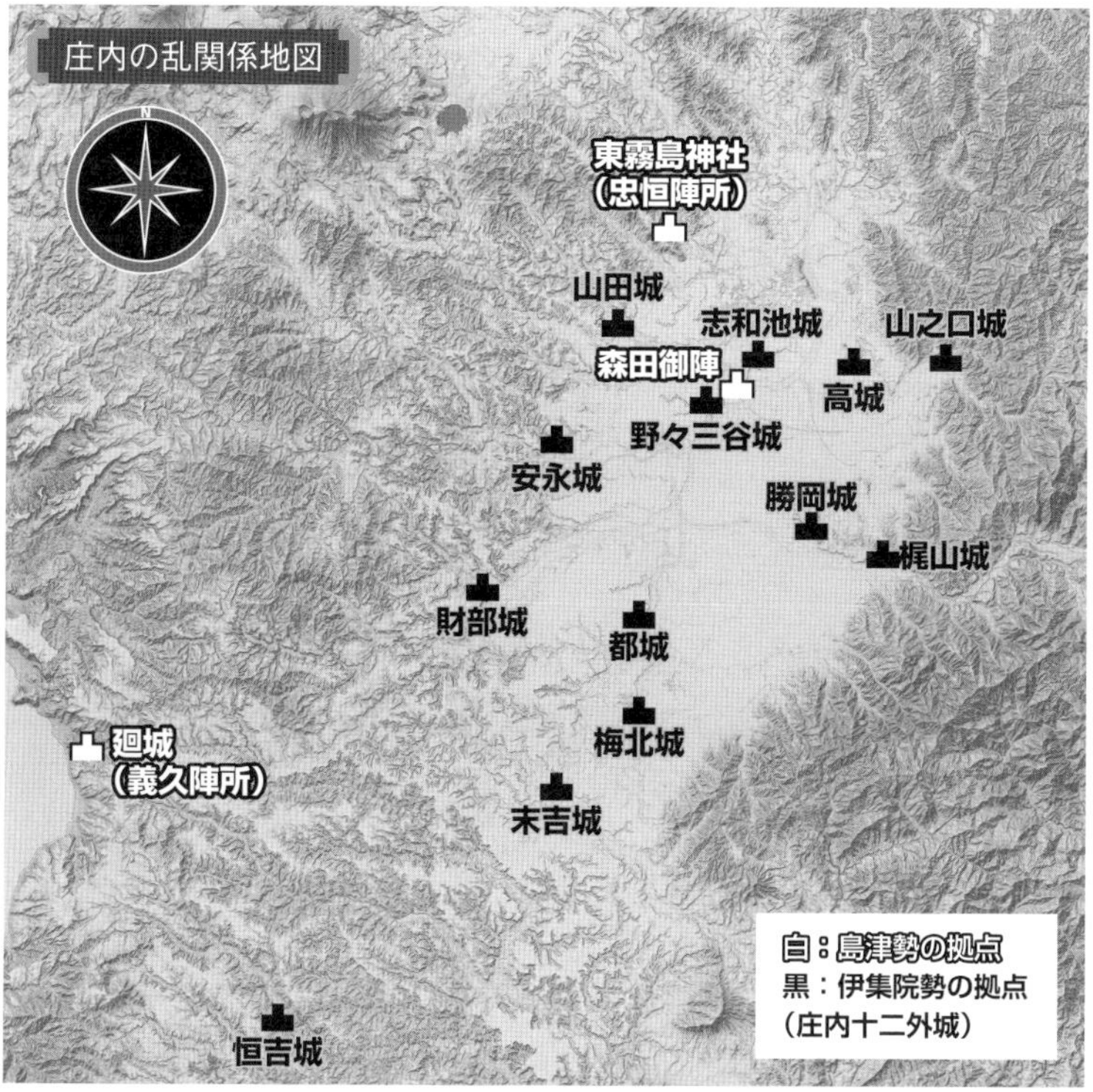

関ヶ原の戦いで西軍敗れる！　義弘決死の敵中突破

庄内の乱が終結を迎えつつあった慶長五年（一六〇〇）三月、豊臣政権の中枢では、陸奥国会津《あいづ》の上杉景勝《うえすぎかげかつ》に、政権への謀反の疑いがかけられていた。これにともない景勝には上洛と弁明が命じられたが、景勝が即座に応じなかったため、家康は会津への出陣と景勝の討伐を決断する。

家康の出陣に当たって、国元で庄内の乱を終結させたばかりの当主忠恒には領内統治への専念が命じられ、会津征伐にともなう軍役は、庄内の乱勃発後も情報収集のため京都に滞在していた義弘が果たすこととなった。

国元の義久に宛てた四月二十七日付の書状によれば、このとき、義弘には伏見での留守居が命じられたらしく、義弘はそのための軍役として一〇〇石につき一人、合計で約四二〇〇人ほどの軍勢を上洛させるよう要請している。

しかし、庄内の乱で疲弊し、また引き続き伊集院忠真の動向に警戒する必要のあった忠恒らに京都に軍勢を派遣する余力はなく、このときの軍勢派遣は見送られている。

こうしたなか、出陣の準備を整えた家康は、六月十六日に大坂城を出発し会津へと向かうが、七月十二日、石田三成・大谷吉継《おおたによしつぐ》らが、家康に反旗を翻し、京都・大坂で軍事行動を開始する。この非常事態を受けて、京都にいた義弘は当初、偶然上洛していた甥の島津豊久とともに、家康からの命令通り伏見城での在番に従事しようとしたらしい。

ところが、連絡不行届のためか、義弘の伏見入城は、家康の家臣である鳥居元忠《とりいもとただ》らによって拒否されてしまう。こうして、家康方として活動する術を失った義弘は、否応なく石田三成率いる西軍に参加せざるをえない状態となった。その後、義弘が自身の妻と義久の娘の亀

鳥居元忠画像◆栃木県壬生町・常楽寺蔵

大垣城跡◆関ヶ原当時の城主は伊藤盛宗。西軍本隊が関ヶ原に移動すると、福原長堯らが守将をつとめた　岐阜県大垣市

「関ヶ原合戦図屏風」に描かれた島津軍◆関ケ原町歴史民俗学習館蔵

寿を人質として大坂城に預けたことで、島津氏の西軍所属が確定する。

義弘が西軍に属することを決断した当時、四月に催促した軍勢は上洛しておらず、義弘の手勢は二百人余りであったと伝えられる。そのため義弘は、国元の忠恒・義弘に対して自身の西軍帰属を報じるとともに改めて軍勢の派遣を要請しているが、三成を憎悪し、また家康に恩義のある忠恒・義久は、西軍に加担した義弘への援軍派遣には消極的であった。

そのため、以後、義弘は自らの家臣団や、自分と行動を共にする豊久の家臣団の中から上洛する家臣団を募りつつ、わずかな手勢で三成の伏見城攻め、大垣《おおがき》（岐阜県大垣市）入城に従い、九月十五日の関ヶ原《せきがはら》の合戦を迎えることとなった。

合戦の当日、義弘と豊久は、約一五〇〇人ほどの軍勢で、笹尾山《ささおやま》に陣

関ヶ原古戦場島津義弘本陣跡◆義弘は小池村に陣取ったとされ、笹尾山の石田三成陣から南約八〇〇mに位置する。現在の神明神社境内にあたり、現在は石碑と解説板が建っている　岐阜県関ケ原町

を置いた石田三成の側面を守備する二番備として、三成の軍の右手側に布陣したと考えられている。

そして、午前十時ごろに合戦が開始されると、義弘は三成の陣の脇を固めつつ、自身の参戦時機をうかがっていたとみられるが、その機会が訪れる前に、小早川秀秋《ひであき》の裏切りによって西軍は総崩れとなってしまう。

西軍の敗北を見通した義弘は以後、三成の指揮下を離れて、独自の判断で戦場からの脱出を図ることとなる。後世「島津の退き口」として語り継がれる逃避行の始まりである。

戦場からの離脱に際して義弘は、大垣城に籠城していた相良氏・秋月氏・高橋氏ら九州の西軍勢力との合流を目指したと考えられている。これは必然的に、正面から敵中突破を図るかたちとなり、島津軍は長寿院盛淳《ちょうじゅいんせいじゅん》や島津豊久をはじめとして多数の戦死者を出すこととなった。

こうして多大な犠牲を出しながら敵中を突破した島津軍であったが、当時、すでに大垣城でも東軍による攻撃が始まっていた。途上でこのことを知った義弘は、大垣城の西軍勢力との合流を諦め、和泉国堺へ向かうことを決断する。

このとき、義弘が堺までの移動に用いた経路としては、近江国高宮《たかみや》（滋賀県彦根市）を経て同国東部を南下するルートや、伊勢街道を南下して伊勢国・伊賀国（いずれも三重県）を経由するルートなどが提示されており、今なお確定していないが、合戦から五日が経過した九月二十日には、堺の近隣の住吉（大阪市住吉区）に到着している。

この後、旧知の商人たちに匿われて堺に潜伏した義弘は、帰国の準備を進めるとともに、大坂城の島津氏家臣や亀寿らに脱出を促している。そして九月二十二日には、亀寿らを連れて脱出に成功した家臣たちと合流し、帰国の途に就くこととなった。

島津豊久供養碑◆関ヶ原の戦い後、豊久討ち死にの確証が島津家では得られていなかったようで、義弘が安否を探らせたとされる　岐阜県大垣市

薩摩池◆関ヶ原の戦い時に島津軍が使用したと伝わる　岐阜県関ケ原町

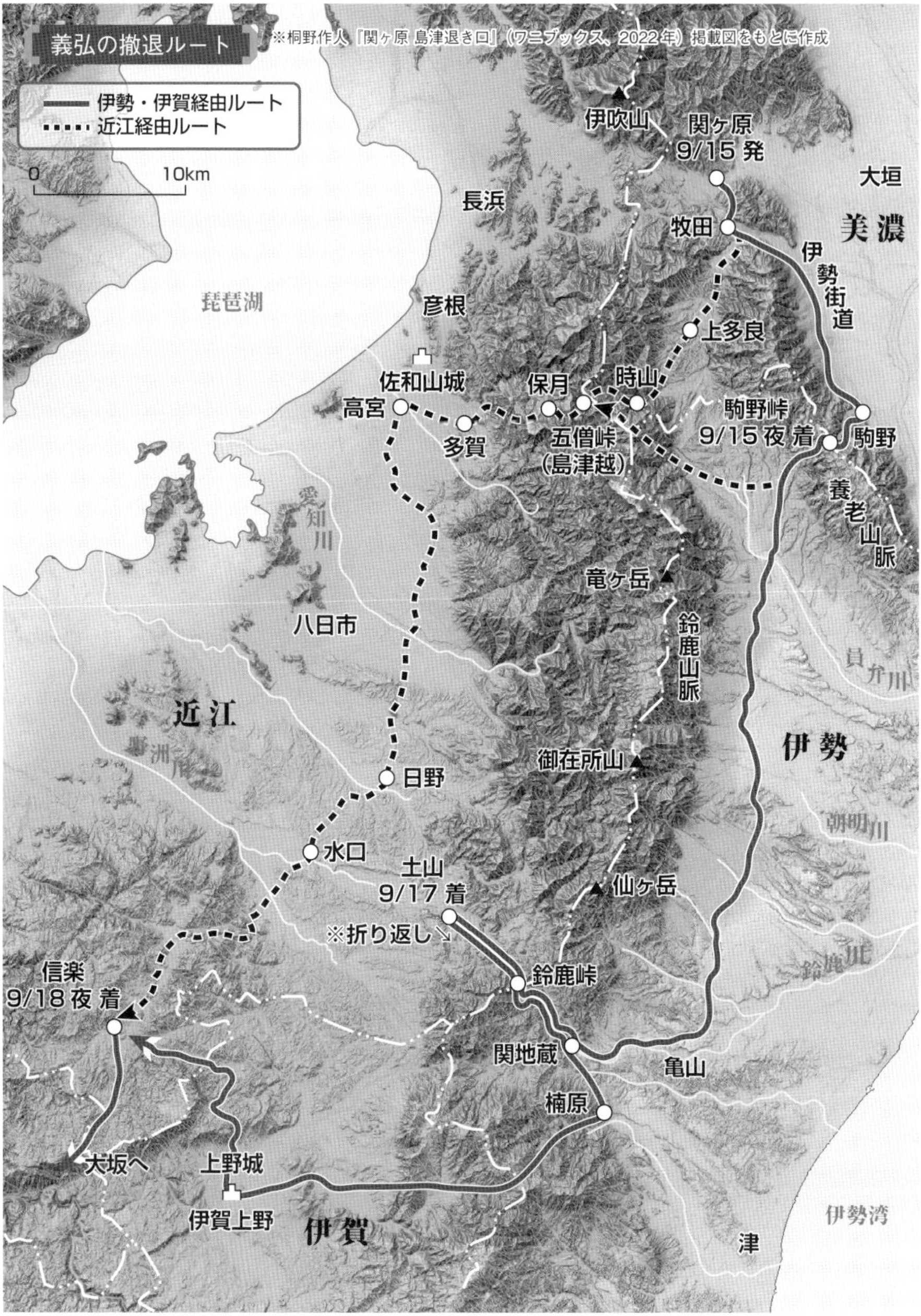
義弘の撤退ルート
※桐野作人『関ヶ原 島津退き口』（ワニブックス、2022年）掲載図をもとに作成
伊勢・伊賀経由ルート
近江経由ルート
0
10km
伊吹山
関ヶ原
9/15 発
大垣
長浜
牧田
美濃
伊勢街道
琵琶湖
彦根
上多良
佐和山城
時山
保月
高宮
多賀
五僧峠
（島津越）
駒野峠
9/15 夜 着
駒野
養老山脈
愛知川
竜ヶ岳
八日市
鈴鹿山脈
員弁川
近江
野洲川
伊勢
御在所山
日野
朝明川
水口
土山
9/17 着
仙ヶ岳
※折り返し
鈴鹿峠
鈴鹿川
信楽
9/18 夜 着
関地蔵
亀山
楠原
大坂へ
上野城
伊賀上野
伊賀
伊勢湾
津

忠恒が上洛し家康に臣従、近世大名として歩み始めた島津氏

慶長五年（一六〇〇）九月十五日におこなわれた関ヶ原の戦いの本戦が、家康の率いる東軍の勝利に終わった頃、国元の義久・忠恒たちはどのような状況にあったのだろうか。義久・忠恒が、家康との関係を無視して石田三成への加担を決めた義弘に不満を示しており、援軍派遣にも消極的であったことは前述のとおりである。

本戦終結直後の九月十九日には早くも、島津氏と深い関係を持つ近衛信尹《のぶただ》を介して、義弘の西軍への加担に忠恒・義久は無関係であるとの釈明がおこなわれており、開戦以前から、西軍への加担を義弘の独断とする方針が島津氏内部で固まっていたとみられる。

しかし、義弘の独断であったとしても島津氏が西軍所属となったことは動かしがたい事実であり、三成挙兵の影響により、各地で西軍大名・東軍大名による戦いが勃発するなか、義久・忠恒も西軍大名として、周辺の東軍大名と対峙せざるをえなくなっていく。

当時、忠恒・義久が東軍大名として特に警戒したのが、肥後国熊本（熊本市）の加藤清正《かとうきよまさ》と日向国飫肥の伊東祐兵であった。彼らは、庄内の乱で伊集院忠真を支援しており、忠真と再び連携する恐れがあったためである。

そこで島津氏は、日向国に軍勢を派遣して伊東氏の侵攻に備えるとともに、九月十九日以降、加藤氏による攻撃を受けていた肥後国宇土城（熊本県宇土市）の小西行景《こにしゆきかげ》（行長の弟）に援軍を派遣することで、加藤氏の動きを牽制している。

こうしたなか、十月に入ると、関ケ原からの生還を果たした義弘を通じて、忠恒・義久にも西軍の敗北が伝えられることとなる。折しも、東軍では小西行景を支援したことを理由に島津氏の討伐が検討され始めており、本格的な敵対を避けたい島津氏は、東軍との和平の実

加藤清正画像◆大東急記念文庫蔵

伊東祐兵画像◆伊東義祐の子で、兄義益の病死により家督を継いだ。関ヶ原の戦い後は島津領国への出兵を命じられるが、慶長五年十月十一日に病死した　日南市教育委員会委員会蔵

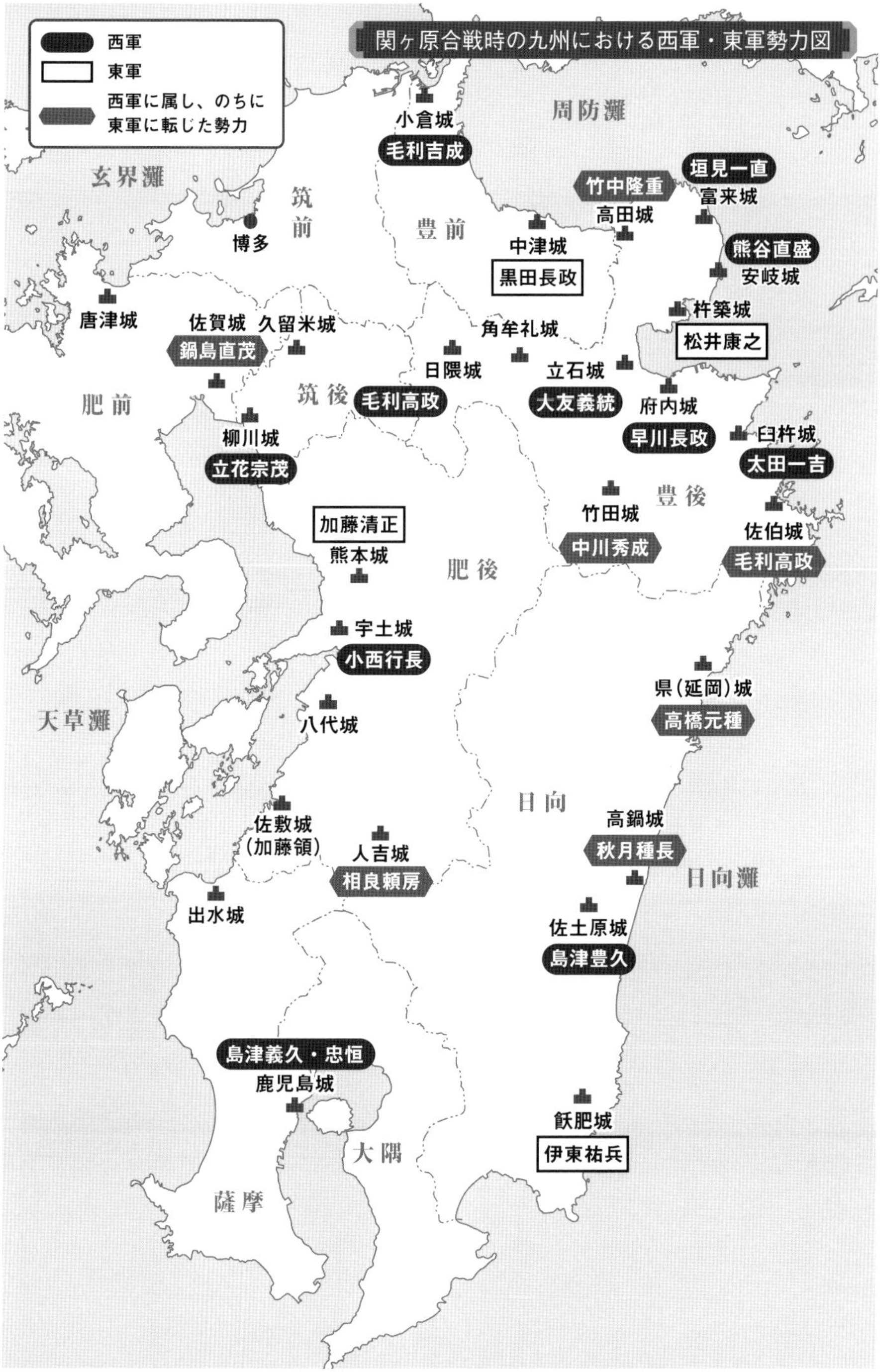
関ヶ原合戦時の九州における西軍・東軍勢力図
西軍
東軍
西軍に属し、のちに東軍に転じた勢力
周防灘
玄界灘
筑前
豊前
博多
小倉城
毛利吉成
竹中隆重
垣見一直
富来城
高田城
中津城
黒田長政
熊谷直盛
安岐城
杵築城
松井康之
唐津城
佐賀城
鍋島直茂
久留米城
角牟礼城
日隈城
立石城
大友義統
府内城
早川長政
肥前
筑後
毛利高政
柳川城
立花宗茂
臼杵城
太田一吉
豊後
竹田城
中川秀成
佐伯城
毛利高政
加藤清正
熊本城
肥後
宇土城
小西行長
県（延岡）城
高橋元種
天草灘
八代城
日向
高鍋城
秋月種長
佐敷城
（加藤領）
人吉城
相良頼房
日向灘
出水城
佐土原城
島津豊久
島津義久・忠恒
鹿児島城
飫肥城
伊東祐兵
大隅
薩摩

現に動き出すこととなる。

このとき、島津氏と東軍の間を仲介したのは筑前国柳川（福岡県柳川市）の立花宗茂であった。宗茂は関ケ原で義弘と共闘した間柄であり、筑前への帰国後、いち早く東軍への降伏を決断していた。また、宗茂の仲介を受けた東軍の黒田如水《じょすい》も島津氏との和平締結に前向きであり、島津氏討伐はひとまず保留とされ和平交渉が開始される。

和平交渉を主導したのは、家康の家臣である井伊《いい》直政《なおまさ》と山口直友であり、十二月の下旬には、西軍加担の責任者である義弘の蟄居と、義久の上洛が和平の条件として提示された。

しかし、これを受けた島津氏は、義弘の蟄居には応じたものの、義久の上洛には慎重であった。出頭要請に応じながら本領安堵を反故《ほご》にされた西軍大名がおり、島津氏にも同様の処分が下される恐れがあったためである。

結果として、翌慶長六年正月、忠恒は義久の上洛を拒否する意向を示すとともに、南北朝期の山城である上之山《うえのやま》城を再整備し、新たな居城とするための普請を開始する。東軍との決戦を見据えた動きであったと考えられ、このとき築城された鹿児島城（別名：鶴丸《つるまる》城）は以後、江戸時代を通じて薩摩藩島津氏の居城となる。

ただし、直政・直友は以後も交渉を打ち切っておらず、三月には、家康の要請に他意はないことを伝えたうえで、改めて義久の上洛を求めている。八月に、病床に伏した直政に代わり本多正信《ほんだまさのぶ》が担当者となった後も、島津氏側の不信の解消が試みられている。

しかし、この間も、加藤清正の働きかけを受けた島津以久が、嫡男彰久《てるひさ》と義久の二女新城との間に生まれた忠仍《ただなお》の島津氏当主への擁立を企てているとの噂が流れるなど、家康に対する不信は解消されず、義久の上洛は実現しなかった。

こうした状況をみかねた家康は慶長七年四月、本領安堵と義弘の身柄を保証する旨の起請

島津義弘蟄居跡◆鹿児島市桜島藤野町

伊集院忠真供養塔◆宮崎県小林市野尻町

（左ページ）鹿児島城（鶴丸城）御楼門◆島津家久によって築城された島津氏の居城。御楼門は令和二年（二〇二〇）に復元された　鹿児島市城山町

文を島津氏に提出する。当初からの懸念が解消され、島津氏はいよいよ上洛を迫られることになったが、義久やその側近家臣はなおも上洛に慎重であった。

そこで忠恒は、義久に代わって自身が上洛することを決断する。この決断は、家康が四月の起請文で忠恒を義久に代わる新たな代表者と認めたことを受けたもので、反対意見も出されるなか、八月十日、ついに忠恒は上洛を断行することとなる。

この忠恒の上洛と並行して、島津氏内部では、和平交渉の過程で生じた忠仍擁立をめぐる陰謀の清算が進められた。以久に起請文を提出させ、島津氏当主への忠誠を誓わせるとともに、庄内の乱以来、清正と通じていた忠真ら伊集院氏一族も関係者とみなし、一斉に誅殺している。

八月十日に鹿児島を発って上洛を果たした忠恒は、十二月二十八日に京都の伏見城で家康と対面し、ここに正式に島津氏と東軍との和平が成立する。伊集院氏一族の誅殺と、東軍との和平締結の成功により、忠恒の島津氏当主としての地位は揺るぎないものとなった。

そして、翌年慶長八年二月十四日には、家康が征夷大将軍に任じられ、江戸幕府が成立する。以後、島津氏は、初代薩摩藩主となった忠恒の下、近世大名としての道を歩み始めるのである。

【主要参考文献一覧】

朝河貫一「島津忠久の生ひ立ち—抵等批評の一例—」（『史苑』第一二巻第四号、一九三九年）
荒木和憲「一五・一六世紀の島津氏—琉球関係」（『九州史学』一四四、二〇〇六年）
石井　進「鎌倉時代「守護領」研究序説」（『日本中世国家史の研究』岩波書店、一九七〇年、初出は一九六七年）
石井　進「鎌倉時代の島津氏」（『尚古集成館講座・講演集』№一七、一九九七年）
伊集守道「戦国期本田氏地域権力化の一側面—近衛家との交流を中心に—」（『富山史檀』一五五、二〇〇八年）
伊集守道「天正期島津氏の領国拡大と足利義昭の関係」（『九州史学』一五七、二〇一〇年）
伊藤幸司「大内氏の琉球通交」（『年報中世史研究』二八、二〇〇三年）
伊藤幸司「南北朝期・室町期、島津氏の「明・朝鮮外交」の実態とは？」（日本史史料研究会監修・新名一仁編『中世島津氏研究の最前線』洋泉社、二〇一八年）
伊藤幸司「遣明船と南海路」（『国立歴史民俗博物館研究報告』第二二三集、二〇二一年）
井原今朝男「鎮西島津荘支配と惣地頭の役割—島津荘と惟宗忠久—」（『日本中世の国政と家政』校倉書房、一九九五年、初出は一九七七年）
上里隆史『琉日戦争一六〇九　島津氏の琉球侵攻』（ボーダーインク、二〇〇九年）
上田純一「日向志布志大慈寺の日中交流」（同著『九州中世禅宗史の研究』文献出版、二〇〇〇年）
江平　望『改訂島津忠久とその周辺—中世史料散策—』（高城書房、二〇〇四年）
江平　望「台明寺文書島津忠久願文について—島津氏下向の一例を考える—」（『拾遺　島津忠久とその周辺』高城書房、二〇〇八年、初出は二〇〇〇年）
大賀郁夫「近世期における島津忠久の頼朝落胤『伝説』について」（『薩摩藩法令史料集月報』二、鹿児島県歴史資料センター黎明館、二〇〇五年）
大山智美「戦国大名島津氏の権力形成過程—島津貴久の家督継承と官途拝領を中心に—」（新名一仁編著『薩摩島津氏』戎光祥出版、二〇一四年、初出は二〇〇九年）
尾下成敏「九州停戦令をめぐる政治過程—豊臣「惣無事令」の再検討」（『史林』九三—一、二〇一〇年）
紙屋敦之『梅北一揆の研究』（南方新社、二〇一七年）

川添昭二『今川了俊』（吉川弘文館、一九六四年）
川添昭二『注解元寇防塁編年史料―異国警固番役史料の研究―』（福岡市教育委員会、一九七一年）
川添昭二「鎮西管領斯波氏経・渋川義行」（渡辺澄夫先生古希記念事業会編『九州中世社会の研究』第一法規、一九八一年）
岸本　覚「長州藩藩祖廟の形成」（『日本史研究』第四三八号、一九九九年）
岸本　覚「鎌倉薩長藩祖廟と明治維新」（田中彰編『幕末維新の社会と思想』吉川弘文館、一九九九年）
桐野作人『関ケ原　島津退き口』（ワニブックス、二〇二二年）
桑波田興「戦国大名島津氏の軍事組織について」（福島金治編『戦国大名論集16　島津氏の研究』吉川弘文館、一九八三年、初出は一九五八年）
久下沼譲「御名代」島津義弘の権限と政治的位置」（『戦国史研究』七四、二〇一七年）
久下沼譲「戦国大名島津氏の一門と「脇之物領」―島津忠将とその子孫を中心に―」（『日本歴史』八五〇、二〇一九年）
五味克夫「解題」（『鹿児島県史料旧記雑録拾遺伊地知季安著作史料集九』、二〇一一年）
五味克夫「南北朝・室町期における島津家被官酒匂氏について―酒匂安国寺申状を中心に―」（新名一仁編著『薩摩島津氏』戎光祥出版、二〇一四年、初出一九八四年）
五味克夫『鎌倉幕府の御家人制と南九州』（戎光祥出版、二〇一六年）
五味克夫『南九州御家人の系譜と所領』（戎光祥出版、二〇一七年）
五味克夫『戦国・近世の島津一族と家臣』（戎光祥出版、二〇一八年）
佐久間重男『日明関係史の研究』（吉川弘文館、一九九二年）
佐藤進一『室町幕府守護制度の研究 下―南北朝期諸国守護沿革考証編―』（東京大学出版会、一九八八年）
瀬野精一郎「鎌倉幕府による鎮西特殊立法について」（御家人制研究会編『御家人制の研究』吉川弘文館、一九八一年）
滝川政次郎「惟宗氏」（『国史大辞典』六）
竹内理三「島津氏源頼朝落胤説の起り」（『日本歴史』第四九号、一九五二年）
田中大喜「薩摩千竈氏再考」（『国立歴史民俗博物館研究報告』第二二六集、二〇二一年）
田中文英『平氏政権の研究』（思文閣出版、一九九四年）
中野　等『豊臣政権の対外侵略と太閤検地』（校倉書房、一九九六年）

中野　等　『戦争の日本史16　文禄・慶長の役』（吉川弘文館、二〇〇八年）
徳永和喜　『海洋国家薩摩』（南方新社、二〇一一年）
新名一仁　「南北朝・室町期における渋谷一族と島津氏」（小島摩文編『新薩摩学シリーズ8　中世薩摩の雄渋谷氏』（南方新社、二〇一一年）
新名一仁　「中世島津氏『守護代』考」（『宮崎県地域史研究』二八、二〇一三年）
新名一仁　『日向国山東河南の攻防─室町時代の伊東氏と島津氏─』（鉱脈社、二〇一四年）
新名一仁　『室町期島津氏領国の政治構造』（戎光祥出版、二〇一五年）
新名一仁　『島津貴久　戦国大名島津氏の誕生』（戎光祥出版、二〇一七年）
新名一仁　『島津四兄弟の九州統一戦』（星海社、二〇一七年）
新名一仁　「戦国期の九州南部─守護島津氏と諸領主の動向を中心に─」（大庭康時・佐伯弘次・坪根伸也編『九州の中世Ⅲ　戦国の城と館』（高志書院、二〇二〇年）
新名一仁　「『上井覚兼日記』にみる戦国島津家の政策決定過程─島津義久と談合衆の関係を中心に─」（『鹿児島地域史研究』九、二〇二一年）
新名一仁　『「不屈の両殿」島津義久・義弘』（ＫＡＤＯＫＡＷＡ、二〇二一年）
新名一仁　「南北朝・室町期島津氏の対幕府関係」（川岡勉編『中世後期の守護と文書システム』思文閣、二〇二二年）
新名一仁編　『戦国武将列伝11　九州編』（戎光祥出版、二〇二三年）
野口　実　「惟宗忠久をめぐって─成立期島津氏の性格─」（同『中世東国武士団の研究』高科書店、一九九四年、初出は一九九一年）
橋本　雄　『中世日本の国際関係─東アジア通交圏と偽使問題─』（吉川弘文館、二〇〇五年）
畑山周平　「細川幽斎島津領『仕置』の再検討」（『日本歴史』第八一五号、二〇一六年）
畑山周平　「木崎原の戦いに関する基礎的研究─日向伊東氏の〈大敗〉を考えていくために」（黒嶋敏編『戦国合戦〈大敗〉の歴史学』山川出版社、二〇一九年）
服部英雄　「相良氏と南九州国人一揆」（『歴史学研究会』五一四、一九八三年）
日隈正守　「律令国家の変質と中世社会の成立」「鎌倉幕府の薩摩支配」（原口泉ほか『鹿児島県の歴史』山川出版社、一九九九年）
福島金治　『戦国大名島津氏の領国形成』（吉川弘文館、一九八八年）
松迫知広　「戦国末期における島津義弘の政治的位地」（『九州史学』一六六、二〇一四年）

松本一夫「天皇方としての島津貞久」(『日本歴史』六八四、二〇〇七年)
宮地輝和「中世日向伊東氏関係文書の基礎的研究」(『九州史学』一六四、二〇一二年)
宮地輝和「永禄期足利義輝による伊東氏・島津氏間の和平調停」(『九州史学』一九〇、二〇二二年)
村井章介ら編『日明関係史入門―アジアのなかの遣明船』(勉誠出版、二〇一五年)
村井章介『古琉球 海洋アジアの輝ける王国』(KADOKAWA、二〇一九年)
村井祐樹「東京大学史料編纂所所蔵『中務大輔家久公御上京日記』」(『東京大学史料編纂所紀要』一六、二〇〇六年)
森 茂暁『懐良親王 日にそへてのかれんとのみ思ふ身に』(ミネルヴァ書房、二〇一九年)
八木直樹『戦国大名大友氏の権力構造』(戎光祥出版、二〇二一年)
山口研一「戦国期島津氏の家督相続と老中制」(新名一仁編著『薩摩島津氏』戎光祥出版、二〇一四年、初出は一九八六年)
山口隼正『南北朝期九州守護の研究』(文献出版、一九八九年)
山本博文『幕藩制の確立と近世の国制』(校倉書房、一九九〇年)
屋良健一郎「中世後期の種子島氏と南九州海域」(『史学雑誌』一二一―一一、二〇一二年)
屋良健一郎「時代によって変化する、中世島津氏と琉球の関係」(日本史史料研究会監修・新名一仁編『中世島津氏研究の最前線』洋泉社、二〇一八年)
米澤英昭「十六世紀、島津氏は港津・交易をいかに制御していたのか?」(日本史史料研究会監修・新名一仁編『中世島津氏研究の最前線』洋泉社、二〇一八年)
『宮崎県史 通史編 中世』(宮崎県、一九九八年)
『都城市史 通史編 中世・近世』(都城市、二〇〇五年)
『姶良市誌 第2巻 中世・近世編』(姶良市、二〇二二年)

【執筆者一覧】

新名一仁　別掲

栗林文夫

一九六四年生まれ。現在、鹿児島県歴史・美術センター黎明館調査史料室長。

〔主な業績〕『中世南九州の寺社と地域社会』（戎光祥出版、二〇二三年）、「南九州と島嶼の世界―日本図を素材として―」（大庭康時・佐伯弘次・坪根伸也編『九州の中世Ⅰ　島嶼と海の世界』高志書院、二〇二〇年）、「薩摩藩の廃寺数は一〇六六ヶ寺か」（『日本歴史』八八八、二〇二二年）

久下沼譲

一九八六年生まれ。現在、府中市史編さん専門員。

〔主な業績〕「『御名代』島津義弘の権限と政治的位置」（『戦国史研究』七四、二〇一七年）、「戦国大名島津氏一門と『脇之惣領』―島津忠将とその子孫を中心に」（『日本歴史』八五〇、二〇一九年）、「戦国大名島津氏の『地頭―衆中制』に関する再検討」（『歴史学研究』九九二、二〇二〇年）

執筆担当一覧

Ⅰ章　栗林文夫

Ⅱ章　新名一仁

Ⅲ章　新名一仁

Ⅳ章　新名一仁

Ⅴ章　新名一仁

Ⅵ章　新名一仁

Ⅶ章　久下沼譲

【編者略歴】
新名一仁（にいな・かずひと）
1971年生まれ。現在、南九州大学非常勤講師。
主な業績に、『日向国山東河南の攻防―室町時代の伊東氏と島津氏』（鉱脈社、2014年）、『薩摩島津氏』（編著、戎光祥出版、2014年）、『室町期島津氏領国の政治構造』（戎光祥出版、2015年）、『島津貴久―戦国大名島津氏の誕生』（戎光祥出版、2017年）、『島津四兄弟の九州統一戦』（星海社、2017年）、『中世島津氏研究の最前線』（編著、洋泉社、2018年）、『現代語訳上井覚兼日記1』（編著、ヒムカ出版、2020年）、『現代語訳上井覚兼日記2』（編著、ヒムカ出版、2021年）、『「不屈の両殿」島津義久・義弘』（KADOKAWA、2021年）、『戦国武将列伝11 九州編』（編著、戎光祥出版、2023年）『現代語訳上井覚兼日記 3』（編著、ヒムカ出版、2023年）などがある。

図説《ずせつ》 中世島津氏《ちゅうせいしまづし》 九州《きゅうしゅう》を席捲《せっけん》した名族《めいぞく》のクロニクル

2023年11月10日　初版初刷発行

編著者　新名一仁
発行者　伊藤光祥
発行所　戎光祥出版株式会社
〒102-0083 東京都千代田区麹町1－7 相互半蔵門ビル8F
TEL：03-5275-3361（代表）　FAX：03-5275-3365
https://www.ebisukosyo.co.jp
編集協力　株式会社イズシエ・コーポレーション
印刷・製本　株式会社シナノパブリッシングプレス
装　　丁　川本 要

ISBN：978-4-86403-490-6

好評の関連書籍

図説 徳川家康と家臣団
平和の礎を築いた稀代の〝天下人〟

小川 雄・柴 裕之 編著

A5判／並製／190頁／2,200円（税込）

激動の生涯と家康を支えた一族や家臣団、日本の中心となる江戸のまちづくりなどを最新研究でわかりやすく解説。多数の写真や4ページにわたる戦国時代の東海地方の地図なども掲載。

【本書の目次】

Ⅰ　松平一族と家康の誕生
Ⅱ　戦国大名・徳川氏の成立
Ⅲ　対武田・親織田の狭間で苦悩する
Ⅳ　生涯のライバル・秀吉との対立と従属
Ⅴ　〝天下人〟への途
Ⅵ　二五〇年つづく、徳川の世へ
Ⅶ　神格化と語り継がれる家康像
Ⅷ　家康の指示で大都市へと発展した江戸
Ⅸ　天下取りを支えた家族と家臣団

弊社刊行関連書籍のご案内

各書籍の詳細およびそのほか最新情報は戎光祥出版ホームページをご覧ください。

(https://www.ebisukosyo.co.jp)　※価格はすべて刊行時の税込

【図説シリーズ】　A5判／並製

図説　藤原氏　鎌足から道長、戦国へと続く名門の古代・中世　木本好信・樋口健太郎 著　208頁／2200円

図説　鎌倉幕府　田中大喜 編著　216頁／1980円

図説　鎌倉北条氏　鎌倉幕府を主導した一族の全歴史　野口実 編著　181頁／1980円

図説　鎌倉府　構造・権力・合戦　杉山一弥 編著　159頁／1980円

図説　享徳の乱　新視点・新解釈で明かす戦国最大の合戦クロニクル　黒田基樹 著　166頁／1980円

図説　戦国里見氏　房総の海・陸を制した雄族のクロニクル　滝川恒昭・細田大樹 編著　176頁／1980円

図説　六角氏と観音寺城　〝巨大山城〟が語る激動の中世史　新谷和之 著　160頁／2200円

図説　武田信玄　クロニクルでたどる〝甲斐の虎〟　平山優 著　182頁／1980円

図説　上杉謙信　クロニクルでたどる〝越後の龍〟　今福匡 著　184頁／1980円

図説　真田一族　丸島和洋 著　169頁／1980円

図説　明智光秀　柴裕之 編著　159頁／1980円

図説　豊臣秀吉　柴裕之 編著　192頁／2200円

図説　徳川家康と家臣団　平和の礎を築いた稀代の〝天下人〟　小川雄・柴裕之 編著　190頁／2200円

図説　常陸武士の戦いと信仰　茨城県立歴史館 編　144頁／1980円

【中世武士選書】　四六判／並製

第37巻　島津貴久　戦国大名島津氏の誕生　新名一仁 著　241頁／2750円

戦国武将列伝11　九州編　新名一仁 編　四六判／並製／504頁／3300円